Florian Siebler

Design Patterns mit Java

Eine Einführung in Entwurfsmuster

HANSER

Der Autor:

Florian Siebler, Bonn, Florian.Siebler@patternsBuch.de

MIX
Papier aus verantwortungsvollen Quellen
FSC www.fsc.org FSC® C013736

Bibliografische Information der Deutschen Nationalbibliothek:

Die Deutsche Nationalbibliothek verzeichnet diese Publikation in der Deutschen Nationalbibliografie; detaillierte bibliografische Daten sind im Internet über http://dnb.d-nb.de abrufbar.

Lektorat: Brigitte Bauer-Schiewek
Copy editing: Petra Kienle, Fürstenfeldbruck
Fachgutachter: Benjamin Sigg, Winterthur (CH)
Herstellung: Irene Weilhart
Umschlagdesign: Marc Müller-Bremer, www.rebranding.de, München
Umschlagrealisation: Stephan Rönigk
Gesamtherstellung: Kösel, Krugzell
Printed in Germany

Print-ISBN: 978-3-446-43616-9
E-Book-ISBN: 978-3-446-44111-8

Inhalt

Mae govannen![1]

Design Patterns sind ein spannendes Thema!

Und Sie werden Spaß haben, wenn Sie dieses Buch durcharbeiten.

Wenn von Design Patterns die Rede ist, denken Sie sicher zuerst an das Buch von Erich Gamma und seinen drei Kollegen, die zusammen „Viererbande" („Gang of Four", „GoF") genannt werden. Sie beschreiben 23 Design Patterns so grundlegend, dass ihr Buch seit vielen Jahren unverändert gedruckt wird.

Mein Buch hat die Aufgabe, Ihnen die GoF-Muster vorzustellen und Ihnen einen leichten Zugang zu ihnen zu ermöglichen. Dabei setze ich Java als Sprache für die Beispielcodes ein. Mein Ziel ist es jedoch, Ihnen nicht nur die Patterns zu zeigen; ich beabsichtige, Ihnen die dahinterstehenden Strukturen und die Wege zur Lösung zu zeigen. Ich gehe davon aus, dass Sie mit dem „Warum" mehr anfangen können als mit dem „Wie".

Mein Buch hat noch eine zweite Aufgabe – ich möchte ein paar Aspekte der Java-Programmierung beleuchten, die in vielen Java-Einführungen zu kurz kommen. Sie werden zum Beispiel einen eigenen LayoutManager schreiben und lernen, mit TableModel und TreeModel umzugehen. Ich zeige Ihnen ein paar Tricks aus meiner eigenen Java-Praxis; und schließlich werden Sie an vielen Stellen sehen, wie die Klassen der Klassenbibliothek arbeiten. Ich setze voraus, dass Sie Java bereits kennen und anwenden können. Sie müssen kein Java-Profi sein, um von diesem Buch zu profitieren. Sie sollten aber stabile Grundlagenkenntnisse haben und die vier Säulen der Objektorientierung (Abstraktion, Kapselung, Vererbung und Polymorphie) kennen. Außerdem sollten Sie mit den Sprachgrundlagen vertraut sein und zum Beispiel wissen, was eine innere Klasse ist. Wenn Sie die Grundzüge der GUI-Programmierung mit Swing kennen, ist das ganz optimal.

Ich stelle Ihnen in jedem Kapitel ein Muster der GoF vor. Da die Kapitel in sich abgeschlossen sind, können Sie gezielt das Kapitel lesen, das Sie am meisten interessiert. Dennoch greife ich in einigen Kapiteln auf Themen zurück, die weiter vorne besprochen wurden. Wenn Sie also mit Design Patterns bisher nichts oder nur wenig zu tun hatten, fangen Sie am besten vorne an und arbeiten sich nach hinten durch. Die Reihenfolge, in der ich Ihnen die Muster vorstelle, entspricht nicht der von Gamma gewählten Reihenfolge.

Um Muster aus der abstrakten Welt der Informatik herauszulösen, biete ich Ihnen als Einleitung an vielen Stellen Beispiele aus der realen Welt an, in denen ein Muster – ein Vorge-

[1] Frei übersetzt: „Herzlich willkommen!" (Gruß der Elben)

hen – eingesetzt wird. Erst dann wird das Muster aus Sicht der IT besprochen. Ich möchte Ihnen damit die Sicherheit geben, dass Design Patterns kein Spezialwissen von irgendwelchen Gurus sind, sondern bewährte alltägliche Praxis beschreiben. Anschließend stelle ich Ihnen ein Problem aus der IT vor und biete dazu eine Lösung an. Diese Lösung wird funktionieren, aber sie ist bei weitem noch nicht perfekt. Also werde ich eine zweite Lösung entwickeln, die die erste verbessert. Sie werden also in fast jedem Kapitel mehr als ein Beispielprojekt finden. Wenn ein Pattern anhand zweier unterschiedlicher Projekte gezeigt wird, ist das erste Projekt recht einfach; es hat den Sinn, das Pattern zu beschreiben. Das zweite Projekt ist dann oft etwas aufwendiger und komplizierter; es zeigt, wie ein Pattern in einem größeren Kontext angewandt werden kann. Die meisten Quelltexte sind im Buch nur gekürzt abgedruckt. Sie finden die vollständigen Projekte unter

www.patternsBuch.de.

Die Codes habe ich mit NetBeans in der Version 8 auf Java 7 erstellt; Sie können die Quelltexte aber problemlos mit einer IDE Ihrer Wahl bearbeiten. Bitte öffnen Sie jedes Projekt und analysieren Sie es. Es ist sehr wichtig, dass Sie sich die Zeit nehmen, jeden einzelnen Schritt und jedes Projekt nachzuvollziehen. Das Buch ist nicht dafür gedacht, „konsumiert" zu werden; es soll Sie vielmehr zu eigener Recherche motivieren.

Die GoF setzt in ihrem Buch die Zweckbeschreibung eines Patterns an den Anfang eines Kapitels. Da die Zweckbeschreibungen die zugehörigen Patterns auf einem sehr hohen abstrakten Niveau beschreiben, sind sie wenig hilfreich, wenn man das erste Mal mit einem Pattern zu tun hat. Daher gehe ich den umgekehrten Weg und erkläre erst die Grundzüge des Patterns und zitiere danach seine Zweckbeschreibung. Ich halte diese Reihenfolge auch deswegen für didaktisch sinnvoll, weil Sie anhand der Zweckbeschreibung kontrollieren können, ob Sie die Zielrichtung des gerade besprochenen Patterns verstanden haben. Sie sollten sich auch deshalb unbedingt mit den Zweckbeschreibungen beschäftigen, weil sie so etwas wie „offizielle" Definitionen sind; Sie müssen sie einfach kennen.

Ich beteilige mich an dem Softwareprojekt „patternCoder". Sie finden dieses Projekt auf der Homepage *www.patternCoder.org*. Auf *www.patternCoder.de* arbeite ich an der deutschen Übersetzung. Sie finden dort weiterführende Links zum Thema Design Patterns und deutschsprachige Musterbeschreibungen.

Wenn Sie ein Kapitel durchgearbeitet haben, sollten Sie das Muster unbedingt mit dem patternCoder umsetzen. Das Beispiel im patternCoder wird keine neuen Erkenntnisse liefern, sondern das besprochene Pattern wiederholen. Sie können damit das Gelernte aus einem anderen Blickwinkel und in einem anderen Kontext noch einmal betrachten. Der patternCoder kann Ihnen auch in der Praxis immer wieder als „Spickzettel" dienen.

> In allen Patterns-Büchern finden Sie eine Vielzahl von Klassendiagrammen. Ich habe mich bewusst entschieden, sehr sparsam mit Diagrammen umzugehen. Die Diagramme vieler Patterns gleichen sich zu sehr, um einen Erkenntnisgewinn daraus zu ziehen. Sie profitieren sehr viel mehr, wenn Sie die Beispiele im patternCoder nachvollziehen.
>
> Die Klassendiagramme, die Sie im Buch finden, habe ich mit *www.yUML.me* erstellt. Auf die Angabe von Kardinalitäten habe ich verzichtet.

Ich möchte Sie im Buch direkt ansprechen. Dabei verwende ich ausschließlich die Anrede, die als „männliche" Anrede gilt. Ich möchte den Text nicht unnötig aufblähen, indem ich permanent schreibe „Sie als Programmierer oder Programmiererin". Ich halte es für unangemessen und unseriös, eine Klasse mit `class StudentIn` zu bezeichnen. Da die Bezeichner von Klassen nach der Konvention Nomen im Singular sein müssen, kann ich auch nicht in irgendwelche Behelfskonstrukte flüchten. Irgendwann muss ich `class Studierender` oder `class Studierende` coden. Noch unpassender finde ich es, aus Gründen der „Geschlechtergerechtigkeit" grundsätzlich die weibliche Form zu verwenden, was konsequenterweise zu `class Klientin` und `class Serverin` führen würde. Daher meine Bitte: Sofern Sie eine Leserin sind, fühlen Sie sich nicht übergangen oder gering geschätzt.

Ich bedanke mich

- bei meiner Freundin **Martina Guth**. Ich habe zwei Jahre an diesem Buch gearbeitet und dabei sehr viel Energie und noch mehr Freizeit investiert. Martina hat mir in dieser Zeit sehr viel Kraft gegeben. Ich halte ihr Verständnis, ihre Zuverlässigkeit und ihre Unterstützung nicht für eine Selbstverständlichkeit – danke!
- bei **Benjamin Sigg**, der dieses Buch als Fachgutachter begleitet hat. Ich habe die Zusammenarbeit als ausgesprochen produktiv und motivierend erlebt. Benjamin hat mir immer sehr zeitnah ein umfassendes Feedback zu den Kapiteln gegeben. Darüber hinaus hat er mich mit sehr viel Programmierarbeit unterstützt; der patternCoder hätte ohne seine Unterstützung in dieser Form niemals zu einem Abschluss gebracht werden können. Vielen Dank!
- Bu toil leam taing a thoirt do **Sheumas Paterson** (Ollamh aig Caledonian University Ghlaschu) airson an taic a fhuair mi bhuaithe. 'S iomadh latha a bha sinn ag obair air pattern code còmhla agus nach mi a dh'ionnsaich tòrr bho Sheumas chòir. Tha mi uamhasach fhèin taingeil airson a chomhairle is am fiosrachadh prìseil a bha na chuideachadh mòr dhomh agus a bha air leth cudthromach agus luachmhor airson an leabhair agam. Mìle Taing agus Herzlichen Dank bhuam![2]

Erwähnen möchte ich schließlich auch meine Arbeitskollegen aus dem Referat Software-Entwicklung des Bundesamtes für Justiz. Wir haben ein ausgezeichnetes Arbeitsklima und das patternsBuch war beim Feierabendbier oft ein Thema. Auch von ihnen habe ich viel konstruktives Feedback und Input bekommen.

[2] Das ist Schottisch-Gälisch – ich bedanke mich hier bei James Paterson, Professor an der Glasgow Caledonian University.

1 Singleton Pattern

In diesem Kapitel werden Sie lernen, was Design Patterns sind und warum Sie sich mit ihnen beschäftigen sollten. Sie werden Ihr erstes Pattern, das Singleton Pattern, kennenlernen.

1.1 Was Design Patterns sind

Sie sind Programmierer und stehen vor einem kniffligen Problem. Je länger Sie darüber nachdenken, umso deutlicher sehen Sie, dass Sie ein ähnlich gelagertes Problem schon einmal hatten. Aber wie haben Sie es gelöst? Sie denken nach und sehen, dass die Fragestellung von früher Ähnlichkeiten mit der aktuellen hat. Das Prinzip der früheren Lösung lässt sich auf das aktuelle Problem übertragen. Die Lösung ist sogar so grundlegend, dass sie sich verallgemeinern und auf viele Probleme der gleichen Art übertragen lässt. Sie geben der Lösung einen Namen, der so eingängig ist, dass er sich einbürgert und in den allgemeinen Sprachgebrauch eingeht. Ihre Kollegen klopfen Ihnen auf die Schulter und übernehmen Ihre Lösung für ihre eigenen Projekte.

Herzlichen Glückwunsch – Sie haben ein Design Pattern entdeckt!

DEFINITION: Design Patterns (Entwurfsmuster) sind bewährte Muster oder Lösungen für Probleme, die immer wieder auf eine bestimmte Art auftreten. Sie lassen sich genauso wenig erfinden wie die Zahl Pi – sie werden entdeckt.

Beispiel 1: das Observer Pattern

Lassen Sie uns das Beispiel nehmen, dass Sie ein Objekt haben, dessen Zustand sich ändert; nennen wir diese Änderung ein „Ereignis", das Objekt ist also eine Ereignisquelle. Eine variable Anzahl anderer Objekte möchte über eine Statusänderung, das Ereignis, informiert werden; diese Objekte sind Beobachter. Konkret: Sie haben einen Button auf einer GUI; der Anwender Ihrer Software klickt auf diesen Button. Ihre Software soll auf den Klick reagieren. Wie lässt sich diese Anforderung lösen? Wie können Sie Ihrem Programm sagen: „Hey, der Anwender hat gerade den Button geklickt – mach was!" Das Observer Pattern, das Sie in Kürze kennenlernen werden, beschreibt, wie Sie zwei Objekte so in Beziehung setzen, dass der Beobachter von der Zustandsänderung der Ereignisquelle erfährt. Die Vorgehensweise ist so relevant, dass das gleiche Prinzip zum Beispiel überall dort angewandt wird, wo ein Programm auf Aktionen des Anwenders (Mausklick, Textänderung usw.) wartet.

Beispiel 2: das Adapter Pattern

Lassen Sie mich ein weiteres Beispiel für Design Patterns zeigen: Sie haben eine Software, die erweitert werden soll. Dummerweise passt die Schnittstelle der einen Klasse nicht zu der Schnittstelle der anderen. Sie müssen einen Weg finden, zwei Schnittstellen so zu verbinden, dass zwei Objekte Nachrichten austauschen können. Das Adapter Pattern beschreibt, wie die Brücke geschlagen werden kann. Der Name „Adapter Pattern" ist sehr treffend und entspricht einem Adapter unserer realen Welt. Stellen Sie sich vor, wie ein elektrisches Gerät mit einem deutschen Stecker an eine britische Steckdose angeschlossen wird: Sie brauchen hierfür einen Adapter.

1.2 Die GoF und deren Verdienst

Es gibt zahllose Muster für alle möglichen Bereiche, zum Beispiel das Enterprise-Umfeld, für nebenläufige Systeme und viele mehr. Die GoF hat nur 23 davon beschrieben und die werden Sie in diesem Buch kennenlernen.

Hinter der Abkürzung GoF – Gang of Four (Viererbande) – verbergen sich Erich Gamma, Richard Helm, Ralph Johnson und John Vlissides. Sie waren zwar nicht die ersten, die Muster für die Softwareentwicklung beschrieben haben, aber ihr Werk („Design Patterns Elements of Reusable Object-Oriented Software", Addison-Wesley) ist so grundlegend, dass es seit 1995 in vielen Sprachen unverändert gedruckt wird. Die GoF hat in ihrem Buch Wissen und Erfahrung von Softwareentwicklern zusammengetragen, kategorisiert und den Mustern einprägsame Namen gegeben. Seit Erscheinen des Buchs der GoF gehören „Mediator", „Observer" und viele weitere Begriffe zum allgemeinen Sprachgebrauch der Programmierer; sie zu kennen, ist so etwas wie Allgemeinbildung geworden. Den Erfolg verdankt das Buch sicher auch seiner präzisen und formalen Beschreibung der Muster. Die Präzision der GoF hat jedoch zur Folge, dass der Text bei der ersten Lektüre nicht unbedingt verständlich ist. Außerdem sind die C++- und SmallTalk-Beispiele für Programmierer aus dem Java-Umfeld nicht immer nachvollziehbar.

Die Arbeit der GoF hat ihre gedanklichen Wurzeln bei dem Architekten Christopher Alexander, der Muster beim Bau von Gebäuden beschreibt:

> *„Jedes Muster beschreibt ein in unserer Umwelt beständig wiederkehrendes Problem und erläutert den Kern der Lösung für dieses Problem, so dass Sie diese Lösung beliebig oft anwenden können, ohne sie jemals ein zweites Mal gleich auszuführen."* [1]

---

[1] Zitiert nach Gamma, „Entwurfsmuster", 2011, Seite 3.

1.3 Die Musterkategorien der GoF

Das Buch der GoF beschreibt 23 Muster. Um eine Struktur reinzubringen, sind sie in drei Kategorien gruppiert: *Erzeugungsmuster* (Creational Patterns), *Verhaltensmuster* (Behavioral Patterns) und *Strukturmuster* (Structural Patterns). Damit werden die Aufgaben der Muster beschrieben.

1.3.1 Erzeugungsmuster

Erzeugungsmuster beschreiben, wie Objekte erzeugt werden; Sie erzeugen Objekte in Java dadurch, dass Sie den new-Operator verwenden: `Stuff stuff = new Stuff();`. Es gibt aber eine Reihe von Fällen, in denen es sinnvoll ist, ein Objekt nicht mit `new` zu erzeugen, sondern die Objekterzeugung zu verstecken, indem Sie sie beispielsweise in eine Methode `getInstance()` auslagern. Sie erhalten dadurch mehr Flexibilität und eine lockerere Bindung. Oder, wie Sie gleich am Beispiel Singleton Pattern sehen werden, es ist manchmal wünschenswert, dass von außen gar kein Objekt erzeugt werden kann.

1.3.2 Verhaltensmuster

Verhaltensmuster beschreiben, wie Klassen und Objekte zusammenarbeiten. Nehmen Sie als Beispiel das Observer Pattern von weiter vorn. Da gibt es zwei Objekte: Eines ändert seinen Zustand, das andere möchte darüber informiert werden. Wer informiert wen? Soll der Beobachter regelmäßig bei der Ereignisquelle nachfragen, ob sich mittlerweile etwas getan hat? Dieses Vorgehen, die Hol-Schuld des Beobachters, wird *Pull-Methode* genannt. Oder ist es besser, wenn stattdessen die Ereignisquelle sich ihre Beobachter merkt und zu gegebener Zeit über eine Zustandsänderung informiert? Die Bring-Schuld der Ereignisquelle wird *Push-Methode* genannt. Die Aufgabe von Verhaltensmustern ist es nun, einen Vorschlag zu machen, welches Objekt welche Aufgabe hat.

1.3.3 Strukturmuster

Strukturmuster beschreiben, wie Klassen zusammengesetzt werden, um größere Einheiten zu bilden. Denken Sie an den Adapter – Sie haben eine britische Steckdose, einen Adapter und einen deutschen Stecker. Das Adapter Pattern beschreibt, wie Sie die einzelnen Teile zusammensetzen müssen, damit die Konstruktion arbeitet.

1.3.4 Bewertung der Kategorisierung

Diese Kategorisierung ist lediglich ein Vorschlag der GoF. Grundsätzlich ist jede Kategorisierung subjektiv; es gibt Bücher über Entwurfsmuster, die die Muster nach ganz anderen Kriterien sortieren. Das ist so, wie wenn Sie zwei Kinder Murmeln sortieren lassen: Das eine Kind sortiert die Murmeln nach der Größe, das andere sortiert die Murmeln nach der Farbe. Jedes System hat seine Berechtigung.

1.4 Beschreibung der Muster

Jedes Muster wird anhand verschiedener Abschnitte beschrieben:

- **Name des Musters:** Der Name beschreibt kurz und prägnant den Sinn des Musters; er ist Teil des Vokabulars. Denken Sie an die britische Steckdose und den deutschen Stecker; vergessen Sie nicht, einen „Adapter" mitzunehmen.
- **Kategorie:** Beschreibt, in welche der Kategorien, die oben beschrieben wurden, das Pattern gehört.
- **Zweck:** Dieser Abschnitt beschreibt kurz die Aufgabe des Musters; der Zweck ist sozusagen die Definition des Musters. Diesen Abschnitt werde ich in jedem Kapitel wörtlich zitieren.
- **Auch bekannt als:** Vielleicht ist das Pattern noch unter einem anderen Namen bekannt.
- **Motivation:** Anhand eines konkreten Szenarios wird das Problem geschildert und gezeigt, wie das Muster dieses Problem löst. Sie reisen nach London und nehmen Ihren elektrischen Rasierer mit; Sie stellen fest, dass der Stecker Ihres Rasierers nicht in die Steckdose im Hotel passt; Sie nehmen einen Adapter, der auf der einen Seite eine Steckdose für einen deutschen Stecker und auf der anderen einen dreipoligen britischen Stecker hat.
- **Anwendbarkeit:** Dieser Abschnitt beschreibt, in welchen Situationen das Muster angewandt werden kann. Immer dann, wenn Sie ins Ausland fahren und die Steckdosen dort nicht dem deutschen Standard entsprechen, müssen Sie einen Adapter mitnehmen.
- **Struktur:** Die am Muster beteiligten Klassen werden in einem Diagramm dargestellt. Die GoF verwendet hierfür OMT, einen Vorläufer von UML.
- **Teilnehmer:** Die beteiligten Klassen und Objekte werden beschrieben; Sie werden dort auch erfahren, welche Aufgaben sie haben.
- **Interaktionen:** In diesem Abschnitt lesen Sie, wie die Teilnehmer zusammenarbeiten. Es gibt im Ausland eine Steckdose, die Strom an einer definierten Schnittstelle anbietet. Ein deutsches Gerät möchte den Strom abnehmen, erwartet aber eine andere Schnittstelle. Der Adapter ermöglicht es dem deutschen Gerät, Strom an der fremden Steckdose abzunehmen.
- **Konsequenzen:** Jedes Muster hat Vor- und Nachteile; diese werden hier genannt. Der Adapter nimmt Platz im Reisegepäck weg, was aber vernachlässigt werden kann.

- **Implementierung:** Sie erhalten Hinweise zur Implementierung, insbesondere Fallen und hilfreiche Tipps. Transportieren Sie den Adapter am besten in einem stabilen Etui.
- **Beispielcode:** Code-Schnipsel demonstrieren die Realisierung des Musters.
- **Bekannte Verwendungen:** Sie erfahren, wo das Muster eingesetzt wird; das ist nützlich, um Beispiele für den Gebrauch eines Musters zu bekommen.
- **Verwandte Muster:** Oft sehen Muster sehr ähnlich aus; Sie erfahren, wo die Unterschiede liegen, aber auch, wie zwei Muster zusammenarbeiten.

Finden Sie diese Abschnitte in meinem Buch wieder? Ich werde diese Abschnitte im Buch nicht so formal abarbeiten wie die GoF. Sie werden jedoch die genannten Abschnitte in meinen Erklärungen mal mehr, mal weniger deutlich wiederfinden.

1.5 Was ist ein Pattern?

Bevor Sie anfangen, ein Pattern umzusetzen, lassen Sie uns die Frage diskutieren, was überhaupt ein Pattern ist. Wenn Sie im Internet zum Beispiel nach Singleton suchen, werden Sie für jede Programmiersprache eine eigene Implementierung finden. Auch für Java gibt es eine Implementierung, die vielleicht so etwas wie ein „Standard" ist. Doch diese Implementierung ist nicht das Singleton Pattern selbst. Ein Pattern selbst beschreibt nur, was das Ziel ist, worauf man bei der Realisierung des Patterns achten soll und welche Vor- und Nachteile sich daraus ergeben. Die GoF stellt in ihrem Buch für jedes Pattern ein Code-Beispiel vor. Dennoch bleibt es Ihnen allein überlassen, wie Sie das Pattern realisieren. Nur so können Patterns in alle Sprachen mit ihren jeweiligen Besonderheiten übertragen werden. Vergleichen Sie das mit dem Bauplan eines Hauses, der beschreibt, wo die Wände stehen, aber nicht, wie die Wände zu bauen sind.

Die meisten Bücher über Design Patterns zeigen konkrete Implementierungen, die sich als praktisch herausgestellt haben; auch ich stelle Ihnen diese „Standards" vor. Dennoch ist es im Sinne des Patterns erlaubt, eine andere Lösung zu finden.

> Mit Java 8 wurden neue Sprach-Features eingeführt, die eine andere - vielleicht einfachere - Realisierung eines Patterns ermöglichen, als die, die ich Ihnen in diesem Buch vorstelle. Diese Features werde ich bewusst außer Acht lassen. Ein Pattern ist ein sprach- und versionsübergreifender Lösungsansatz; ein Pattern ist **nicht** eine bestimmte Realisierung.

1.6 Objektorientierte Programmierung

Man hört sehr oft, dass man Patterns nicht braucht, wenn man die Regeln der objektorientierten Programmierung beherrscht und anwendet. Stimmt das? Wie stehen Patterns und objektorientierte Programmierung in Beziehung?

Wenn Sie objektorientiert programmieren, werden Sie sicher mit Vererbung arbeiten - Sie haben etwas Allgemeines und leiten daraus etwas Spezielles ab. In den meisten Java-Einführungen wird Vererbung als das Nonplusultra vorgestellt. Dennoch hat Vererbung auch Nachteile und die möchte ich jetzt ansprechen. Sie haben eine Klasse und bilden eine Subklasse, die das in der Oberklasse definierte Verhalten erbt. Sie können nun weiter vererben, aber je weiter unten in der Vererbungshierarchie eine Klasse sich befindet, umso geringer ist die Möglichkeit der Wiederverwendbarkeit. Außerdem schlägt jede Änderung, die Sie an der Superklasse vornehmen, bis zu sämtlichen Subklassen durch; die Kapselung wird dadurch geschwächt, was in der Regel auf ein ungeeignetes Design schließen lässt. Doch der wohl größte Nachteil von Vererbung ist, dass die Vererbungshierarchie sowohl in der Breite als auch in der Tiefe sehr rasch wächst. Das folgende Beispiel soll das veranschaulichen.

Lassen Sie uns über eine Software nachdenken, die benötigt wird, um die Tiere eines Zoos zu verwalten. An der Spitze der Vererbungshierarchie der Tiere steht sicher die Klasse `Lebewesen`. In dieser Klasse wollen Sie die Anzahl Beine speichern. Moment - was ist, wenn Sie Fische in die Hierarchie mit aufnehmen wollen? Die müssten das Attribut `anzahlBeine` ebenfalls mit sich herumtragen, obwohl es keine Fische mit Beinen gibt. Gut, einigen wir uns auf den Kompromiss, dass Fische nicht in der Vererbungshierarchie berücksichtigt werden. Die Superklasse speichert also die Anzahl Beine. Fangen wir mit den Vögeln an - Vögel können fliegen, also müssen Sie eine Subklasse `Vogel` entwickeln, in der Aussagen über das Flugverhalten getroffen werden, also wie schnell ein Vogel fliegen kann. Dabei fällt mir ein - Pinguine werden doch auch zu den Vögeln gezählt, obwohl sie gar nicht fliegen können. Nun haben Sie die Wahl, ob Sie den Kompromiss eingehen, Pinguine nicht in die Vererbungshierarchie aufzunehmen, oder ob Sie zwei unterschiedliche Subklassen bilden wollen: `FlugVogel` und `NichtFlugVogel`. Aber das soll im Moment noch das geringste Problem sein. Ein Tier hat Beine, um laufen zu können. In die Superklasse `Lebewesen` nehmen Sie jetzt auch die Informationen über das Laufverhalten auf. Damit sind Sie in der Lage, neben Vögeln auch Hunde, Katzen, Kamele, Affen und Löwen abzubilden. Aber halt - einige Vögel können gar nicht laufen, sondern nur hüpfen. Schon wieder müssen Sie sich Gedanken über Einschränkungen in der Vererbungshierarchie machen. Wollen Sie hinnehmen, dass Subklassen Attribute und Methoden erben, die sie gar nicht brauchen? Oder wollen Sie hüpfende Vögel aus der Vererbungshierarchie ausschließen? Wenn nicht, müssen Sie konsequenterweise von der Subklasse `Vogel` neben den Subklassen `FlugVogel` und `NichtFlugVogel` folgende weitere Subklassen bilden: `LaufVogel` und `HuepfenderVogel`. Die meisten Vögel können jedoch sowohl laufen als auch fliegen. Wie könnte ich mit dieser Situation umgehen? Eigentlich müssten Klassen entwickelt werden, die sowohl laufen (alternativ hüpfen) als auch fliegen ermöglichen. Sie brauchen also eine Klasse `FlugLaufVogel`, eine Klasse `HuepfenderFlugVogel` usw.

Um die Sache noch ein wenig auf die Spitze zu treiben, könnten Sie anfangen, die Fressgewohnheiten der Tiere zu betrachten. Ein Löwe ist sicher ein Fleischfresser und da er sich außerhalb der komplizierten Vererbungshierarchie der Vögel befindet, klingt die Anforderung nicht sonderlich schwierig. Nehmen Sie also in der Superklasse `Lebewesen` das Attribut `mengeFleischProTag` auf – diese Information ist für den Zoo bestimmt wichtig! Aber Moment! Da sich in der Vererbungshierarchie der Vögel auch Tauben befinden, erben diese das Attribut ebenfalls. Tauben stehen aber nicht im Verdacht, sich von Fleisch zu ernähren, also sollten sie dieses Attribut eigentlich nicht mit sich herumtragen. Die Information, wie viel Fleisch pro Tag ein Tier frisst, darf also nicht in der Klasse `Lebewesen` gespeichert werden. Welche Lösung bietet sich an? Führen Sie unterhalb der Klasse `Lebewesen` eine Klasse `FleischfressenderNichtVogel` ein. Von dieser Klasse kann der Löwe eine Instanz bilden. Kühe fressen genau wie Tauben kein Fleisch.[2] Also entwickeln Sie unterhalb der Klasse `Lebewesen` die Klasse `VegetarischerNichtVogel`. In dieser Klasse wird sicher die Information gehalten, wie viel fleischlose Nahrung der Zoo pro Tag zur Verfügung stellen muss. Sie merken schon, dass ein weiteres Problem zu reifen beginnt. Es gibt auch unter den Vögeln Fleischfresser wie Adler und Vegetarier wie die Tauben. Sie können also auf der Vererbungslinie der Vögel erneut anfangen und zwischen Fleischfressern und Vegetariern unterscheiden. Adler werden dann Instanzen der Klasse `FleischfressenderFlugLaufVogel` sein.

Die nachstehende Grafik zeigt, wie das Klassendiagramm für solch ein Projekt aussehen könnte.

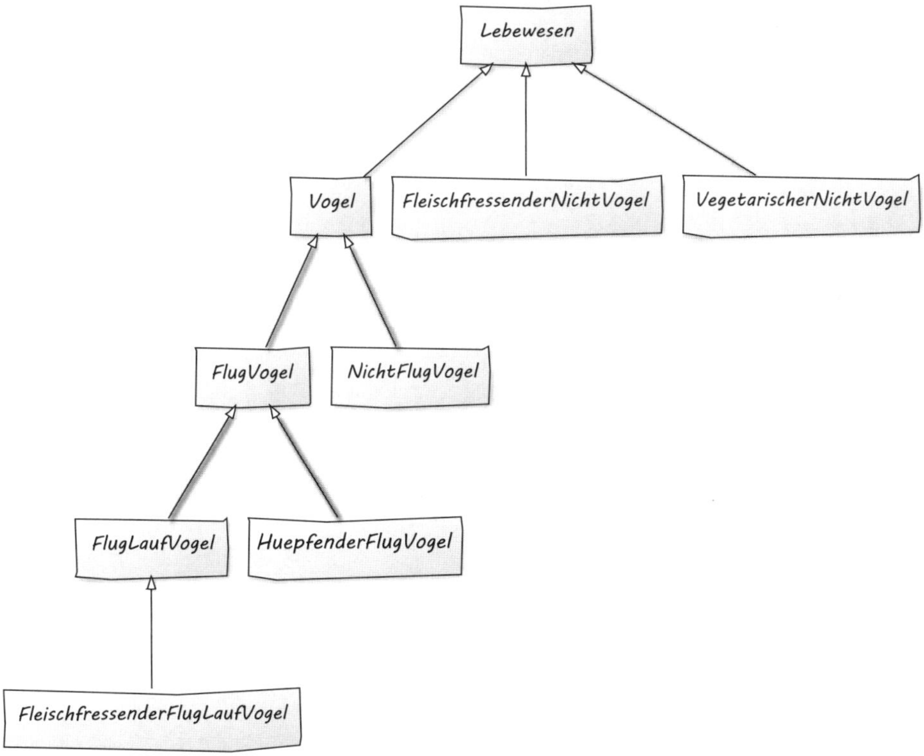

Bild 1.1 Beispiel für ungeschicktes Design

[2] Lassen Sie einfach den Fall außer Acht, dass Kühe mit Tiermehl gefüttert werden und deswegen verrückt werden.

> Ich habe Ihnen das Beispiel bewusst etwas überspitzt vorgestellt, weil ich Sie davon überzeugen möchte, dass Vererbung Sie in ein sehr starres System führen kann, in dem eine Hierarchie besteht, die weder in der Breite noch in der Tiefe überblickt werden kann. Die Klassen sind so speziell, dass sie an keiner anderen Stelle wiederverwendet werden können. ■

Das Beispiel war sicher aus Sicht der Objektorientierung richtig; dennoch werden Sie die Lösung nicht besonders praktisch finden. Design Patterns schlagen Alternativen vor, die Ihnen helfen, mit den Methoden der objektorientierten Programmierung flexible und erweiterbare Software zu erstellen.

Das Beispiel wäre mit *Komposition* sicher sehr viel besser entwickelt worden. Konkret bedeutet das, dass Sie eine Schnittstelle `Fressverhalten` entwickeln, von der die Klassen `Fleischfresser` und `Vegetarier` abgeleitet werden. In diesen Klassen wird gespeichert, wie viel Fleisch bzw. wie viel Gras pro Tag vorgesehen ist. Die Kuh muss genauso wie die Taube das Attribut `Fressverhalten fressverhalten = new Vegetarier()` haben. Und folglich werden sowohl der Löwe als auch der Adler das Attribut `Fressverhalten fressverhalten = new Fleischfresser()` bekommen. Das relevante Verhalten wird also nicht vererbt, sondern in einer eigenen Klasse definiert. Das nachstehende Klassendiagramm zeigt das Zusammenspiel.

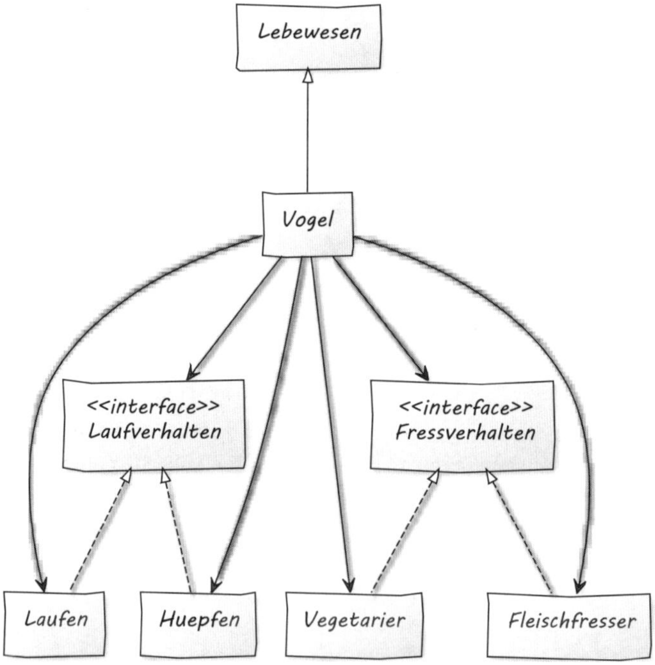

Bild 1.2 Beispiel für besseres Design

Was ist dadurch gewonnen? Ihre Vererbungshierarchie wird sehr viel übersichtlicher. Darüber hinaus können Sie **sehr leicht** neues Verhalten definieren. Unter den Begriff „leicht“ können Sie alles subsumieren, was gute Software ausmacht: Beispielsweise lassen sich Stellen, an denen Änderungen vorzunehmen sind, schnell identifizieren; außerdem muss bestehender Code nicht erneut getestet werden. Eine Änderung ist nicht nur wartungsfreundlicher, sondern auch weniger fehleranfällig durchzuführen. Die folgende Erweiterung veranschaulicht diese Aussage. Wenn man Schnecken und Würmer als Fleisch definiert, müssen Enten konsequenterweise Fleischfresser sein; sie fressen aber auch Gras, so dass Sie hier eine Mischform haben. Das ist kein Problem - Sie lassen die Klasse `Allesfresser` von der Schnittschnelle `Fressverhalten` erben und können ein neues Verhalten anbieten, ohne bestehenden Code aufzubrechen. Die Ente bekommt das Attribut `Fressverhalten fressverhalten = new Allesfresser()`. In entsprechender Weise könnte das Laufverhalten dargestellt werden.

> Design Patterns nutzen die Werkzeuge der Objektorientierten Programmierung, um damit flexible, erweiterbare und wartungsfreundliche Lösungen zu entwickeln.
>
> Auch wenn Sie die Regeln der objektorientierten Programmierung perfekt anwenden können, sollten Sie sich unbedingt mit Entwurfsmustern beschäftigen. Sie werden weiter hinten - beim Builder Pattern - ein weiteres Beispiel dafür finden, dass der Werkzeugkasten der OOP Ihnen bei der Objekterzeugung keine befriedigende Lösung zur Verfügung stellt.

Im folgenden Abschnitt werden Sie einen Eindruck davon bekommen, wie Sie Patterns in der Praxis einsetzen können.

1.7 Muster in der Praxis

Wenn Sie dieses Buch durchgearbeitet haben, wie setzen Sie die Patterns in der Praxis um? Sie werden, wenn Sie dieses Buch gelesen haben, nicht jedes Muster mit allen Einzelheiten im Kopf haben. Diesen Ehrgeiz sollten Sie gar nicht entwickeln. Sie haben aber gehört, dass es ein Muster gibt, das beschreibt, was in Situationen zu tun ist, wenn eine Ereignisquelle seine Beobachter über Zustandsänderungen informieren soll. Sie nehmen sich in der konkreten Situation Ihres Alltags mein Buch zur Hand und lesen die Struktur, die Vor- und Nachteile noch einmal nach. Passt das Muster auf Ihre konkrete Situation? Ist die Anwendung des Musters angemessen? Anhand dieser Fragen werden Sie Ihre konkrete Fragestellung lösen. Je mehr Muster Sie kennen und in der Vergangenheit angewandt haben, umso mehr steigt Ihr Erfahrungsschatz und umso flexibler und zielsicherer können Sie Muster einsetzen und bewerten. Mit Programmierern ist es wie mit Wein - je älter sie werden, umso besser werden sie.

Ich möchte Ihnen noch einen Rat aus meiner Praxis geben:[3] Setzen Sie Muster mit Bedacht ein. Das Wissen über Design Pattern darf nicht dazu verleiten, dass Sie Ihre Software mit Patterns spicken. Die meisten Muster verlangen, dass Sie zusätzliche Klassen entwickeln. Wenn Sie versuchen, in einer überschaubaren Anwendung möglichst viele Muster zu realisieren, wird das Ergebnis ein schlecht wartbares, unnötig aufgeblähtes System sein. Haben Sie den Mut, auf ein Muster zu verzichten oder ein Muster sogar zu entfernen! Muster haben keinen Selbstzweck. Ihr Ziel als Programmierer sollte es sein, übersichtlichen und unspektakulären Programmcode zu erzeugen.

Lassen Sie mich in diesem Zusammenhang noch einen Punkt erwähnen: Erweiterungen. Eine Konstante der Anwendungsentwicklung ist, dass Anforderungen - und damit der Quellcode - wachsen. Es ist einerseits sinnvoll, Programme so zu gestalten, dass sie in Zukunft erweitert werden können. Doch die Ausrichtung auf künftige Anforderungen sollte andererseits sehr zurückhaltend stattfinden. Bedenken Sie, dass Sie im „Hier und Jetzt" Programme schreiben, die im „Hier und Jetzt" eingesetzt werden.

In den Weiten des Internets habe ich folgende Formulierung gefunden, die mir sehr gut gefallen hat: *Design Pattern is meant to be a solution to a problem, not a solution looking for a problem.*

Im folgenden Abschnitt geht's los mit den Patterns!

1.8 Das Singleton Pattern

Wenn Sie sich in der Vergangenheit schon einmal mit Patterns beschäftigt haben, kennen Sie bestimmt das Singleton Pattern; es ist vermutlich das bekannteste Pattern.

1.8.1 Aufgabe von Singleton und Beispiele

Stellen Sie sich vor, dass Sie eine Klasse haben, die etwas definiert, das so einzigartig ist, dass es nur eine Instanz davon geben darf. Auf diese eine Instanz soll über einen globalen Zugriffspunkt zugegriffen werden können. Nehmen Sie als Beispiel die Metaklasse einer Klasse. Für jede Klasse, die in die VM geladen wird, wird die Instanz einer Klasse angelegt, in der beschreibende Meta-Informationen hinterlegt sind. Dieses Objekt ist so einzigartig, dass es nur einmal existieren darf. Sie können es mit `String.class`, aber auch mit `(new String()).getClass()` abfragen. Dass es sich beim Rückgabewert um ein- und dasselbe Objekt handelt, können Sie beweisen, indem Sie die Referenzen vergleichen:

[3] Ich hoffe, ich wirke jetzt nicht wie ein altkluger Oberlehrer.

```
System.out.println(String.class == (new String()).getClass());
```

Auf der Konsole wird `true` ausgegeben, die Referenzen sind also gleich und damit ist die Objektgleichheit bewiesen. Das deckt sich mit Ihren Erwartungen - es wäre schlecht, wenn es zwei Meta-Klassen einer Klasse gäbe.

Das Singleton Pattern kommt noch an einer anderen Stelle zur Anwendung. Die Laufzeitumgebung Ihrer Applikation ist so einzigartig, dass sie nur einmal existieren darf. Betrachten Sie die API-Doc der Klasse `Runtime`:

> *Every Java application has a single instance of class Runtime that allows the application to interface with the environment in which the application is running. The current runtime can be obtained from the getRuntime method. An application cannot create its own instance of this class.*

Sie werden selbst auf Singleton zurückgreifen, wenn Sie die Benutzerrechte Ihrer Applikation verwalten oder zum Beispiel einen Cache programmieren. Eine typische Anwendung kann auch ein Thread-Pool sein. Ressourcen wie Icons, die Sie in Ihrem Programm verwenden, müssen nur einmal geladen werden und können in einem Singleton gespeichert werden. Folgend werde ich Ihnen ein paar Beispiele vorstellen, wie Sie das Singleton Pattern realisieren können.

1.8.2 Realisierung des Patterns

Wie lässt sich das Singleton Pattern realisieren? Sie sollen zunächst sicherstellen, dass es nur ein Exemplar der Klasse gibt. Um in Java zu verhindern, dass Anwender Instanzen einer Klasse erzeugen, müssen Sie zunächst den Konstruktor auf `private` setzen.

Listing 1.1 Rahmen der Singleton-Klasse

```
public class MySingleton
{
    private MySingleton()
    {

    }
}
```

Jetzt ist ein Zugriff auf den Konstruktor nur innerhalb der Klasse oder durch andere Instanzen dieser Klasse möglich. Da es keine (andere) Instanz der Klasse gibt, müssen Sie zusehen, dass die eine Instanz innerhalb der Klasse erzeugt wird. Definieren Sie also eine Methode, die eine Instanz erzeugt, sofern es noch keine Instanz gibt; die Instanz der Klasse wird an den Aufrufer der Methode zurückgegeben. Halten Sie eine Referenz auf diese Instanz in einem statischen Feld:

Listing 1.2 Die Singleton-Klasse aus Projekt „Singleton_1"

```
public class MySingleton
{
    private static MySingleton instance;

    private MySingleton()     { }
```

```
06
07     public static MySingleton getInstance()
08     {
09         if(instance == null)
10             instance = new MySingleton();
11         return instance;
12     }
13 }
```

Das war's! Damit ist das Singleton Pattern auf einfache Art und Weise realisiert! Die Instanz der Klasse wird zum spätestmöglichen Zeitpunkt erzeugt, und zwar dann, wenn sie zum ersten Mal gebraucht wird. Daher nennt man dieses Verfahren *Lazy instantiation* oder auch *verzögertes Laden.*

1.8.3 Die Zugriffsmethode synchronisieren

Diese Klasse läuft wunderbar, solange Sie nicht mit Nebenläufigkeit arbeiten. Was kann passieren? Gehen Sie von folgendem Fall aus: Sie haben zwei Threads, die beide auf die Methode `getInstance()` zugreifen. Der erste Thread kommt bis zu Zeile 9 und stellt fest, dass es noch keine Instanz gibt. Dann entzieht die Virtuelle Maschine ihm die Zeitscheibe und lässt Thread 2 auf die Methode zugreifen. Thread 2 darf bis zum Ende der Methode arbeiten und erzeugt eine Instanz der Klasse, die zurückgegeben wird. Dann bekommt Thread 1 wieder Rechenzeit zugewiesen. Das Letzte, woran er sich erinnern kann, ist, dass die Referenz gleich `null` ist. Er wird in den Block eintreten und ebenfalls eine Instanz erzeugen. Und jetzt kommt genau das, was Sie verhindern wollten – Sie haben zwei Instanzen der Klasse.

Immer, wenn Sie verhindern wollen, dass Code von zwei Threads gleichzeitig ausgeführt werden kann, sperren Sie den betroffenen Code mit einem Lock:

Listing 1.3 Die Singleton-Klasse aus Projekt „Singleton_2"

```
public class MySingleton
{
    // ... gekürzt
    public static synchronized MySingleton getInstance()
    {
        if(instance == null)
            instance = new MySingleton();
        return instance;
    }
}
```

Die Methode kann erst dann von einem Thread betreten werden, wenn kein anderer Thread (mehr) damit arbeitet. Das Problem ist damit gelöst. Synchronisierung ist jedoch aufwendig, so dass dieses Vorgehen eine unnötige Bremse ist. Stellen Sie sich vor – jedes Mal, wenn Sie sich die eine Instanz der Klasse holen möchten, wird ein Lock auf die Methode gesetzt. Es muss also eine Alternative geben.

1.8.4 Eine andere Lösung: Double-checked locking

Sperren Sie nicht die gesamte Methode, sondern nur den kritischen Teil! Fragen Sie zunächst ab, ob bereits eine Instanz erzeugt wurde. Wenn die Methode zum zweiten Mal aufgerufen wird, ist das Ergebnis des Vergleichs `false`. Daher ist ein Lock nur beim ersten Aufruf, wenn der Vergleich `instance == null` ein `true` zurückliefert, erforderlich. Also legen Sie innerhalb der if-Anweisung einen Block an, der synchronisiert wird. In diesem Block fragen Sie - diesmal threadsicher - ab, ob es eine Instanz der Klasse gibt. Wenn nicht, erzeugen Sie eine. Zum Schluss returnieren Sie die Instanz.

Listing 1.4 Nur einen Block innerhalb der Methode synchronisieren

```
01 public class MySingleton
02 {
03     private static MySingleton instance;
04     // gekürzt
05     public static MySingleton getInstance()
06     {
07         if(instance == null)
08         {
09             synchronized(MySingleton.class)
10             {
11                 if(instance == null)
12                     instance = new MySingleton();
13             }
14         }
15         return instance;
16     }
17 }
```

Dieser Ansatz ist in der Theorie richtig. Unter Umständen laufen Sie aber auf ein Problem. Sie haben zwei Threads; Thread 1 ruft die Methode `getInstance()` auf. In Zeile 7 stellt er fest, dass noch keine Instanz der Klasse erzeugt wurde, und lässt sich den Lock auf den folgenden Block geben. In Zeile 11 prüft er - threadsicher - noch einmal, ob wirklich noch keine Instanz der Singleton-Klasse erzeugt wurde. Falls nicht, erzeugt er mit dem new-Operator eine Instanz (Zeile 12). In Abhängigkeit von der Laufzeitumgebung passiert bei der Instanziierung Folgendes: Zuerst wird Speicher angefordert, der Speicher wird dann an die Variable `instance` übergeben, die jetzt ungleich `null` ist. Erst im nächsten Schritt wird der Konstruktor der Klasse aufgerufen. Und jetzt beginnt unser Problem zu reifen: Thread 2 betritt vor dem Konstruktoraufruf durch Thread 1 die Methode `getInstance()`. Er stellt fest, dass `instance != null` ist, lässt sich die Instanz zurückgeben und arbeitet mit dieser. Erst später führt Thread 1 den Konstruktor aus, der die Instanz in einen gültigen Zustand versetzt.

Sie können dies verhindern, indem Sie die Variable `instance` als `volatile` deklarieren.

Listing 1.5 Singleton-Klasse aus Projekt „Singleton_3"

```
public class MySingleton
{
    private static volatile MySingleton instance;
    // gekürzt
}
```

Die Probleme rund um *double-checked locking* dürften eine ganze Dissertation rechtfertigen. Ich möchte Sie an dieser Stelle nur darauf hinweisen, dass diese Lösung zu Laufzeitfehlern führen kann. Es ist nicht gewährleistet, dass das Schlüsselwort `volatile` in jeder virtuellen Maschine korrekt umgesetzt ist. Eine JVM in einer Version unter 1.5 kann diesen Ansatz beispielsweise überhaupt nicht richtig umsetzen.

1.8.5 Letzter Ansatz: early instantiation – frühes Laden

Um allen Problemen in nebenläufigen Systemen aus dem Weg zu gehen, greifen Sie zum *frühen Laden*. Sie legen – wie gehabt – eine statische Variable an, die die Referenz auf die einzige Instanz hält. Sie initialisieren sie gleich beim Laden. Eine statische Methode gibt diese Instanz zurück. Der Code ist wirklich sehr einfach:

Listing 1.6 Singleton-Klasse aus Projekt „Singleton_4"

```
public class MySingleton
{
    private static MySingleton instance = new MySingleton();

    private MySingleton()     { }

    public static MySingleton getInstance()
    {
        return instance;
    }

    public void doSomething()
    {
        // Verhalten des Objektes
    }
}
```

Da keine zweite Instanz der Klasse erzeugt werden soll und gar nicht erzeugt werden kann, ist auch folgende Lösung denkbar:

Listing 1.7 Singleton-Klasse aus Projekt „Singleton_5"

```
public class MySingleton
{
    public static final MySingleton INSTANCE = new MySingleton();

    private MySingleton() { /* ... */ }

    public void doSomething()
    {
        // Verhalten des Objektes
    }
}
```

Sie gehen mit diesem Ansatz zwar allen Problemen aus dem Weg, die aus der Nebenläufigkeit resultieren. Dennoch müssen Sie darauf vertrauen, dass die Virtuelle Maschine zuerst die Instanz erzeugt, bevor sie anderen Threads den Zugriff darauf erlaubt. – Doch genau darauf können Sie sich gemäß der Spezifikation verlassen.

Dennoch gibt es auch hier drei Kanten:

1. Die Instanz wird erzeugt, wenn die Klasse geladen wird. Angenommen, Sie haben eine umfangreiche Initialisierungsroutine, dann wird diese in jedem Fall durchlaufen, auch wenn Sie das Singleton hinterher gar nicht brauchen.
2. Sie haben keine Chance, dem Konstruktor Argumente mitzugeben.
3. Das Singleton Pattern sichert zu, dass die Klasse nur einmal pro Klassenlader instanziiert wird. Bei einem Webserver kann es sein, dass die Klasse in mehr als einem Klassenlader innerhalb einer Virtuellen Maschine geladen wird; dann haben Sie doch mehr als eine Instanz der Singleton-Klasse.

1.9 Antipattern

Sie kennen jetzt das Singleton Pattern und wissen, wie Sie es umsetzen können. Sie kennen die Vor- und Nachteile der verschiedenen Realisierungen. Es gibt aber grundlegende Einwände gegen das Singleton Pattern. Ich meine damit, Einwände gegen das Pattern als Definition und nicht gegen die gezeigte Realisierung. Googeln Sie in der Suchmaschine Ihres Vertrauens nach dem Begriff „evil singleton“. Ich erhalte dabei knapp 2 500 000 Treffer.

1.9.1 Kritik an Singleton

Ein paar der Kritikpunkte möchte ich Ihnen vorstellen.

- Jede Klasse soll sich auf genau eine Aufgabe konzentrieren: *Single Responsability Principle*. Singleton verletzt diese Prinzip dadurch, dass die Klasse sich sowohl um die Geschäftslogik kümmern muss als auch um die eigene Objekterzeugung.
- Genau wie bei globalen Variablen ist die Abhängigkeit nicht sofort ersichtlich. Ob eine Klasse von einer Singleton-Klasse Gebrauch macht, lässt sich nicht aus der Schnittstelle erkennen, sondern nur aus dem Code.
- Die Kopplung wird erhöht.
- Ein zu extensiver Gebrauch von Singleton verleitet den Programmierer dazu, prozedural zu programmieren.
- Sofern die Instanz eigene Attribute hat, sind diese in Ihrer kompletten Anwendung verfügbar. Es ist fraglich, ob es Daten gibt, die tatsächlich „überall“ gebraucht werden: in der View, im Controller, im Model und in der Persistenzschicht.
- Sie schränken sich beim Gebrauch von Singletons selbst ein: Sie können keine Subklassen von Singleton-Klassen erstellen. Wenn Sie eines Tages doch eine zweite Instanz brauchen, müssen Sie den Code wieder umschreiben.
- Singletons schaffen so etwas wie einen globalen Zustand. Damit erschweren Sie sich das Testverfahren.

In Anbetracht dieser Punkte halten viele Programmierer das Singleton Pattern für ein Antipattern.

1.9.2 Ist Singleton ein Antipattern?

Antipatterns beschreiben ungeeignete Vorgehensweisen, sozusagen Negativbeispiele. Jedes Antipattern kann genauso formal beschrieben werden wie ein Design Pattern. Sie erkennen daran, warum es nicht gut ist, auf eine bestimmte Art und Weise vorzugehen. Antipatterns helfen, aus Fehlern anderer zu lernen.

Die Argumente gegen die Verwendung des Singleton sind sicher nachvollziehbar. Es gibt aber Aufgaben, die ohne Singleton nur schwer zu lösen wären. Einer pauschalen Bewertung möchte ich mich nicht anschließen - Sie werden im Einzelfall entscheiden und sich bei jeder Singleton-Klasse überlegen müssen, ob diese wirklich erforderlich ist.

1.10 Zusammenfassung

Gehen Sie das Kapitel noch mal stichwortartig durch!

- Design Patterns sind bewährte Lösungen für eine unbestimmte Zahl von Problemen, die in dieser oder einer ähnlichen Form immer wieder auftreten.
- Design Patterns schaffen ein Vokabular, das für Programmierer zur Allgemeinbildung gehört.
- Design Patterns kann man nicht erfinden, sondern nur entdecken - genau wie die Zahl Pi.
- Die GoF - Gang of Four - hat maßgeblich dazu beigetragen, Design Patterns in die Softwareentwicklung einzuführen.
- Das Buch der GoF umfasst 23 Patterns, es gibt jedoch sehr viele mehr.
- Die GoF hat ihre Patterns in drei Kategorien eingeteilt:
  - Die Erzeugungsmuster beschreiben, wie Objekte effizient erstellt werden können.
  - Die Strukturmuster beschreiben, wie Klassen zu sinnvollen größeren Einheiten zusammengesetzt werden können.
  - Die Verhaltensmuster beschreiben das Zusammenspiel einzelner Objekte.
- Ein Muster setzt sich aus folgenden wesentlichen Elementen zusammen:
  - ein einprägsamer und prägnanter Name,
  - ein Problemabschnitt, der zeigt, wann das Muster angewandt wird,
  - ein Lösungsabschnitt, der die beteiligten Einheiten und deren Zusammenhänge beschreibt,
  - ein Konsequenzenabschnitt, der auf die Vor- und Nachteile des Musters eingeht.
- Antipatterns beschreiben Negativbeispiele, also ungeeignete Vorgehensweisen.
- Singleton wird eingesetzt, wenn Sie eine Klasse haben, von der es nur eine Instanz geben darf.
- Für diese eine Instanz muss es einen globalen Zugriffspunkt geben.
- Verzögertes Laden (lazy instantiation) erzeugt die Instanz, wenn sie gebraucht wird.

- Frühes Laden (early instantiation) erzeugt die Instanz, wenn die Klasse in die VM geladen wird.
- Das Singleton Pattern wird oft als Antipattern betrachtet.

Zweckbeschreibung:

Die Gang of Four beschreibt den Zweck des Patterns wie folgt:

„Sichere ab, dass eine Klasse genau ein Exemplar besitzt, und stelle einen globalen Zugriffspunkt darauf bereit."

2 Template Method Pattern

In diesem Kapitel werden Sie das Template Method Pattern kennenlernen. Es ist ein Verhaltensmuster und sehr leicht zu verstehen. Das Pattern hilft Ihnen, wenn Sie einen Algorithmus haben, der einerseits nicht geändert werden darf, andererseits aber in Unterklassen teilweise unterschiedlich implementiert werden muss.

2.1 Die Arbeitsweise von Template Method

Nehmen Sie als Beispiel die klassische Reihenfolge von Eingabe, Verarbeitung und Ausgabe. Sie möchten einen String eingeben, diesen wahlweise in Groß- oder Kleinschreibung konvertieren und anschließend auf der Konsole ausgeben.

2.1.1 Der erste Ansatz

Auf den ersten Blick scheint die Aufgabe schnell gelöst zu sein, wenn Sie zwei Klassen definieren: `Uppercase` und `Lowercase`. Den Quelltext von `Uppercase` drucke ich folgend ab. Die Methode `run()` definiert den Algorithmus: eingeben, konvertieren, ausgeben. Der Quellcode der Klasse `Lowercase` ist identisch. Lediglich der fett markierte Part unterscheidet sich.

Listing 2.1 Klasse „Uppercase" im Projekt „Template_1"

```
public class Uppercase
{
    public final void run()
    {
        final String EINGABE = textEingeben();
        final String KONVERTIERT = convert(EINGABE);
        drucke(KONVERTIERT);
    }
```

```
    private final String textEingeben()
    {
        final String MESSAGE = "Bitte geben Sie den Text ein: ";
        return JOptionPane.showInputDialog(MESSAGE);
    }

    private final String convert(String eingabe)
    {
        return eingabe.toUpperCase();
    }

    private final void drucke(String text)
    {
        System.out.println(text);
    }

    public static void main(String[] args)
    {
        new Uppercase().run();
    }
}
```

Wenn ein Projekt Quellcode hat, der per Copy and Paste übertragen wird, ist das in der Regel ein Hinweis auf ein schlechtes Design. Es bietet sich an, doppelten Code in eine gemeinsame Oberklasse auszulagern – und genau das machen Sie im folgenden Abschnitt.

2.1.2 Der zweite Ansatz

Die abstrakte Oberklasse definiert einerseits den Algorithmus, andererseits die Methoden, die in beiden Klasse identisch sind. Da die Definition des Algorithmus für alle Unterklassen verbindlich sein soll, bietet es sich an, die Methode `run()` `final` zu deklarieren.

Listing 2.2 Abstrakte Oberklasse im Projekt „Template_2"

```
public abstract class Eingabe
{
    public final void run()
    {
        String eingabe = textEingeben();
        String konvertiert = convert(eingabe);
        drucke(konvertiert);
    }

    private final String textEingeben()
    {
        final String MESSAGE = "Bitte geben Sie den Text ein: ";
        return JOptionPane.showInputDialog(MESSAGE);
    }

    protected abstract String convert(String eingabe);

    private final void drucke(String text)
```

```
    {
        System.out.println(text);
    }
}
```

Die Unterklasse `UppercaseConverter` und `LowercaseConverter` überschreiben lediglich die abstrakte Methode `convert()`. Exemplarisch wird die Klasse `LowercaseConverter` abgedruckt.

Listing 2.3 Die Subklasse „LowercaseConverter" im Projekt „Template_2"

```
public class LowercaseConverter extends Eingabe
{
    @Override
    protected String convert(String eingabe)
    {
        return eingabe.toLowerCase();
    }
}
```

Im folgenden Absatz wird das Projekt in Betrieb genommen.

2.1.3 Das Hollywood-Prinzip

Der Client kann nun durch Unterklassenbildung sehr leicht den gewünschten Converter auswählen.

Listing 2.4 Client im Project „Template_2"

```
public class Client
{
    public static void main(String[] args)
    {
        Eingabe eingabe = new LowercaseConverter();
        eingabe.run();
        Eingabe neueEingabe = new UppercaseConverter();
        neueEingabe.run();
    }
}
```

Der Aufruf erfolgt immer von der Oberklasse aus. In der Oberklasse ist der Algorithmus definiert und die Oberklasse ruft die entsprechende Methode in der Unterklasse auf. Dieses Vorgehen nennt die GoF *Hollywood-Prinzip*: *„Rufen Sie uns nicht an - wir rufen Sie an!"*

2.1.4 Einführen von Hook-Methoden

Sie können das Projekt mit *Hook-Methoden* erweitern. Eine Hook-Methode ist eine Methode, die optional überschrieben werden kann. In der Oberklasse wird ein Standardverhalten - oder gar kein Verhalten - definiert. Die Unterklassen können - müssen aber nicht - dieses

Verhalten übernehmen. Im Projekt „Template_3“ gibt es eine Hook-Methode. Die Methode `speichern()` gibt zurück, ob der eingegebene Text auf der Festplatte gespeichert werden soll. In diesem Fall wird die Methode `saveToDisk()` aufgerufen. Standardmäßig wird `false` zurückgegeben.

Listing 2.5 Optional die Eingabe speichern - Projekt „Template_3“

```
public abstract class Eingabe
{
    public final void run()
    {
        String eingabe = textEingeben();
        String konvertiert = convert(eingabe);
        drucke(konvertiert);
        if ( speichern() )
            saveToDisk();
    }

    // ... gekürzt ...

    protected boolean speichern()
    {
        return false;
    }

    private void saveToDisk()
    {
        System.out.println("Eingabe wurde gespeichert.");
    } }
```

Wenn die Unterklassen der Meinung sind, dass das Standardverhalten so nicht passt, steht es ihnen frei, dieses zu überschreiben. Der `UppercaseConverter` möchte beispielsweise, dass der Text immer gespeichert wird – er gibt also `true` zurück.

Listing 2.6 Klasse „UppercaseConverter“ im Projekt „Template_3“

```
public class UppercaseConverter extends Eingabe
{
    // ... gekürzt ...

    @Override
    protected boolean speichern()
    {
        return true;
    }
}
```

Der `LowercaseConverter` möchte den Anwender entscheiden lassen, ob der Text gespeichert wird.

Listing 2.7 Klasse „LowercaseConverter“ im Projekt „Template_3“

```
public class LowercaseConverter extends Eingabe
{
    // ... gekürzt ...
```

```
    @Override
    protected boolean speichern()
    {
        String frage = "Soll der Text gespeichert werden?";
        int antwort = JOptionPane.showConfirmDialog(null, frage);
        return antwort == JOptionPane.YES_OPTION;
    }
}
```

Hook-Methoden werden auch *Einschub-Methoden* genannt. Sie geben die Möglichkeit, auf den Ablauf des Algorithmus Einfluss zu nehmen.

Das war’s dann auch schon – jetzt kennen Sie das Template Method Pattern. Trotz – oder gerade wegen – seiner trivial erscheinenden Formulierung ist das Template Method Pattern ausgesprochen wichtig für die Entwicklung von Frameworks wie der Java-Klassenbibliothek. Sie entwickeln ein Grundgerüst, den Algorithmus, und darauf bauen Sie Ihre Erweiterungen auf. Auf *www.Sourcemaking.com* habe ich Bild 2.1 gefunden, das, wie ich finde, das Prinzip sehr anschaulich zeigt.

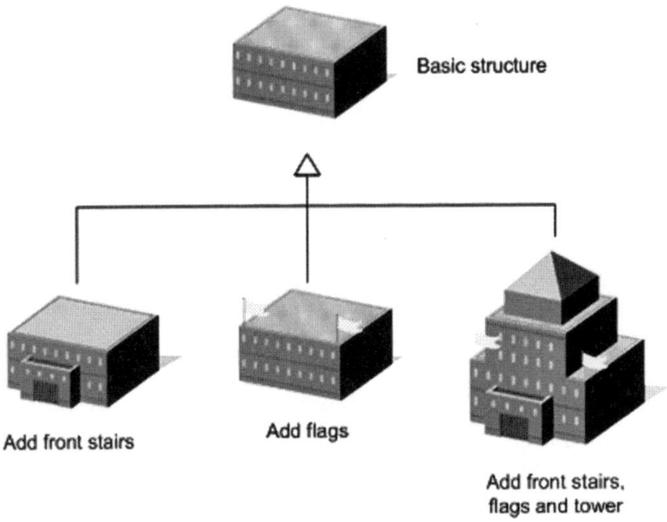

Bild 2.1 Prinzip des Template Method Patterns

2.2 Das Interface „ListModel“

Das Template Method Pattern werden Sie überall dort identifizieren können, wo Sie auf abstrakte Klassen treffen. Ich möchte an dieser Stelle kurz auf den Algorithmus eingehen, den das Interface `ListModel` vorgibt; er beschreibt, was passieren muss und welche Daten vorliegen müssen, damit eine JList Daten anzeigen kann. Eine `JList` akzeptiert jedes Objekt als Datenmodel, das vom Typ `ListModel` ist. Das Interface `ListModel` schreibt vier Methoden vor, die für die Anzeige der Daten erforderlich sind. Eine `JList` muss sich als Beobachter, als ListDataListener, beim Model registrieren und de-registrieren können; dafür müssen die Methoden `addListDataListener()` und `removeListDataListener()` implementiert sein. Die JList muss die Datenbasis außerdem fragen können, wie viele Elemente angezeigt werden sollen; das wird mit der Methode `getSize()` beantwortet. Und schließlich muss die JList das Element an einer bestimmten Stelle abfragen können; hierfür gibt es die Methode `getElementAt()`, der Sie den Index des gesuchten Elements übergeben. Unter *www.patternsBuch.de* finden Sie das Projekt „ListModel_Beispiel". Dieses Projekt zeigt die Vorgehensweise mit einem sehr simplen Beispiel.

Wenn Sie seinen Quelltext analysieren, werden Sie sehen, dass die Methoden zum Registrieren und De-Registrieren von Listenern so allgemein sind, dass sie vermutlich in allen Situationen verwendet werden können. In der Klassenbibliothek gibt es die Klasse `AbstractListModel`, in der diese beiden Methoden implementiert sind. Sofern Sie eine andere als die Standardimplementierung benötigen, sind Sie frei, diese Methoden zu überschreiben. Methoden, die die Datenbasis beschreiben, also `getSize()` und `getElementAt()`, entziehen sich einer Standardimplementierung. Sie müssen sie selbst definieren.

2.3 Der patternCoder

In diesem Abschnitt möchte ich Ihnen den patternCoder vorstellen. Der patternCoder war früher eine Erweiterung für BlueJ. Wir haben im Laufe der Zeit verschiedene Versionen erstellt, so dass der patternCoder mit gleichem Funktionsumfang als Stand-alone-Version, als Erweiterung für BlueJ und als Plug-in für Eclipse genutzt werden konnte. Im Hinblick auf dieses Buch haben wir 2013 angefangen, den patternCoder neu zu designen. Die Stand-alone-Version ist fertig, Sie finden sie unter *www.patternsBuch.de*. Die BlueJ-Version war bei Drucklegung noch nicht fertig erstellt, ist aber in Arbeit. Natürlich wird auch der Funktionsumfang des patternCoder weiterentwickelt und ausgebaut. Die neue Version des patternCoder ist unter Java 7 und höher lauffähig. Bitte schauen Sie ab und zu auf *www.patternCoder.de* vorbei; dort hinterlegen wir die jeweils neuen Versionsstände.

Den patternCoder installieren

Unter *www.patternsBuch.de* finden Sie eine zip-Datei, die das ausführbare jar-File und den Ordner *patternFiles* enthält. Entpacken Sie die zip-Datei, so dass das jar-File und der Ordner im gleichen Verzeichnis liegen. Wenn Sie den patternCoder starten, sucht er zunächst im gleichen Verzeichnis nach dem Ordner *patternFiles*. Wenn Sie diesen Ordner umbenennen oder an einen anderen Ort verschieben, prüft patternCoder, ob in der Registry ein anderer Pfad als Projektverzeichnis vorliegt. Ist das nicht der Fall, sind die meisten Funktionen ausgegraut und Sie müssen zuerst das Projektverzeichnis eingeben. Klicken Sie hierzu **strg + alt + s**. Den Pfad, den Sie eingeben, hinterlegt patternCoder in der Registry und greift beim nächsten Start darauf zu. Am einfachsten dürfte es jedoch sein, wenn Sie jar-File und patternFiles-Ordner im gleichen Verzeichnis ablegen.

Der Ordner „patternFiles“

Im Ordner *patternFiles* sind die Beschreibungen der Patterns hinterlegt. Jedes Pattern wird durch ein patternFile, eine XML-Datei, beschrieben. Im Ordner *behavioural* finden Sie beispielsweise die Datei *Template.patf.xml*. Sie beschreibt das Template Method Pattern. Bitte benennen Sie die Unterordner und die Dateien **nicht** um.

2.3.1 Der patternCoder aus Anwendersicht

Dieser Abschnitt beschreibt, wie der patternCoder funktioniert und was Sie von ihm erwarten können.

Die Ansicht „Übersicht“

Wenn Sie den patternCoder starten, sehen Sie auf der linken Seite einen Baum, in dem alle Patterns gelistet werden. Auf der rechten Seite lesen Sie eine Zusammenfassung, wie der patternCoder bedient wird.

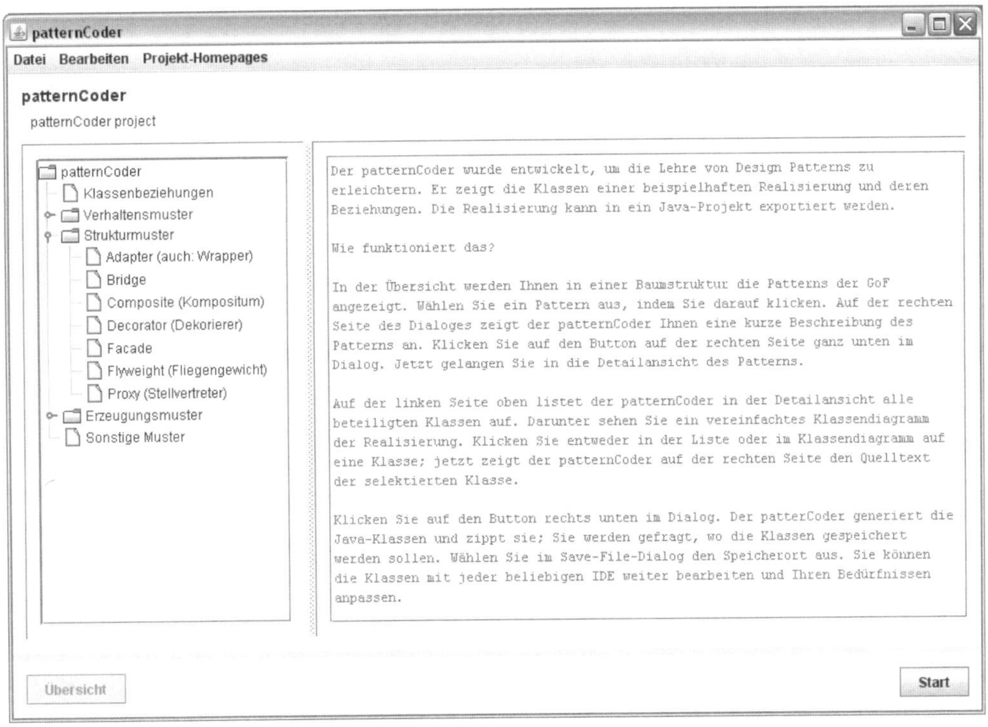

Bild 2.2 Der patternCoder nach dem Start

Wählen Sie aus der Kategorie Verhaltensmuster das Template Method Pattern. Klicken Sie einmal kurz auf den Eintrag. Jetzt wird auf der rechten Seite die Zweckbeschreibung des Patterns angezeigt. Klicken Sie nun auf den Button **Start**. Alternativ können Sie doppelt auf den Eintrag klicken, um in die Detailansicht zu wechseln.

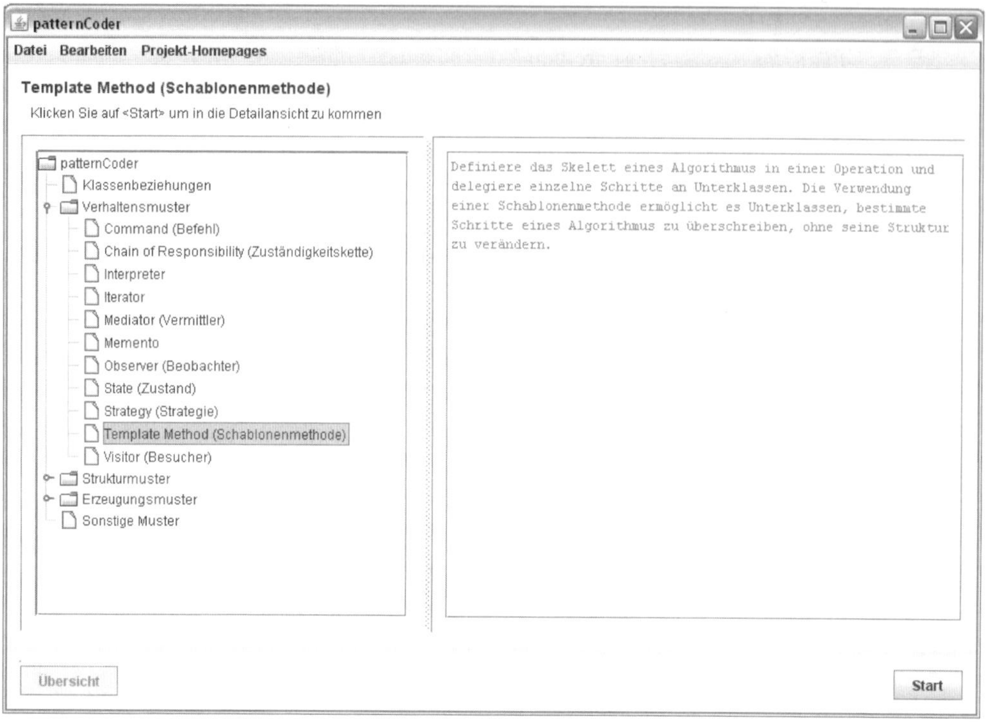

Bild 2.3 Übersichtsansicht des Template Method Patterns

Die meisten Texte sind auf Englisch hinterlegt. Wir werden sie nach und nach übersetzen. Auf *www.patternCoder.de* finden Sie die neuen patternFiles.

Die Ansicht „Detail“

Wenn Sie in die Detail-Ansicht wechseln, finden Sie im oberen linken Bereich eine Auflistung der am Pattern beteiligten Klassen. Im unteren linken Bereich sehen Sie das Klassendiagramm des hinterlegten Projekts. Auf der rechten Seite ist nach wie vor die Beschreibung des Patterns zu sehen. Wenn Sie auf eine Klasse klicken – entweder im Klassendiagramm oder in der Auflistung oben links – wird rechts der Quelltext der Klasse angezeigt. Die ausgewählte Klasse wird im Klassendiagramm grün markiert.

Oberhalb des Diagramms gibt es den Button **Klassendiagramm speichern**. Wenn Sie darauf klicken, wird das Diagramm in eine png-Datei exportiert; Sie werden von patternCoder aufgefordert, den Speicherort einzugeben. Der Button **Code generieren** ganz unten rechts exportiert die hinterlegten Java-Quelltexte. Sie werden gezippt und patternCoder lässt Sie eingeben, wo die zip-Datei gespeichert werden soll. Sofern Sie es vorziehen, dass öffnende Klammern ans Ende der vorigen Zeile geschrieben werden, entfernen Sie im Menü **Bearbeiten** das Häkchen bei **Öffnende Klammer in neuer Zeile**. Der Button **Übersicht** bringt Sie zurück zur Übersicht.

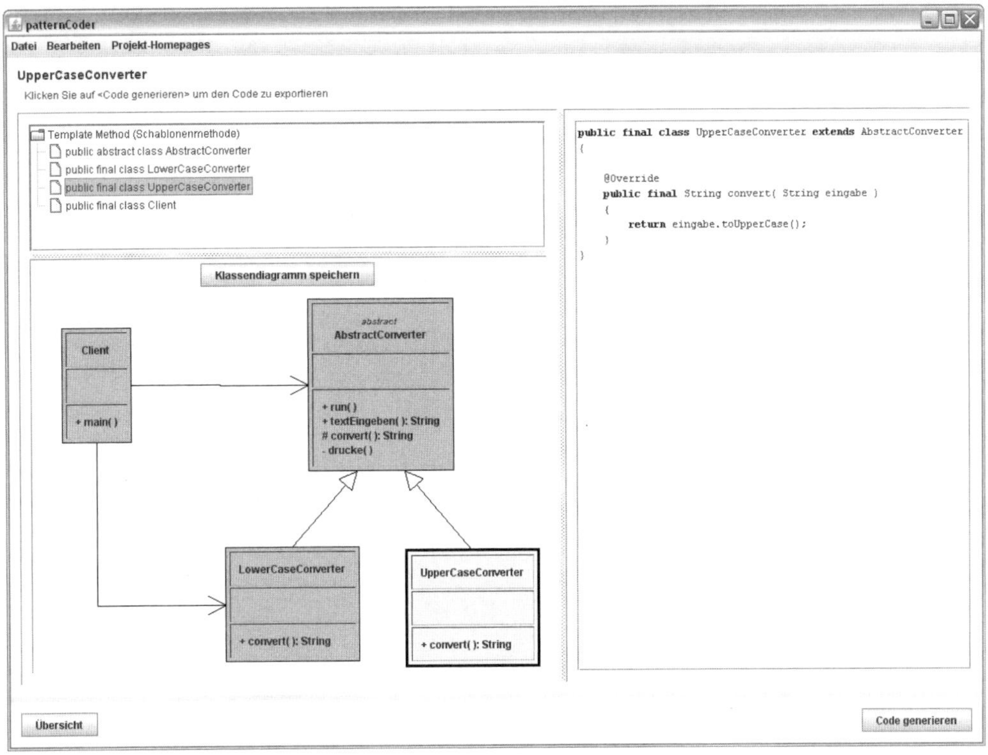

Bild 2.4 Detailansicht des patternCoder

Der patternCoder für Macher

Möchten Sie selbst patternFiles anlegen? Wechseln Sie zurück in die Übersicht. Setzen Sie im Menü **Bearbeiten** einen Haken bei **Pattern bearbeiten**.

Ein Pattern anlegen oder editieren

Wenn Sie nun einen rechten Mausklick auf den JTree setzen, erscheint ein Kontextmenü. Wenn Sie ein Pattern ausgewählt haben, können Sie es editieren oder löschen. Sie können auch ein neues Pattern anlegen. Egal, ob Sie ein bestehendes Pattern editieren oder ein neues anlegen, Sie arbeiten immer im Dialog „Ein Pattern editieren". Wenn Sie ein Pattern anlegen, wählen Sie die Kategorie, zu der es gehört. Der Dateiname darf nur aus Buchstaben in Klein- und Großschreibung bestehen. Das Schlagwort ist der Text, der später im JTree angezeigt wird. In dem großen Feld „Beschreibung" hinterlegen Sie die Beschreibung des Patterns. Die Kategorie und der Dateiname können später nicht mehr geändert werden.

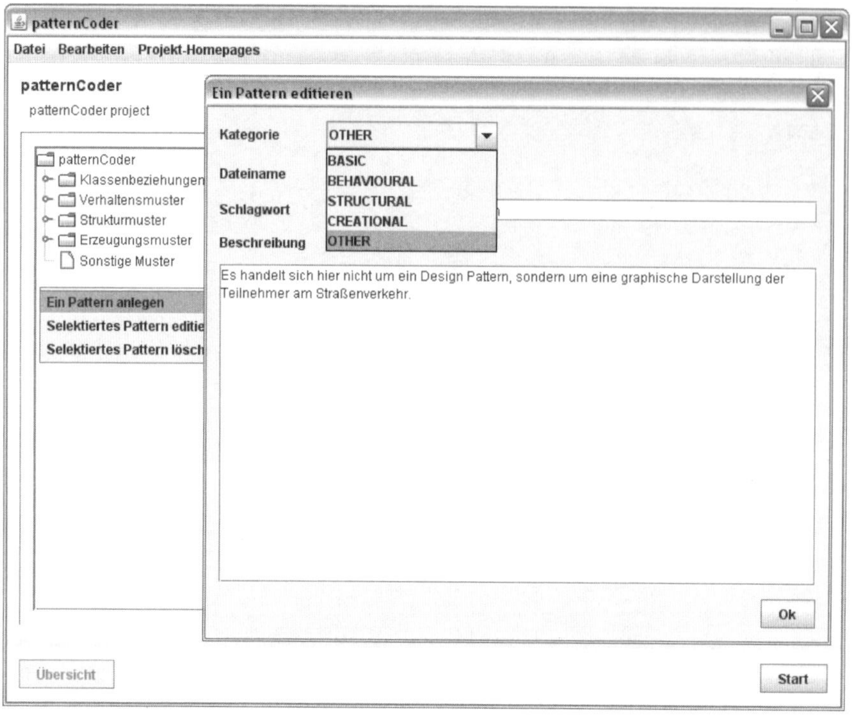

Bild 2.5 Ein Pattern anlegen oder editieren

Klicken Sie auf **Ok**, um die Änderungen zu speichern.

Eine Klasse anlegen

Markieren Sie das gerade angelegte Pattern und klicken Sie auf **Start**, um in die Detailansicht zu wechseln. Im Diagramm gibt es nun sechs ToggleButtons, die später gebraucht werden, um Beziehungen zwischen Klassen darzustellen. Klicken Sie auf die obere Hälfte der linken Seite. Das Kontextmenü bietet Ihnen an, eine Klasse zu erstellen, sie zu editieren oder sie zu löschen. Wählen Sie **Erstelle eine Klasse**, um eine neue Klasse zu erzeugen. Im Dialog „Eine Klasse editieren", den patternCoder jetzt anzeigt, tragen Sie die Daten der Klasse ein. Sie wählen zunächst die Sichtbarkeit aus – standardmäßig ist `public` vorgesehen. Eine Klasse kann entweder `final` oder `abstract` sein – in den seltensten Fällen beides. Im patternCoder ist eine Prüfung hinterlegt, dass immer nur eine Option ausgewählt werden kann. Der Typ gibt an, ob Sie eine Klasse oder ein Interface anlegen. Geben Sie im nächsten Feld den Namen der Klasse ein. Im Eingabefeld *extends* geben Sie an, von welcher Klasse Ihre Klasse erbt – dazu später mehr. Die Combobox *implements* listet alle Interfaces auf, die Ihre Klasse implementieren soll. Einträge können Sie mit einem eigenen Dialog vornehmen, auch das wird gleich genauer beleuchtet. Die Combobox *imports* speichert alle Import-Anweisungen. Die Buttons **Editiere Attribute** und **Editiere Methoden** brauchen Sie, um Felder und Methoden anzulegen. Ein *UML comment* fügt Ihrer Klasse im Diagramm einen kurzen Kommentar hinzu. Wenn Sie die Checkbox *Erstelle Linien* selektiert lassen, werden implements- und inherits-Beziehungen automatisch vom patternCoder in das Diagramm eingezeichnet. Diese Einstellung betrifft alle Klassen im Pattern. In das Textfeld *Documentation* tragen Sie die API-Dokumentation der Klasse ein.

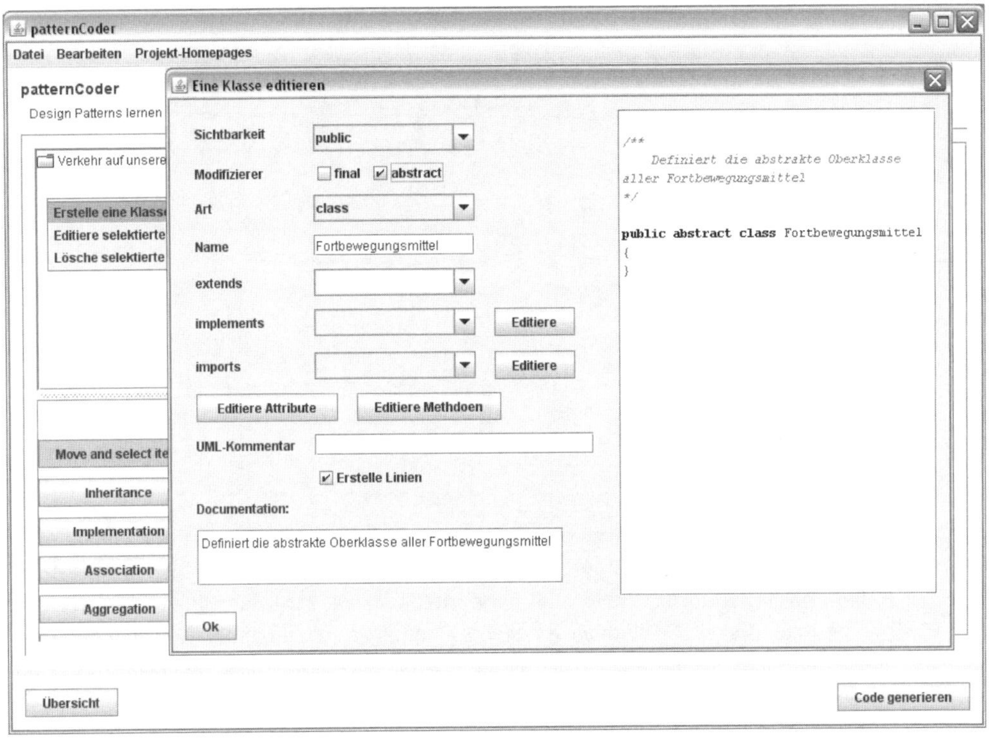

Bild 2.6 Eine Klasse anlegen oder editieren

Ein Datenfeld anlegen

Klicken Sie auf **Editiere Attribute**, um in den Dialog „Ein Attribut editieren“ zu gelangen. Klicken Sie auf **Neues Attribut**, um ein neues Feld zu erzeugen. Es wird in der Liste der Attribute auf der linken Seite des Dialogs angezeigt. Wieder geben Sie die Informationen des Felds an: die Sichtbarkeit, die Modifizierer, den Datentyp, den Bezeichner und die API-Dokumentation. Außerdem können Sie Ihr Datenfeld mit einem beliebigen Wert initialisieren.

Wenn Sie ein Attribut markieren, können Sie es mit **Auswahl löschen** wieder entfernen. Klicken Sie auf **Ok**, um zum Dialog „Eine Klasse editieren“ zurückzukehren.

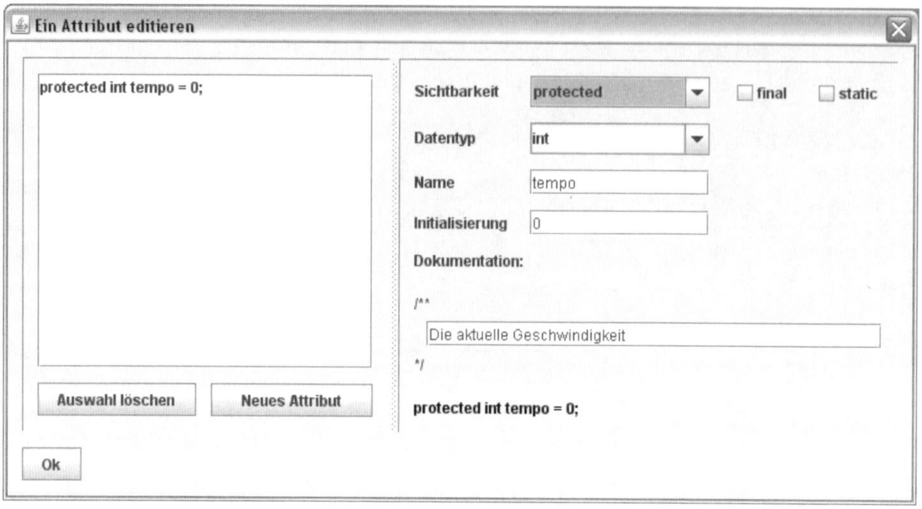

Bild 2.7 Ein Feld anlegen oder editieren

Eine Methode anlegen

Klicken Sie auf den Button **Editiere Methoden**. Der patternCoder öffnet den Dialog „Eine Methode editieren". Auf der linken Seite werden alle deklarierten Methoden aufgelistet. Erstellen Sie mit **Neue Methode** eine neue Methode; sie wird dann links angezeigt. Sie können nun die Daten der Methode eingeben. Handelt es sich um einen Konstruktor? Überschreibt die Methode eine andere Methode? Welche Sichtbarkeit soll sie haben? Sie geben außerdem die Modifizierer an. Der Rückgabewert ist standardmäßig auf `void` gesetzt. In der Combobox sind verschiedene Vorschläge hinterlegt: `void`, die primitiven Datentypen, der Typ `String` und alle bereits angelegten Klassen im Pattern. Sie können die Einstellungen übernehmen, aber auch einen anderen Datentyp eintragen. Dokumentieren Sie den Rückgabewert und geben Sie der Methode einen Namen. Im Textfeld zwischen /** und */ tragen Sie die API-Dokumentation der Methode ein. Im unteren Textfeld hinterlegen Sie den Code der Klasse. Code können Sie nur eingeben, wenn die Methode nicht abstrakt ist und nicht in einem Interface deklariert wird.

Klicken Sie auf **Neuer Parameter**, um einen neuen Parameter anzulegen. In der Combobox wählen Sie den Datentyp. Geben Sie einen Namen für den Parameter ein und vergessen Sie die API-Doku nicht. Wenn Sie mehr als einen Parameter anlegen, können Sie die Reihenfolge per Drag and Drop ändern; markieren Sie einen Parameter und verschieben Sie ihn nach oben oder nach unten. Der Methodenkopf oberhalb des Code-Felds wird automatisch aktualisiert. Sowohl Parameter als auch Methoden können gelöscht werden. Klicken Sie dazu auf **Auswahl löschen** unterhalb der jeweiligen Liste.

In diesem Dialog sind verschiedene Abhängigkeiten hinterlegt, um Sie vor Fehleingaben zu schützen. Sie können keine zwei Parameter mit gleichem Namen anlegen. Methoden können überladen werden, müssen aber unterschiedliche Parameterlisten haben.

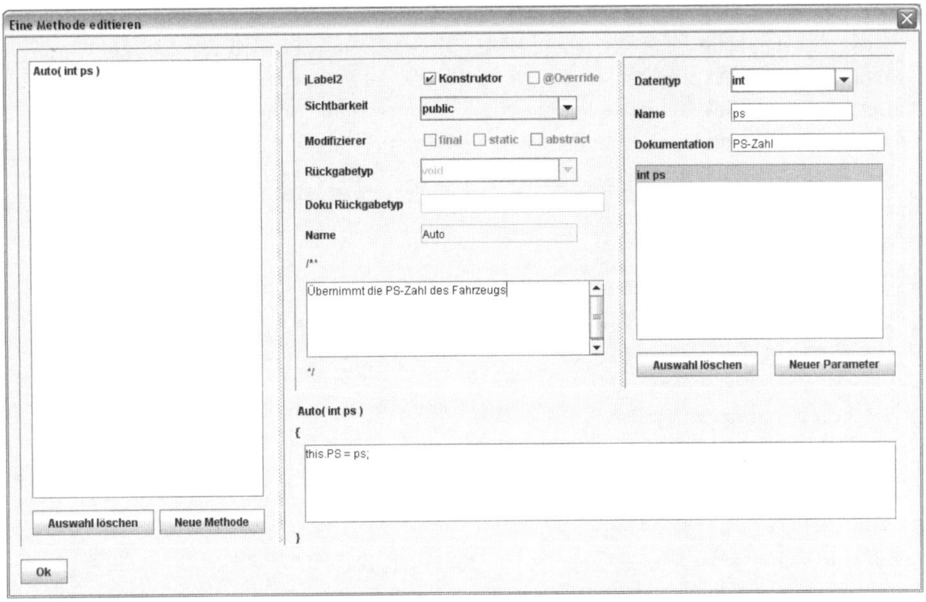

Bild 2.8 Eine Methode anlegen oder editieren

Klicken Sie auf **Ok**, um zum Klassendialog zurückzukehren. Sie werden sehen, dass patternCoder bereits den Code der Klasse erzeugt hat. Klicken Sie erneut auf **OK**, um zur Detailansicht zurückzukehren. Im Diagramm ist die Klasse bereits eingezeichnet.

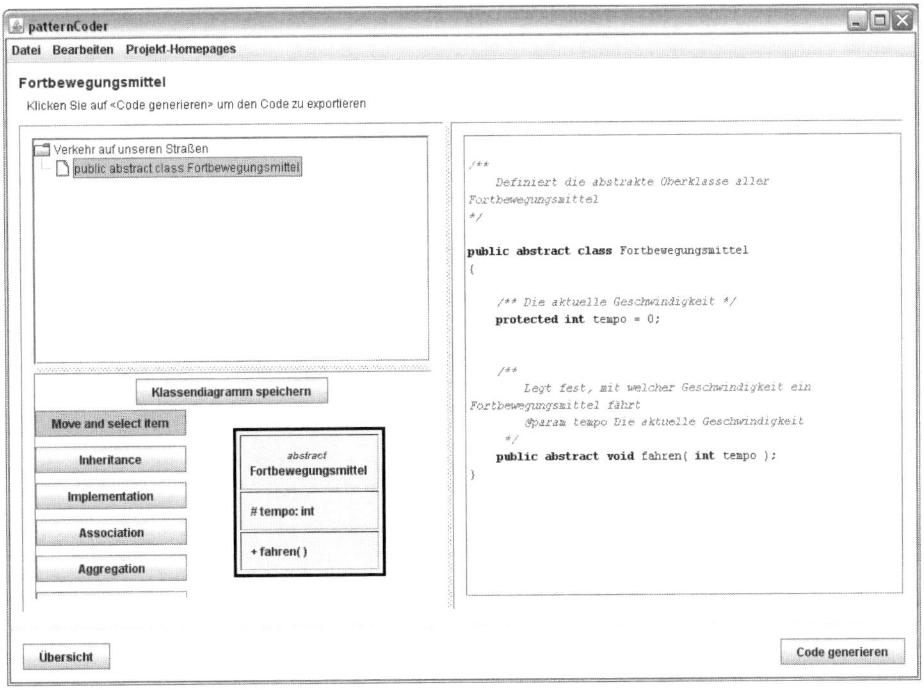

Bild 2.9 Das Pattern in der Detailansicht

Legen Sie eine neue Klasse `Auto` und das Interface `Versicherungspflichtig` an. Das Auto soll von `Fortbewegungsmittel` erben. Wenn Sie im Dialog „Eine Klasse editieren" auf die ComboBox „extends" klicken, sehen Sie, dass dort bereits alle bestehenden Klassen des Patterns gelistet sind. Natürlich können Sie die Einträge überschreiben. Ein Interface legen Sie an, indem Sie aus der ComboBox „Art" den entsprechenden Eintrag wählen.

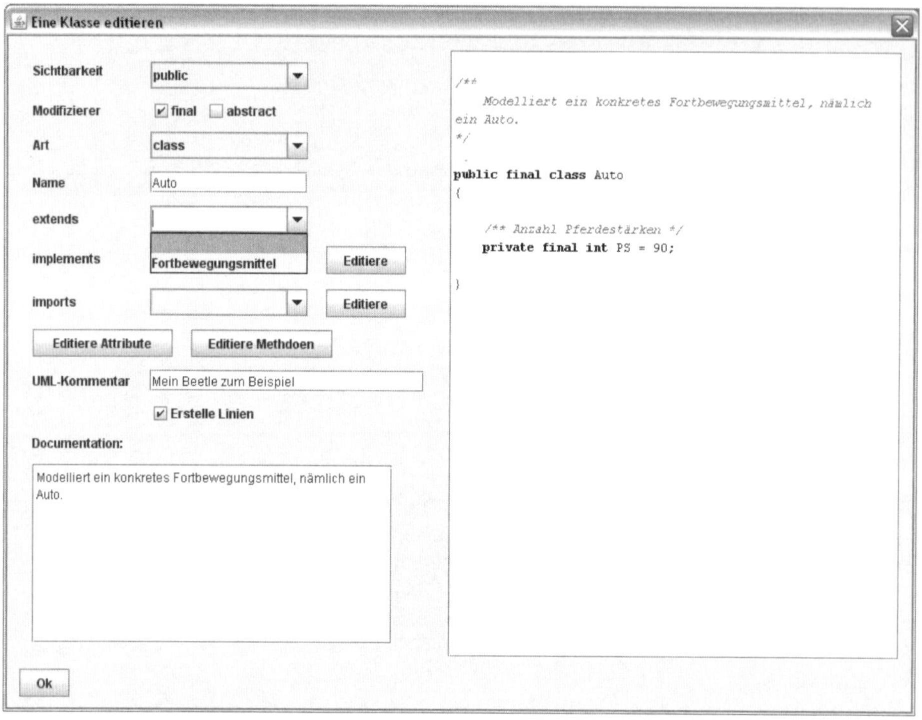

Bild 2.10 Eine andere Klasse erweitern

Ein Interface implementieren

Die Klasse `Auto` soll `Versicherungspflichtig` implementieren. Rufen Sie auf der Klasse `Auto` den Dialog „Eine Klasse editieren" auf (Bild 2.11). Klicken Sie auf **Editiere** neben der Combobox „implements". Der patternCoder zeigt einen neuen Dialog an, in dem Sie alle Interfaces aufgelistet finden, die von der Klasse implementiert werden; im Moment ist diese Liste leer. Klicken Sie auf das Pluszeichen, um im InputDialog ein zu implementierendes Interface einzutragen. Tragen Sie `Versicherungspflichtig` ein und schließen Sie den Dialog.

Der Dialog, um Imports einzutragen, ist identisch aufgebaut.

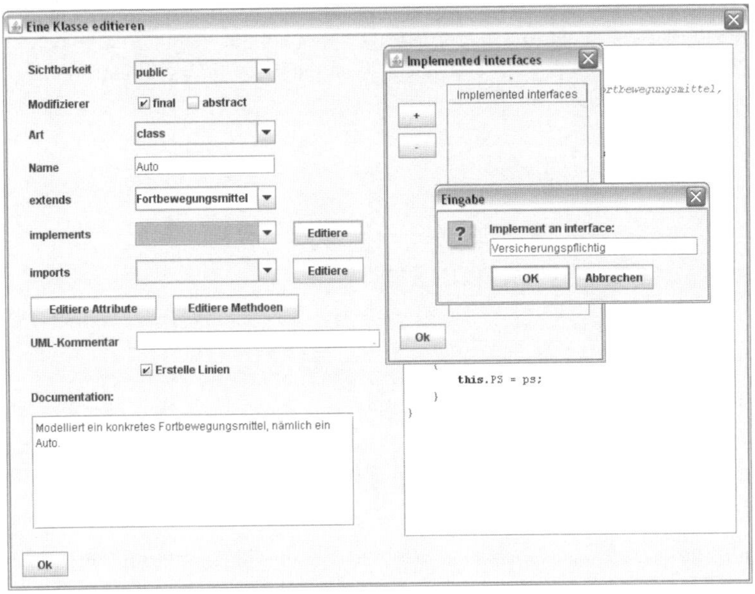

Bild 2.11 Ein zu implementierendes Interface eintragen

Das Klassendiagramm bearbeiten

Schließen Sie den Klassendialog. Der patternCoder hat die Klassen, deren Beziehungen und den UML-Kommentar in das Diagramm eingezeichnet. Vererbung und Realisierung werden zuverlässig erkannt. Mit den ToggleButtons links können Sie selbst Beziehungen zwischen Klassen einzeichnen (Bild 2.12). UML-Kommentare, Verbindungen und Klassen werden Items genannt. Das Kontextmenü ermöglicht es Ihnen, ein selektiertes Item zu löschen.

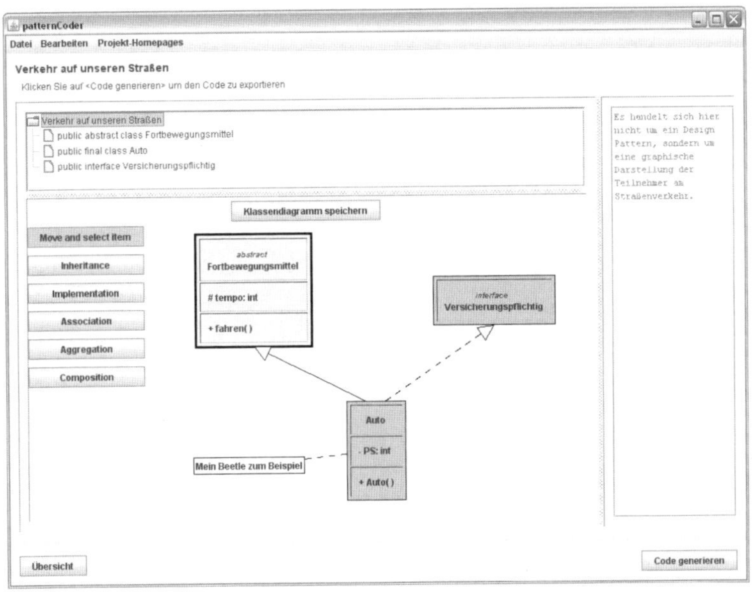

Bild 2.12 Das fertig angelegte Projekt

Um die Klassendiagramme generieren zu können, hat Benjamin Sigg die Bibliothek „GraphPainting“ entwickelt. Den Quelltext finden Sie auf *https://github.com/Benoker*.

2.4 Zusammenfassung

Gehen Sie das Kapitel nochmal stichwortartig durch!

- Sie definieren einen bestimmten Algorithmus.
- Teile des Algorithmus können von der Klasse selbst ausgeführt werden, andere Teile werden den Subklassen vorgeschrieben, die die nicht abstrakten Teile implementieren.
- Den Algorithmus beschreiben Sie in einer finalen Methode der abstrakten Oberklasse.
- Die Unterklasse bzw. die Unterklassen überschreiben die abstrakten Methoden der Oberklasse.
- Optional können Hook-Methoden – Einschubmethoden – überschrieben werden.
- Hook-Methoden erlauben es Ihnen, den Algorithmus teilweise zu variieren.

Zweckbeschreibung:

Die Gang of Four beschreibt den Zweck des Patterns wie folgt:

„Definiere das Skelett eines Algorithmus in einer Operation und delegiere einzelne Schritte an Unterklassen. Die Verwendung einer Schablonenmethode ermöglicht es Unterklassen, bestimmte Schritte eines Algorithmus zu überschreiben, ohne seine Struktur zu verändern.“

3 Observer Pattern

Sie lernen jetzt ein Pattern kennen, das genauso leicht und intuitiv verständlich ist wie die vorigen beiden: das Observer Pattern. Es geht darum, dass Sie ein Objekt haben, dessen Zustand sich ändert *(Ereignisquelle);* eine beliebige Anzahl anderer Objekte (*Beobachter* oder *Listener*) möchte über diese Zustandsänderungen informiert werden.

3.1 Einleitung

Wie werden Informationen zielgerichtet und adressatengerecht verteilt? Denken Sie an einen Newsletter-Verteiler. Für jedes Thema, das von Interesse sein könnte, gibt es einen Newsletter. Wenn jemand eine neue Wohnung sucht, meldet er sich im Verteiler A an; wenn jemand einen neuen Job sucht, meldet er sich im Verteiler B an. Jeder bekommt nur die Information, die ihn interessiert, und zwar exakt dann, wenn sie veröffentlicht wird. Dieses Prinzip, das auch *Publish/Subscribe* genannt wird, wird durch das *Observer Pattern* beschrieben.

3.2 Eine erste Realisierung

Projekt „Observer_01" führt Ihnen eine erste Realisierung des Patterns vor. Sie haben jemanden, der Nachrichten bekannt geben will, eine *Ereignisquelle*, als Beispiel eine Job-Börse. Diese Klasse ist in der Lage, Objekte vom Typ `JobObserver` als Interessent, bzw. *Beobachter*, zu registrieren; dieser Typ wird durch das Interface `JobObserver` definiert, das die Methode `updateJob()` vorschreibt.

Listing 3.1 Der Typ „JobObserver" im Projekt „Observer_01"

```
public interface JobObserver
{
    String updateJob(String job);
}
```

Die Ereignisquelle definiert zwei Methoden, eine, um Observer zu registrieren, und eine, um sie zu de-registrieren. Außerdem definiert sie eine Methode, die einen neuen Job speichert und alle Observer darüber informiert.

Listing 3.2 Ereignisquelle im Projekt „Observer_1"

```
public class JobBoerse
{
    private List<JobObserver> observerList = new ArrayList< >();
    private List<String> jobList = new ArrayList< >();

    public void addJob(String job)
    {
        jobList.add(job);
        for(JobObserver tempJobObserver : observerList)
            tempJobObserver.updateJob(job);
    }

    public void addObserver(JobObserver jobObserver)
    {
        observerList.add(jobObserver);
    }

    public void removeObserver(JobObserver jobObserver)
    {
        observerList.remove(jobObserver);
    }
}
```

Die Observer definieren, was passiert, wenn die Methode `updateJob()` aufgerufen wird. Parameter dieser Methode ist der neue Job. Die Methode entscheidet zufallsgesteuert, ob der Beobachter sich um den Job bewirbt oder nicht. Folgend drucke ich das gekürzte Listing für die Klasse `Student` ab. Unter *www.patternsBuch.de* finden Sie im Projekt außerdem die Klasse `Arbeitnehmer`, damit sollen Angestellte modelliert werden, die einen Nebenjob suchen.

Listing 3.3 Ein Observer im Projekt „Observer_01"

```
public class Student implements JobObserver
{
    @Override
    public String updateJob(String job)
    {
        int zufallszahl = (int) (Math.random() * 10);
        String antwort;
        if(zufallszahl <=5)
            antwort = "Student bewirbt sich um den Job";
        else
            antwort = "Student bewirbt sich nicht um den Job";
        System.out.println(antwort);
        return antwort;
    }
}
```

Der Testtreiber, den Sie im Projekt finden, legt zwei `JobObserver` an und testet, welcher von beiden unter welchen Umständen über einen neuen Job informiert wird. Die Bedingungen finden Sie in den Kommentaren der main-Methode des Testtreibers.

3.3 Den ersten Ansatz erweitern

Drei Dinge sind im Leben eines Programmierers sicher: der Tod, die Steuer und Änderungsanforderungen. Und auch in diesem Projekt werden die Anforderungen wachsen.

> Um sich die größtmögliche Flexibilität zu erhalten, programmieren Sie immer gegen Schnittstellen, niemals gegen Implementierungen. Bitte beachten Sie: Der Begriff *„Schnittstelle"* ist in der Sprache der Entwurfsmuster nicht mit einem *Interface* gleichzusetzen. Wenn von einer Schnittstelle die Rede ist, kann auch eine *abstrakte Klasse* gemeint sein. Folglich können Sie eine Schnittstelle „erweitern" oder „implementieren", was in der Patterns-Sprache den gleichen Vorgang beschreibt.
>
> Diese Redeweise hat sich eingebürgert. Treffender wäre es sicher, wenn man von „Rolle einnehmen" statt von „Schnittstelle implementieren" spricht – die Klasse `Student` könnte dann die Rolle eines `JobObserver` einnehmen.

Sie haben im vorigen Projekt „Observer_01" schon den Vorteil gesehen, dass die Job-Börse gar keine Ahnung hat, was für Objekte sie registriert. Für sie genügt es, dass die Objekte vom Typ `JobObserver` sind – das können Studenten oder Arbeitnehmer sein.

Welche Änderung könnte sich ergeben? Es könnte sein, dass die Studenten sich nicht nur bei der Job-Börse der Hochschule, sondern auch bei einer Job-Börse der Arbeitsagentur registrieren können sollen. Unter *www.patternsBuch.de* habe ich Ihnen das Projekt „Observer_02" hinterlegt. Hier finden Sie das Interface `JobAnbieter`, das von den Eventquellen implementiert wird. Für den Client, in unserem Fall die main-Methode der Testklasse, kann es unter Umständen sinnvoll sein, nicht an eine konkrete Implementierung (`JobBoerse` oder `Arbeitsagentur`) gebunden zu sein, sondern allgemein an Objekte vom Typ `JobAnbieter`. Er kann jetzt die konkreten Implementierungen austauschen und beispielsweise einen Job bei beiden Anbietern gleichzeitig einstellen:

```
JobAnbieter jobBoerse = new JobBoerse();
JobAnbieter arbeitsamt = new Arbeitsagentur();
JobAnbieter[] alleAnbieter = new JobAnbieter[]{jobBoerse, arbeitsamt};
String job = "Aushilfe im Theater";
System.out.println("\nNeuer Job: " + job);
for(JobAnbieter tempAnbieter : alleAnbieter)
    tempAnbieter.addJob(job);
```

Eine Abwandlung ist denkbar: In den vorigen beiden Beispielen haben Sie einen Job als String übergeben und diesen an die Observer weitergereicht. Dieses Vorgehen wird *Push-Methode* genannt. Denkbar wäre auch, dass die Eventquelle den Observern nur mitteilt, dass neue Informationen vorliegen, ohne diese gleich zu übergeben. Es ist dann Sache des Observers, die vollständigen Informationen bei der Eventquelle anzufordern. Dieses Verfahren wird *Pull-Methode* genannt. ■

Unter *www.patternsBuch.de* habe ich das Projekt „Observer_03" hinterlegt. Hier suchen die Studenten und Arbeitnehmer keine Jobs, sondern Wohnungen. Wohnungsangebote sind mit ihren Exposés und Grundrissen sehr umfangreiche Objekte, die nur auf Anforderung verschickt werden. Die Observer entscheiden zunächst zufallsgesteuert, ob sie die Informationen anfordern. Danach entscheiden sie zufallsgesteuert, ob sie sich für die Wohnung interessieren. Bitte analysieren Sie das Projekt selbstständig.

■ 3.4 Observer in der Klassenbibliothek

In der Klassenbibliothek von Java gibt es das Interface `Observer`. Dieses Interface definiert die Rolle eines Beobachters und schreibt die Methode `update()` vor. Als Parameter werden ein Objekt vom Typ `Observable` und ein Objekt vom allgemeinen Typ `Object` erwartet. Der Methode wird ein Link auf die Eventquelle übergeben, um den Beobachter in die Lage zu versetzen, bei der Eventquelle weitere Informationen anzufordern. Außerdem kann die Eventquelle auf ihren Datentyp (Methode `getClass()`) abgefragt werden. Der Parameter vom Typ `Object` enthält beispielsweise einen Job oder eine Wohnung.

Die Eventquelle ist also vom Typ `Observable`. Üblicherweise deutet die Endung -able auf ein Interface hin, hier jedoch nicht. Observable ist eine Klasse, die erweitert werden kann. Wie Sie es von Ihrer eigenen Implementierung gewöhnt sind, gibt es in der Klasse `Observable` Methoden, um Observer zu registrieren und zu de-registrieren. Im Unterschied zu Ihrer Implementierung muss, bevor Sie Observer informieren, die Methode `setChanged()` aufgerufen werden, die ein internes Flag setzt. Nur wenn dieses Flag gesetzt ist, übermittelt die Methode `notifyObservers()` die Änderungen tatsächlich an die Observer. Dieses Vorgehen kann sinnvoll sein, wenn viele Änderungen an der Datenbasis erfolgen, die Observer aber erst informiert werden sollen, wenn alle Änderungen abgeschlossen sind.

Der Methode `update()` des Beobachters wird ein Objekt vom Typ `Object` übergeben. Diese Lösung ist nicht typsicher. Sie müssen selbst darauf achten, ob Sie eine Wohnung oder einen Job übergeben.

Sehr nachteilig finde ich, dass `Observable` eine Klasse ist. Da Java keine Mehrfachvererbung kennt, haben Sie keine Chance, Ihre Eventquelle von einer anderen Klasse abzuleiten.

Ob Sie auf `Observable` und `Observer` zurückgreifen, müssen Sie sehr kritisch überlegen. Da das Observer Pattern nicht sehr schwierig zu realisieren ist, implementiere ich es in der Praxis immer selbst. ■

3.5 Nebenläufiger Zugriff

Die Lösung, die Sie im Projekt „Observer_03“ gesehen haben, funktioniert tadellos. Wenn Sie aber mit einem nebenläufigen System damit arbeiten möchten, stoßen Sie auf Probleme. Stellen Sie sich vor, ein Thread übergibt gerade eine neue Wohnung und alle Observer werden darüber informiert. Gleichzeitig versucht ein anderer Thread, einen Beobachter abzumelden. Es gibt dann zwei Threads, die gleichzeitig auf die Liste der Beobachter zugreifen möchten. Öffnen Sie das Projekt „Observer_04“. Ich habe es auf die nötigsten Klassen reduziert, so dass Sie beispielsweise nur Arbeitnehmer und keine Studenten haben. Starten Sie die main-Methode der Klasse `ObserverSim`. Die geschilderte Situation, dass zwei Threads auf die Datenbasis gleichzeitig zugreifen möchten, wird hier provoziert. Es wird nach kurzer Zeit eine `ConcurrentModificationException` geworfen. Möglicherweise müssen Sie die main-Methode mehrmals starten.

Eine andere problematische Situation kann entstehen, wenn Observer über eine Änderung informiert werden und sich entscheiden, sich als Beobachter abzumelden. Diese Situation finden Sie im Projekt „Observer_05“. In der update-Methode wird zufallsgesteuert entschieden, ob der Beobachter weiterhin informiert werden möchte:

Listing 3.4 Observer de-registriert sich, Projekt „Observer_05“

```
@Override
public String updateFlat(WohnungsBoerse boerse)
{
    int zufallszahl = (int) (Math.random() * 10);
    if(zufallszahl <=6)
    {
        Wohnung wohnung = boerse.getDetail();
        if(zufallszahl < 5)
        {
            // ... Quelltext gekürzt
            boerse.removeObserver(this);
        }
    }
    return antwort;
}
```

Auch in diesem Fall wird irgendwann eine `ConcurrentModificationException` geworfen.

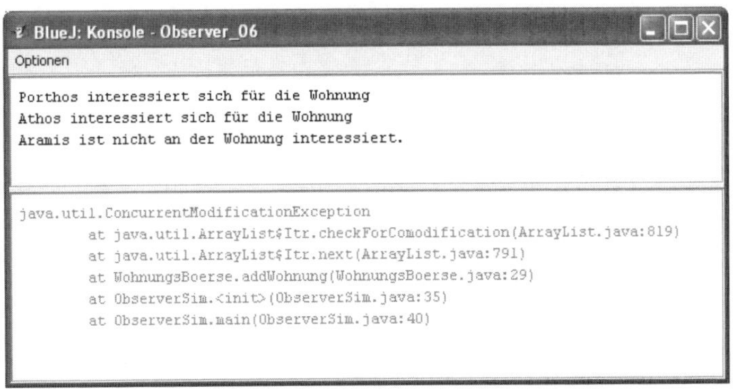

Bild 3.1 Nebenläufiger Zugriff kann eine Exception auslösen.

In den kommenden Abschnitten werde ich Ihnen zeigen, wie Sie Schwierigkeiten aus Nebenläufigkeit vermeiden.

3.5.1 Zugriffe synchronisieren

Projekt „Observer_06" bietet eine naheliegende Lösung, nämlich Zugriffe auf die Datenbasis zu synchronisieren.

Listing 3.5 Die Wohnungsbörse im Projekt „Observer_06"

```
public class WohnungsBoerse
{
    private List<WohnungsObserver> observerList = new ArrayList< >();

    public synchronized void addWohnung(Wohnung wohnung)
    {
        // ... gekürzt
    }

    public synchronized void addObserver(WohnungsObserver observ)
    {
        // ... gekürzt
    }

    public synchronized void removeObserver(WohnungsObserver observ)
    {
        // ... gekürzt
    }
}
```

Sind damit alle Probleme gelöst? Nein! Beobachter können sich nicht an- oder abmelden, solange eine Information an Beobachter übermittelt wird. Damit ist das Problem aus Projekt „Observer_04" gelöst. Das Projekt „Observer_05" würde weiterhin eine Exception werfen. Außerdem müssen Sie sich folgende Situation vorstellen: Sie informieren gerade alle Ihre Kunden über eine wichtige Neuerung. Da die Information sehr umfangreich ist, dauert es bestimmt eine halbe Stunde, bis die Liste aller Observer abgearbeitet ist; es wäre unschön, wenn sich in dieser Zeit keine neue Kunden registrieren könnten. Es muss also noch eine andere Lösung geben. Übrigens synchronisiert die Klasse `Observable`, die ich Ihnen oben vorgestellt habe, die Liste der Observer auf genau diese Weise.

3.5.2 Die Datenbasis kopieren

Projekt „Observer_07" zeigt Ihnen eine andere Lösung: Die Liste der Observer wird vor der Benachrichtigung kopiert.

Listing 3.6 Observer-Liste kopieren im Projekt „Observer_08"

```
    public void addWohnung(Wohnung wohnung)
    {
        WohnungsObserver[] tempList;
```

```
        synchronized(this)
        {
            tempList =
observerList.toArray( new WohnungsObserver[ observerList.size() ]);
        }
        for(WohnungsObserver tempObserver : tempList)
        {
            tempObserver.updateFlat(this);
            try
            {
                Thread.sleep(2000);
            }
            catch(InterruptedException ex)
            {
                // nothing to do
            }

        }
    }
```

Dadurch ist die Liste nur für einen kurzen Moment blockiert. Wenn Sie die Benachrichtigungen verschicken, wird immer die kopierte Liste informiert; wenn sich ein Beobachter zeitgleich bei der ursprünglichen Liste an- oder abmeldet, gibt es keinen Konflikt beim Zugriff. Nachteil dieser Lösung ist natürlich, dass die Observer-Liste bei jedem Update mehr oder weniger aufwendig kopiert werden muss. Wenn Sie das Projekt testen, werden Sie zudem feststellen, dass ein Beobachter, der sich gerade abgemeldet hat, trotzdem noch einmal informiert wird – lassen Sie dazu die main-Methode ein paar Mal ablaufen.

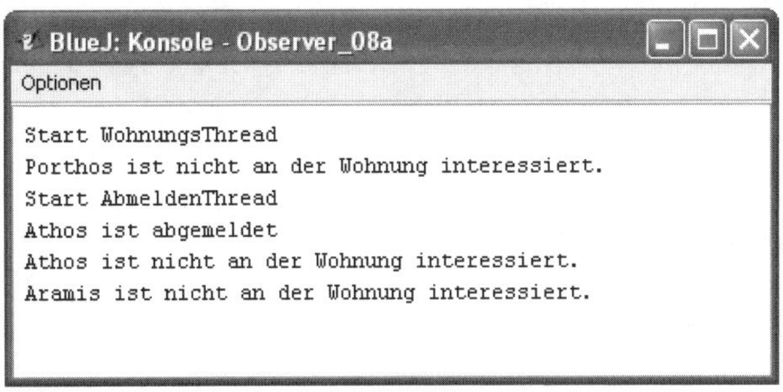

Bild 3.2
Beobachter meldet sich ab und wird trotzdem noch einmal informiert.

3.5.3 Einsatz einer thread-sicheren Liste

Wenn Sie nicht selbst kopieren möchten, können Sie auch eine thread-sichere `CopyOnWriteArrayList` verwenden. Das Projekt „Observer_08“ demonstriert den Einsatz dieser Klasse.

```
public class WohnungsBoerse
{
   private List<WohnungsObserver> observerList =
                    new CopyOnWriteArrayList<WohnungsObserver>();
   //...
}
```

Die Arbeit mit einer CopyOnWriteArrayList ist allerdings teuer, weil immer, wenn ein neues Element eingefügt oder ein bestehendes gelöscht werden soll, die komplette Datenbasis kopiert wird. Insofern greift die gleiche Kritik wie im Projekt „Observer_07“. Allerdings gibt es keine triviale Lösung, um diese Probleme zu lösen. In der Praxis dürfte es die beste Lösung sein, auf eine CopyOnWriteArrayList zurückzugreifen.

3.6 Observer als Listener

Einen anderen Ansatz verfolgen Sie, wenn Sie das Ereignis in eine andere Klasse einpacken; das ist, wie wenn Sie einen Brief in einen Umschlag stecken und abschicken. Die serialisierbare Klasse EventObject aus dem Paket java.util erwartet als Parameter im Konstruktor eine Referenz auf dasjenige Objekt, das das Event abschickt. Die Methode getSource() gibt diese Quelle zurück. Die toString-Methode aus der Klasse Object wird sinnvoll überschrieben. Das Interface EventListener aus dem gleichen Paket schreibt keine Methoden vor, sondern definiert lediglich eine Rolle.

Unter *www.patternsBuch.de* habe ich Ihnen das Projekt „ListenerDemo“ hinterlegt. Hier gibt es die Klasse JobEvent, die EventObject erweitert. Sie erwartet als Parameter die Quelle und ein String-Objekt, das den neuen Job beschreibt. Selbstverständlich könnten Sie hier anstelle des Strings auch eine Wohnung vorsehen. Die Quelle wird an die Super-Klasse weitergereicht, der Job wird in einem eigenen Datenfeld gespeichert.

Listing 3.7 Klasse „JobEvent“ im Projekt „ListenerDemo“

```
public final class JobEvent extends EventObject
{
    private final String JOB;

    JobEvent(Object jobAnbieter, String job)
    {
        super(jobAnbieter);
        this.JOB = job;
    }

    @Override
    public String toString()
    {
        return JOB;

    }
}
```

Das Interface JobListener erweitert das Interface EventListener und schreibt die Methode updateJob() vor, der ein Objekt vom Typ JobEvent übergeben werden muss. Zwei Klassen - die Ihnen bekannten Studenten und Arbeitnehmer - implementieren auf jeweils unterschiedliche Weise dieses Interface; Sie finden sie unter *www.patternsBuch.de*.

Listing 3.8 Interface „JobListener“ im Projekt „ListenerDemo“

```
public interface JobListener extends EventListener
{
    void updateJob(JobEvent jobEvent);
}
```

Die Klasse `Arbeitsamt` führt eine Liste von JobListenern. Wenn ein neuer Job eingestellt wird, erzeugt die Klasse ein Event vom Typ `JobEvent` und übermittelt es allen JobListenern.

Listing 3.9 Die Klasse „Arbeitsamt“ im Projekt „ListenerDemo“

```
public class Arbeitsamt
{
    private final List<JobListener> LISTENER =
                                   new CopyOnWriteArrayList<>();

    public void addJob(String neuerJob)
    {
        JobEvent jobEvent = new JobEvent(this, neuerJob);
        for (JobListener tempListener : LISTENER)
            tempListener.updateJob(jobEvent);
    }
    // ... gekürzt ...
}
```

Folgend werde ich Ihnen Beispiele zeigen, wo diese Lösung zum Einsatz kommt.

3.7 Listener in der GUI-Programmierung

Wenn Sie sich die Klasse `EventObject` in der API-Dokumentation betrachten, sehen Sie, dass sehr viele Event-Klassen, die in der GUI-Programmierung benötigt werden, hiervon abgeleitet sind: `ListDataEvent`, `ListSelectionEvent`, `AWTEvent` und etliche mehr. Ein Event, das `TableModelEvent`, möchte ich jetzt vorstellen. Im letzten Kapitel habe ich kurz dargestellt, wie eine JList ihre Daten bei der Datenbasis abfragt. Das Zusammenspiel einer JTable und deren Datenbasis ist ähnlich: Sie haben eine Datenbasis, die Sie für das JTable so beschreiben müssen, dass es in der Lage ist, die Daten anzuzeigen. Die Brücke zwischen beiden ist das Interface `TableModel`. Das JTable erwartet ein Objekt vom Typ `TableModel`, das Sie ihm mit der Methode `setModel()` übergeben. Bei diesem Objekt meldet sich das JTable als Listener an, weshalb Sie die Methoden `addTableModelListener()` und `removeTableModelListener()` implementieren müssen. Mit `getColumnCount()` geben Sie zurück, wie viele Spalten angezeigt werden sollen. Die Methode `getColumnName()` retourniert die Überschrift einer Spalte. Da Sie jeden beliebigen Datentyp zurückgeben können, gibt `getColumnClass()` Auskunft darüber, welche Klasse einem Objekt in einer bestimmten Spalte zugrunde liegt. Die Methode `getRowCount()` entspricht der Methode `getSize()` des `ListModel`; sie gibt die Anzahl Zeilen einer Spalte zurück. Eine Zelle in einer Tabelle kann grundsätzlich editiert werden; wenn Sie dies unterbinden wollen, muss die Methode `isCellEditable ()` einen false-Wert liefern. Die Methoden `getValueAt()` und `setValueAt()`

beschreiben einerseits, welcher Wert in einer bestimmten Zelle enthalten ist, andererseits wie die Datenbasis reagieren soll, wenn eine Zelle editiert wurde. Jede Zelle wird eindeutig über ihre Spalte und ihre Zeile definiert. Im Projekt „MVC_1" werden die eingestellten Jobs in einer Tabelle angezeigt.

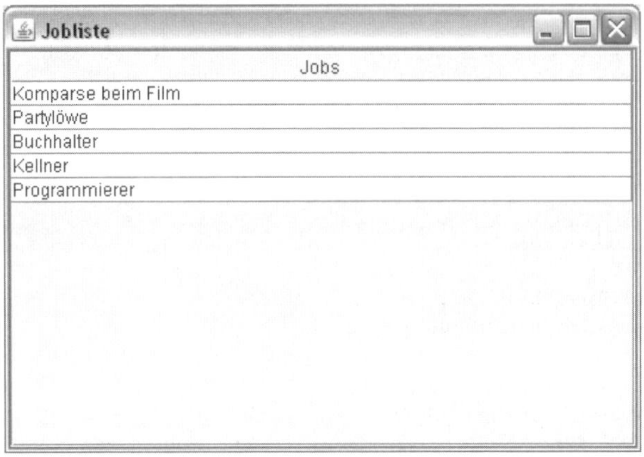

Bild 3.3
Anzeige der Jobs in einer Tabelle - Projekt „MVC_1"

Um diese Anzeige zu generieren, gibt es zwei Klassen, eine `Anzeige` und eine `Datenbasis`. Die `Datenbasis` beschreibt auf eine für die Klasse `JTable` verständliche Weise die Daten und die Spaltenüberschrift. Daneben gibt es zwei Methoden, die definieren, was passiert, wenn ein neuer Job eingestellt wird. Der Methode `addJob()` übergeben Sie einen String mit dem neuen Job; sie fügt den Job zur Job-Liste hinzu und ruft die private Methode `fireStateChanged()` auf. Diese Methode generiert ein `TableModelEvent` und übergibt dieses an die Listener, die die Anzeige dann aktualisieren.

Listing 3.10 Die Klasse „Datenbasis" im Projekt „MVC_1", gekürzter Quelltext

```
public class Datenbasis implements TableModel
{
    private final List<TableModelListener> LISTENER =
                                              new ArrayList<>();
    private final List<String> JOB_LISTE = new ArrayList< >();
    private final String[] HEADERS = new String[]
    {
        "Jobs"
    };

    public void addJob(String job)
    {
        JOB_LISTE.add(job);
        this.fireStateChanged();
    }

    private void fireStateChanged()
    {
        TableModelEvent event = new TableModelEvent(this);
        for (TableModelListener tempListener : LISTENER)
            tempListener.tableChanged(event);
    }
}
```

Wie werden die Daten angezeigt? Die Anzeige-Klasse baut ein `JFrame` auf und übergibt der `JTable` eine Instanz der Klasse `Datenbasis` als Tabellenmodell. Ferner stellt sie die Methode `addJob()` zur Verfügung, die einen Job entgegennimmt und an die Datenbasis weiterreicht.

Listing 3.11 Aufbau des Frames in der Anzeige-Klasse, gekürzter Quelltext

```
public class Anzeige
{
    private final JFrame MAIN_FRAME = new JFrame("Jobliste");
    private final Datenbasis JOB_MODEL = new Datenbasis();

    Anzeige()
    {
        JPanel pnlAnzeige = new JPanel();
        JTable tblJobs = new JTable();
        tblJobs.setModel(JOB_MODEL);
        pnlAnzeige.add(new JScrollPane(tblJobs));
        MAIN_FRAME.getContentPane().add(pnlAnzeige);
        MAIN_FRAME.setSize(500, 500);
        MAIN_FRAME.setLocationRelativeTo(null);
        MAIN_FRAME.setDefaultCloseOperation(JFrame.EXIT_ON_CLOSE);
        MAIN_FRAME.setVisible(true);
    }

    void addJob(String job)
    {
        JOB_MODEL.addJob(job);
    }
}
```

Die main-Methode der Klasse `Anzeige` fügt der Anzeige-Instanz im Sekundentakt einen neuen Job hinzu. Vom Abdruck sehe ich ab, bitte analysieren Sie den Code, den Sie unter *www.patternsBuch.de* finden.

Exkurs: die Arbeit mit Tabellenmodellen

Eine Tabelle ist nur dann wirklich eine Tabelle, wenn sie auch mehrere Spalten enthält. Eine Tabelle mit einer Spalte ist eine Liste und die haben Sie im letzten Kapitel gesehen. Im Projekt „JTable_Demo" wird neben dem Job auch das angebotene Gehalt angezeigt. Da gute Arbeitnehmer nicht mehr so leicht zu finden sind, müssen Arbeitgeber sich in bestimmten Branchen noch eine Extragratifikation einfallen lassen, um Bewerber zu finden. Das Bild 3.4 zeigt das Programm in Aktion. Zwei Dinge haben sich geändert: Zuerst gibt es zwei Spalten mehr – das Gehalt und den Extrabonus. Außerdem wird das Gehalt rechtsbündig angezeigt, die beiden anderen Spalten linksbündig.

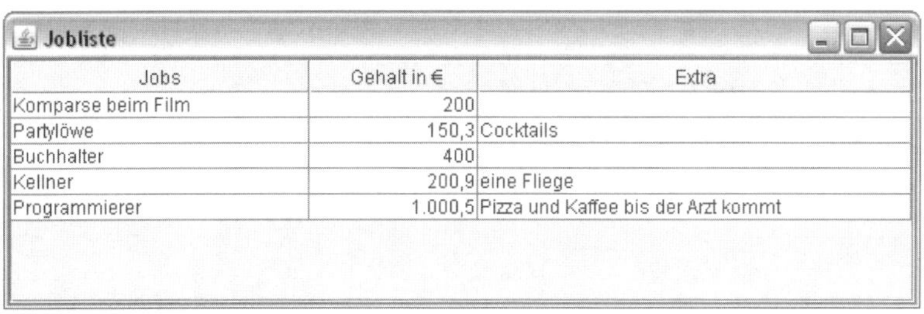

Jobs	Gehalt in €	Extra
Komparse beim Film	200	
Partylöwe	150,3	Cocktails
Buchhalter	400	
Kellner	200,9	eine Fliege
Programmierer	1.000,5	Pizza und Kaffee bis der Arzt kommt

Bild 3.4 Projektansicht „JTable_Demo"

Die wichtigste Änderung des Projekts ist, dass ein Job jetzt nicht mehr einfach nur ein String ist, sondern ein eigener Datentyp Job. In ihm werden die Beschreibung des Jobs, das Gehalt und eine Extragratifikation gespeichert. Den Job-Konstruktor habe ich überladen. Jobs, die begehrt sind, brauchen keine Extragratifikation.

```
class Job
{
    final String BESCHREIBUNG;
    final double GEHALT;
    final String EXTRA;

    // ... gekürzt ...

    Job(String beschreibung, double gehalt, String extra)
    {
        this.BESCHREIBUNG = beschreibung;
        this.GEHALT = gehalt;
        this.EXTRA = extra;
    }
}
```

Die main-Methode der Startklasse erzeugt wieder einige Jobs und übergibt sie der Datenbasis:

```
public static void main(String[] args)
{
    Job[] jobs = new Job[]
    {
        new Job("Komparse beim Film", 200),
        new Job("Partylöwe", 150.30, "Cocktails"),
        new Job("Buchhalter", 400),
        new Job("Kellner", 200.90, "eine Fliege"),
        new Job("Programmierer", 1000.50, "Pizza und Kaffee")
    };

// ... ausgelassen
}
```

Die letzte Änderung betrifft das Datenmodell. Der Array mit den Spaltenüberschriften ist größer geworden. Wenn Sie den Wert einer bestimmten Zelle ausgeben wollen, lassen Sie sich zuerst den Job in dieser Zeile zurückgeben. Danach fragen Sie in Abhängigkeit von der Spalte den relevanten Wert ab.

```
public class Datenbasis implements TableModel
{
    private final List<TableModelListener> LISTENER =
                                            new LinkedList< >();
    private final List<Job> JOB_LISTE = new ArrayList< >();
    private final String[] HEADERS = new String[]
    {
        "Jobs", "Gehalt in €", "Extra"
    };

    @Override
    public Object getValueAt(int rowIndex, int columnIndex)
    {
```

```
        Job job = JOB_LISTE.get(rowIndex);
        switch (columnIndex)
        {
            case 0:
                return job.BESCHREIBUNG;
            case 1:
                return job.GEHALT;
            default:
                return job.EXTRA == null ? "" : job.EXTRA;
        }
    }

    // ... gekürzt ...
}
```

Eine weitere wichtige Änderung bezieht sich auf die Angabe des Datentyps einer Spalte. Die zweite Spalte (Index = 1) ist vom Typ `Double`. Alle anderen Spalten sind Strings. Ein Double-Wert wird von JTable standardmäßig rechtsbündig angezeigt, Strings linksbündig.

```
@Override
public Class<?> getColumnClass(int columnIndex)
{
    switch (columnIndex)
    {
        case 1:
            return Double.class;
        default:
            return String.class;
    }
}
```

Wie Sie sehen, steigt mit der Anzahl Spalten der Aufwand, die Datenbasis zu beschreiben. Schwierig ist es allerdings nicht, ein TableModel zu implementieren.

Die Klasse `AbstractTableModel` überschreibt die Methoden, die einer standardmäßigen Behandlung zugänglich sind: das Registrieren und De-Registrieren der Listener zum Beispiel. Standardmäßig ist auch vorgesehen, dass Zellen nicht editiert werden dürfen. Sie können (müssen aber nicht) diese Methoden überschreiben. Das ist das gleiche Prinzip wie beim Template Method Pattern, wo die Klasse `AbstractListModel` Ihnen einen Teil der Arbeit abgenommen hat. Unter *www.patternsBuch.de* finden Sie das Projekt „AbstractTableModel_Demo"; hier wird die Datenbasis von einem AbstractTableModel abgeleitet. Eine Besprechung des Codes erübrigt sich – die Datenbasis benötigt in dieser Version nur noch die Methoden, die erforderlich sind, um die anzuzeigenden Daten zu beschreiben. Alle weiteren Methoden erbt sie von der Oberklasse.

Warum habe ich das `TableModel` hier beschrieben? In den wenigsten Java-Einführungen finde ich Ausführungen zum Interface `TableModel`. Die meisten Java-Einführungen beschreiben die Klasse `DefaultTableModel`. Vielleicht liegt es daran, dass das `TableModel` in der Praxis eher ein Schattendasein führt. In der Praxis werden Sie sehr viel öfter Tabellenmodelle finden, die sich auf das `DefaultTableModel` stützen. Es ist besser dokumentiert und - jedenfalls auf den ersten Blick - einfacher zu verwenden. Tatsächlich aber ist die Klasse nicht ganz unproblematisch. Sie nutzt, um nur einen Kritikpunkt zu nennen, zur internen Repräsentation der Daten Vektoren - und das zieht unnötig Performance. Ich mache daher Werbung dafür, eigene Tabellenmodelle auf Basis von `TableModel` zu entwickeln, und hoffe, Sie ein wenig inspirieren zu können.

3.8 Das Model-View-Controller Pattern

Das Projekt „MVC_1" führt zu einer Diskussion über das MVC Pattern. MVC steht für Model, View und Controller. Jede dieser Einheiten hat klar definierte Aufgaben: Das Model enthält die Daten, die View ist für die Anzeige auf dem Bildschirm zuständig und der Controller vermittelt zwischen beiden. Der Anwender - im Beispiel die main-Methode - greift immer auf den Controller zu. Wenn die Datenbasis sich ändert, informiert sie die angemeldeten Listener, die View-Einheiten, über die Änderung. Die View fragt dann die Daten bei der Datenbasis ab und bringt sich so wieder in einen konsistenten Zustand. Nach diesem Prinzip arbeiten alle Komponenten, also beispielsweise auch `JList` und `JTree`.

> Was ist mit dieser Lösung gewonnen? Sie können beliebig viele, auch unterschiedliche Beobachter - Views - beim Datenmodell anmelden. Sowohl Datenmodell als auch View sind unabhängig voneinander und können ausgetauscht werden.

Wie lässt sich MVC im Projekt „MVC_1" nachweisen? Die Datenbasis ist das TableModel-Objekt mit seiner Jobliste. Die Klasse `Anzeige` nutzt eine Instanz der Klasse `JTable`, um die Daten auf dem Bildschirm anzuzeigen. Man könnte jetzt versucht sein, die Klasse `JTable` als View zu definieren. Diese Annahme ist jedoch falsch. Aber warum?

Die Datenbasis erwartet als Listener ein Objekt vom Typ `TableModelListener`. Wäre die Klasse `JTable` die View, müsste sie das Interface `TableModelListener` implementieren. Aus der API-Doku entnehmen Sie, dass `JTable` dieses Interface nicht implementiert. Wo also steckt der Listener? Wenn Sie ein Tabellenmodel mit `setModel()` an ein JTable-Objekt übergeben, stellt dieses eine Verbindung der Datenbasis mit einer Instanz der inneren Klasse `AccessibleJTable` her. Diese innere Klasse implementiert das Interface `TableModelListener` und definiert die Methode `tableChanged()`, die Sie in der Datenbasis aufgerufen haben. Die Methode `tableChanged()` fragt beim `TableModelEvent` den Umfang der Änderung ab und weist die Superklasse von `JTable` an, sich neu zu zeichnen. Die View im Sinne von MVC ist also diese innere Klasse; die Klasse `JTable` hingegen ist der Controller. Da die View auf Daten und Methoden der sie umschließenden Klasse `JTable` zugreift, verschwimmen die Grenzen von Controller und View; man fasst diese zum *Delegate* zusammen. Java-Programmierer sprechen in der Praxis auch eher von *Model-Delegate* statt von *Model-View-Controller*. In Java-Einführung werden die Klassen `JTable`, `JButton` usw. gern als View dargestellt. Das ist in Ordnung, um das dahinter stehende Prinzip zu erläutern. Genau betrachtet ist diese Sichtweise jedoch nicht richtig.

Unter *www.patternsBuch.de* habe ich Ihnen das Projekt „MVC_2" hinterlegt. Hier tauchen die Klassen `Student` und `Arbeitnehmer` wieder auf, die Sie von weiter oben noch kennen. Beide implementieren das Interface `JobListener`, das das Interface `TableModelListener` erweitert. Studenten und Arbeitnehmer nehmen also die Rolle der View ein und müssen die Methode `tableChanged()` überschreiben. Auf den Code möchte ich nicht weiter eingehen; er ist nicht schwierig zu verstehen.

Die meisten Bücher über Design Patterns - auch die GoF - beschreiben beim Observer Pattern eine Statistik (das Model), die einmal als Torten- und dann als Balkendiagramm angezeigt wird (View). In meinem Beispiel ist die Datenbasis die Jobbörse, die von zwei unterschiedlichen Views angezeigt wird. Das Prinzip ist jedoch das gleiche.

3.9 Zusammenfassung

Gehen Sie das Kapitel noch mal stichwortartig durch!

- Observer findet immer dann Anwendung, wenn sich der Status eines Objekts ändert und beliebig viele weitere Objekte darüber informiert werden sollen.
- Es gibt Ereignisquelle und Beobachter.
- Beobachter müssen austauschbar sein.
- Zwei Threads können nicht gleichzeitig auf die Liste der Beobachter zugreifen.
- Es ist sinnvoll, vor der Information an die Beobachter die Liste zu kopieren oder eine `CopyOnWriteArrayList` zu verwenden.
- Die Klassenbibliothek von Java enthält die Klasse `Observable` und das Interface `Observer`, deren Verwendung nicht unproblematisch ist.
- Der GUI-Programmierung liegt das MVC-Muster zugrunde.
- MVC trennt die Zuständigkeiten in Model, View und Controller.
  - Das Model enthält die Datenbasis.
  - Die View zeigt die Daten an.
  - Der Controller vermittelt zwischen Model und View.
- In Java sind die Grenzen zwischen View und Controller fließend, weshalb man vom Delegate spricht.

Zweckbeschreibung:

Die Gang of Four beschreibt den Zweck des Patterns wie folgt:

„Definiere eine 1-zu-n-Abhängigkeit zwischen Objekten, so dass die Änderung des Zustands eines Objekts dazu führt, dass alle abhängigen Objekte benachrichtigt und automatisch aktualisiert werden."

4 Mediator Pattern

In diesem Kapitel werden Sie das *Mediator Pattern* kennenlernen. Es gehört wie Observer zu den Verhaltensmustern.

4.1 Abgrenzung zum Observer Pattern

Zum Einstieg möchte ich Mediator und Observer gegenüberstellen. Sinn von Observer ist es, eine Ereignisquelle mit beliebig vielen Beobachtern in Beziehung zu setzen. Dabei war die Beziehung uni- oder bi-direktional: Die Ereignisquelle kennt die Schnittstelle der Beobachter und vielleicht auch umgekehrt. Problematisch wird es aber, wenn jeder Beobachter auch gleichzeitig Ereignisquelle für jeden anderen Beobachter sein möchte. Das kann zum Beispiel der Fall sein, wenn Sie einen Chat programmieren. Es gibt eine unbestimmte Anzahl Teilnehmer, die alle an den Ereignissen - Nachrichten - der anderen interessiert sind. Würden Sie einen Chatroom mit dem Observer Pattern programmieren wollen, müsste jeder Teilnehmer eine Liste mit allen anderen Teilnehmern halten. Neue Teilnehmer - beim Mediator Pattern spricht man von *Kollegen* - müssten sich bei allen vorhandenen Teilnehmern anmelden und ihrerseits alle vorhandenen Teilnehmer referenzieren. Rechnen Sie hoch, wie viele Beziehungen Sie bei - sagen wir - 33 Teilnehmern, also Kollegen, haben.

4.2 Aufgabe des Mediator Patterns

Wenn 33 Kollegen sich alle untereinander kennen, hätten Sie ein ineffizientes Spinnennetz von Beziehungen. Der Mediator hat nun die Aufgabe, Ereignisquellen und Beobachter zu entkoppeln. Er vermittelt zwischen den Beteiligten, weshalb das Muster oft auch *Vermittler* genannt wird.

Der Mediator ist skalierbar. Ich möchte zur Veranschaulichung folgendes Szenario entwerfen: Sie können eine Klasse in Ihrem Programm haben, die die Bestellungen eines Online-Shops verwaltet; anstelle dieser Klasse kann die Einheit „Bestellungen“ aber auch eine ganze Abteilung sein. Die Einheit „Bestellungen" meldet an den Mediator - der auch wieder entweder eine einzige Klasse oder eine Abteilung sein kann - einen neuen Auftrag. Der Mediator fragt bei der Kundenverwaltung - auch die kann eine Klasse oder eine ganze Abteilung sein - nach, ob der Kunde bereits registriert ist. Wenn nicht, bittet der Mediator die Kundenverwaltung, einen neuen Datensatz anzulegen; ist der Kunde bereits im Bestand, fragt der Mediator die Buchhaltung (Sie wissen ja: Klasse oder Abteilung), ob der Kunde zuverlässig seine Rechnungen bezahlt hat. Abhängig von der Antwort der Buchhaltung weist der Mediator die Einheit „Versand" an, die Ware entweder per Rechnung oder per Nachnahme zu versenden. Wenn nun eines Tages die Notwendigkeit besteht, eine weitere Einheit in das System einzuhängen, muss nur der Mediator angepasst werden. Lassen Sie den Fall eintreten, dass die Chefabteilung über alle Einkäufe ab einem bestimmten Verkaufswert informiert werden möchte. Sie müssen lediglich im Mediator eine entsprechende Meldung vorsehen; die anderen Einheiten würden davon gar nichts mitbekommen.

4.3 Mediator in Aktion - ein Beispiel

Die folgende Simulation zeigt Ihnen den Mediator in Aktion. Sie haben eine Einheit, die Wein produziert; diese Einheit wird vereinfacht *Producer* bezeichnet, in der Realität stehen Winzer, Weinküfer und Glykol-Industrie hinter dieser Einheit. Eine andere Einheit repräsentiert Verbraucher oder Einzelhändler, die *Consumer*. Die Consumer kaufen Wein zum jeweils günstigen Preis. Da es x Consumer und y Producer gibt, werden die Abhängigkeiten auf den Zwischenhändler, den Mediator, reduziert. Der Mediator nimmt die Anfragen der Consumer entgegen und leitet sie an die Producer weiter. Die Producer teilen dem Mediator schließlich mit, welchen Preis sie verlangen; der Mediator leitet diese Information an die Consumer weiter. Neben einer Methode zum Aushandeln des Preises braucht der Mediator weitere Methoden zum Registrieren und De-Registrieren von Consumern und Producern.

4.3.1 Definition eines Consumers

Ein Consumer muss eine Methode haben, mit der er sich beim Mediator registrieren kann; auf die Möglichkeit, sich zu de-registrieren, verzichte ich, um das Beispiel nicht unnötig aufzublähen. Auf jeden Fall aber muss der Consumer eine Methode haben, Wein nachzufragen. Dieser Methode wird die Anzahl Einheiten - beispielsweise Flaschen - mitgegeben:

Listing 4.1 Consumer-Interface im Projekt „WeinSim"

```
public interface ConsumerIF
{
    double preisErfragen(int einheiten);
    void registrieren(MediatorIF mediator);
}
```

Ein Consumer registriert sich beim Mediator und richtet seine Anfrage an diesen.

Listing 4.2 Consumer-Klasse im Projekt „WeinSim“

```
public class PrivaterKunde implements ConsumerIF
{
    private String name;
    private MediatorIF mediator;

    public PrivaterKunde(String name)
    {
        this.name = name;
    }

    // ... gekürzt ...
    @Override
    public double preisErfragen(int einheiten)
    {
        System.out.println(name + " will " + einheiten
                                              + " Flaschen.");
        double gesamtPreis = mediator.angebotErmitteln(einheiten);
        return gesamtPreis;
    }
}
```

Betrachten Sie im folgenden Abschnitt die Producer.

4.3.2 Definition eines Producers

Die Producer müssen zwei Methoden vorsehen - eine, um sich beim Mediator zu registrieren, und eine, an die der Mediator seine Anfragen richtet.

Listing 4.3 Producer-Interface im Projekt „WeinSim“

```
public interface ProducerIF
{
    double angebotEinholen(int einheiten);
    void registrieren(MediatorIF mediator);
}
```

Ein Producer berechnet auf Basis einer Zufallszahl und in Abhängigkeit der angefragten Anzahl Einheiten den Preis für eine Einheit und teilt diesen Preis dem Mediator mit.

Listing 4.4 Producer-Klasse im Projekt „WeinSim“

```
public class Producer implements ProducerIF
{
    private MediatorIF mediator;
    private String name;

    public ProducerImpl(String name)
    {
        this.name = name;
    }

    // ... gekürzt ...
```

```
    @Override
    public double angebotEinholen(int einheiten)
    {
        double rabattFaktor = 1.0;
        if(einheiten > 100)
            rabattFaktor = 0.7;
        else
            if(einheiten > 50)
                rabattFaktor = 0.8;
            else
                rabattFaktor = 0.9;
        double preis = Math.random() * 9 + 1;
        preis *= rabattFaktor;
        String strPreis =
                    NumberFormat.getCurrencyInstance().format(preis);
        System.out.println("Produzent " + name + " verlangt "
                                    + strPreis + " pro Flasche");
        return preis * einheiten;
    }
}
```

Folgend wird ein Mediator definiert.

4.3.3 Interface des Mediators

Die Methoden des Mediators werden im Interface `MediatorIF` deklariert.

Listing 4.5 Mediator-Interface im Projekt „WeinSim“

```
public interface MediatorIF
{
    double angebotErmitteln(int einheiten);
    void addProducer(ProducerIF producer);
    void removeProcuder(ProducerIF producer);
    void addConsumer(ConsumerIF consumer);
    void removeConsumer(ConsumerIF consumer);
}
```

Ein konkreter Mediator, beispielsweise ein Großhändler, muss diese Methoden überschreiben.

Listing 4.6 Mediator-Klasse im Projekt „WeinSim“

```
public class Grosshandel implements MediatorIF
{
    private List<ProducerIF> producers = new ArrayList< >();
    private List<ConsumerIF> consumers = new ArrayList< >();

    // ... gekürzt ...

    @Override
    public double angebotErmitteln(int einheiten)
    {
        List<Double> angebote = new ArrayList< >();
        for(ProducerIF tempProducer : producers)
```

```
        {
            Double angebot =
                            tempProducer.angebotEinholen(einheiten);
            angebote.add(angebot);
        }
        double preis = Collections.min(angebote);
        String strPreis =
                   NumberFormat.getCurrencyInstance().format(preis);
        System.out.println("Günstigstes Angebot für " + einheiten
                                     + " Flaschen: " + strPreis);
        return preis;
    }
}
```

Und schließlich soll das Projekt getestet werden.

4.3.4 Test des Mediator-Patterns

Wie können Sie das Zusammenspiel der Klassen testen? Sie erzeugen beliebig viele Consumer und beliebig viele Producer und melden alle beim Mediator an. Danach lassen Sie die Consumer den Preis für eine bestimmte Anzahl Flaschen anfragen. Der Mediator holt Angebote bei allen Producern ein, ermittelt das günstigste und leitet es an die Consumer weiter.

Listing 4.7 Testtreiber des Projekts

```
public class Testklasse
{
    public static void main(String[] args)
    {
        // einen Mediator erzeugen
        MediatorIF grosshandel = new Grosshandel();

        // zwei Kunden erzeugen
        ConsumerIF hans = new PrivaterKunde("Hans Kirch");
        ConsumerIF heinz = new PrivaterKunde("Heinz Kirch");

        // drei Anbieter erzeugen
        ProducerIF winzer_1 = new ProducerImpl("Winzer 1");
        ProducerIF winzer_2 = new ProducerImpl("Winzer 2");
        ProducerIF winzer_3 = new ProducerImpl("Winzer 3");

        // Consumer und Producer beim Mediator anmelden
        hans.registrieren(grosshandel);
        heinz.registrieren(grosshandel);
        winzer_1.registrieren(grosshandel);
        winzer_2.registrieren(grosshandel);
        winzer_3.registrieren(grosshandel);

        // Anfragen generieren und Angebote einholen
        int einheit = 50;
        double preis = hans.preisErfragen(einheit);

        System.out.println("\n");
```

```
        einheit = 10;
        preis = heinz.preisErfragen(einheit);
    }
}
```

Ausgegeben wird folgender Text:

Hans Kirch fragt 50 Flaschen Wein nach.
Producer Winzer 1 möchte 6,55 € pro Flasche
Producer Winzer 2 möchte 7,12 € pro Flasche
Producer Winzer 3 möchte 4,52 € pro Flasche
Der Großhändler kann als günstigstes Angebot für 50 Flaschen anbieten: 225,97 €

Heinz Kirch fragt 10 Flaschen Wein nach.
Producer Winzer 1 möchte 2,95 € pro Flasche
Producer Winzer 2 möchte 0,71 € pro Flasche
Producer Winzer 3 möchte 3,16 € pro Flasche
Der Großhändler kann als günstigstes Angebot für 10 Flaschen anbieten: 7,07 €

4.4 Mediator in Aktion – das zweite Beispiel

Das Mediator-Pattern findet oft in der GUI-Programmierung Anwendung.

4.4.1 Mediator in der GUI-Programmierung

Sie haben eine GUI, auf der zwei Listen zu sehen sind. Die linke Liste zeigt alle Kontakte in Ihrem Adressbuch; rechts werden alle Kontakte gelistet, die zu der nächsten Party eingeladen werden. Sie benötigen vier Buttons. Der eine Button verschiebt einen Kontakt in die Liste der eingeladenen Kontakte, ein anderer Button verschiebt einen Kontakt wieder zurück in die allgemeine Liste aller Kontakte. Ein dritter Button löscht einen markierten Kontakt und der vierte Button beendet das Programm. Bild 4.1 zeigt Ihnen, wie das fertige Programm aussehen soll.

Verschiedene Abhängigkeiten sollen definiert werden:

- Der Button **Exit** ist unabhängig von den folgend beschriebenen Abhängigkeiten immer aktiviert. Klickt man darauf, wird das Programm beendet.
- Wenn ein Kontakt auf der rechten Liste markiert ist, ist der Button **nicht einladen** aktiviert. Ein Klick auf diesen Button verschiebt den Kontakt in die linke Liste.
- Wenn ein Kontakt auf der linken Liste selektiert ist, ist der Button **Einladen** aktiviert. Wenn der Anwender auf diesen Button klickt, wird der selektierte Kontakt in die rechte Liste verschoben.

- Es kann in beiden Listen jeweils nur ein Kontakt markiert sein.
- Der Button **Löschen** ist aktiviert, wenn ein Eintrag in einer der Listen markiert ist.
- Wenn kein Kontakt markiert ist – weder in der rechten noch in der linken Liste – ist kein Button – außer **Exit** – aktiviert.
- Wenn ein Kontakt verschoben oder gelöscht wurde, werden alle Markierungen gelöscht und alle Buttons bis auf den Button **Exit** deaktiviert.

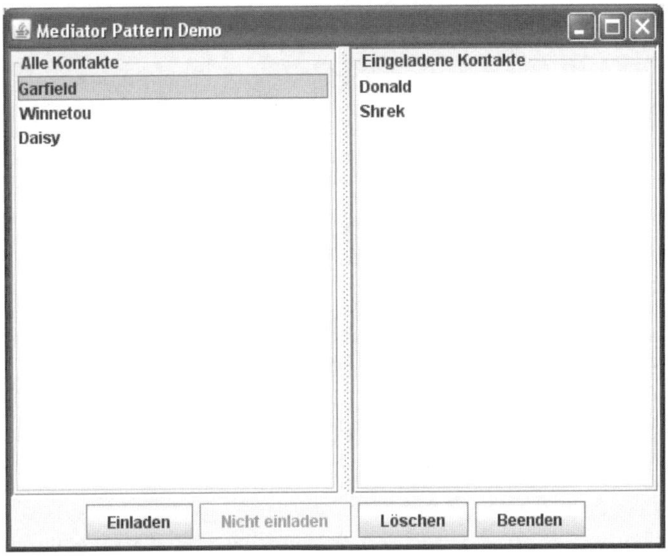

Bild 4.1 GUI des zu erstellenden Programms

4.4.2 Aufbau der GUI

Den Quelltext des Projekts drucke ich nur gekürzt ab und beschränke mich auf die wesentlichen Eckpunkte. Bitte analysieren Sie den Quelltext, den Sie unter *www.patternsBuch.de* finden. Die zwei Listen sind Instanzen der Klasse `JList`. Die vier Buttons sind Instanzen der Klasse `JButton`. Alle Komponenten registrieren sich bei einer Instanz der Klasse `Mediator`, die das Kernstück des Projekts darstellt. Sie speichert Referenzen auf alle beteiligten Komponenten. Außerdem definiert sie Methoden, die aufgerufen werden, wenn ein Event gefeuert wurde. Lassen Sie uns den Ablauf am Beispiel des Einladen-Buttons betrachten. Wenn der Einladen-Button aktiviert wird, wird die Methode `einladen()` des Mediators aufgerufen. Innerhalb dieser Klasse werden zunächst alle Buttons – bis auf den Beenden-Button – deaktiviert. Danach lässt sich die Methode die Modelle der beiden JList-Instanzen geben und verschiebt den markierten Eintrag in die Liste der eingeladenen Kontakte.

Listing 4.8 Mediator-Klasse im Projekt „SwingBeispiel“, gekürzter Quelltext

```
class Mediator
{
    private JButton btnEinladen;
```

```
    private JButton btnAusladen;
    private JButton btnLoeschen;
    private JList alleKontakteList;
    private JList eingeladeneKontakteList;

    void einladen()
    {
        btnEinladen.setEnabled(false);
        btnLoeschen.setEnabled(false);
        btnAusladen.setEnabled(false);

        String selectedItem =
                        (String) alleKontakteList.getSelectedValue();

        Object tempModel = alleKontakteList.getModel();
        AlleKontakteModel alleKontakteModel =
                                (AlleKontakteModel) tempModel;

        tempModel = eingeladeneKontakteList.getModel();
        EingeladeneKontakteModel eingeladeneKontakteModel =
                        (EingeladeneKontakteModel) tempModel;

        alleKontakteModel.removeData(selectedItem);
        eingeladeneKontakteModel.addData(selectedItem);

        alleKontakteList.clearSelection();
        eingeladeneKontakteList.clearSelection();
    }
}
```

Der Einladen-Button wird nach dem Erzeugen deaktiviert und wird beim Mediator registriert. Der ActionListener, der an den Button übergeben wird, sieht vor, dass die Methode `einladen()` des Mediators aufgerufen wird, wenn der Button aktiviert wird.

Listing 4.9 Auszug aus der GUI-Klasse im Projekt „SwingBeispiel“

```
public class GUI
{
    private JFrame frmMain = new JFrame();

    public GUI() throws Exception
    {
        JButton btnEinladen = new JButton("Einladen");
        btnEinladen.setEnabled(false);
        MEDIATOR.registerEinladenButton(btnEinladen);
        btnEinladen.addActionListener(new ActionListener()
        {
            @Override
            public void actionPerformed(ActionEvent e)
            {
                MEDIATOR.einladen();
            }
        });    }
    // ... gekürzt ...
}
```

Auf entsprechende Weise werden alle Komponenten erzeugt und auf der GUI positioniert. Jede Komponente registriert sich beim Mediator und ruft dort eine bestimmte Methode auf.

4.5 Kritik an Mediator

Lassen Sie uns das Projekt „SwingBeispiel“ kritisch betrachten. Was fällt auf? Auf der einen Seite erkennen Sie wie bei der Weinhandelssimulation den Vorteil, dass die beteiligten Kollegen-Klassen sich nicht kennen - und sich auch nicht kennen müssen. Sie sind lose gekoppelt, was immer ein Hinweis auf ein gutes Design ist. Sie können jederzeit neue Kollegen einfügen - die Änderungen am Quelltext beschränken sich auf den Mediator.

Auf der anderen Seite soll aber auch der Nachteil nicht verschwiegen werden. Wenn Sie die Mediator-Klasse analysieren, werden Sie eine verhältnismäßig große Klasse vorfinden. Und genau das ist die Gefahr des Mediators: Sie riskieren, eine „God-Class“[1] zu entwickeln, die mit steigender Anzahl beteiligter Komponenten rasch wächst und rasch unübersichtlich wird.

4.6 Zusammenfassung

Gehen Sie das Kapitel noch mal stichwortartig durch!

- Das Mediator Pattern lockert die Bindung zwischen Objekten.
- Viele Beteiligte - Kollegen - hängen voneinander ab.
- Die Kollegen kennen sich untereinander nicht.
- Der Mediator vermittelt zwischen den Kollegen.

Die Gang of Four beschreibt den Zweck des Patterns wie folgt:

Zweckbeschreibung:

Die Gang of Four beschreibt den Zweck des Patterns wie folgt:

„Definiere ein Objekt, welches das Zusammenspiel einer Menge von Objekten in sich kapselt. Vermittler fördern lose Koppelung, indem sie Objekte davon abhalten, aufeinander explizit Bezug zu nehmen. Sie ermöglichen es Ihnen, das Zusammenspiel der Objekte von ihnen unabhängig zu variieren.“

[1] „God-Class“ heißt das deswegen, weil nur noch der liebe Gott den Überblick über den Code hat.

5 Chain of Responsibility

Das Verhaltensmuster *Chain of Responsibility* wird auch *Zuständigkeitskette* genannt. Auch hier geht es darum, eine Nachricht an eine Vielzahl von Objekten zu senden. Erinnern Sie sich - beim Observer Pattern haben Sie eine Nachricht an alle Objekte geschickt, die als Listener registriert sind. Die Zuständigkeitskette schickt eine Nachricht an eine Kette von Objekten; das erste Objekt, das diese Nachricht verarbeiten kann, bekommt die Zuständigkeit.

5.1 Ein Beispiel aus der realen Welt

Stellen Sie sich vor, Sie wollen einen Führerschein beantragen. Sie gehen im Rathaus also in das erste Zimmer auf dem Flur. Dort fragen Sie nach, ob Sie einen Führerschein beantragen können. Der Beamte im ersten Zimmer bearbeitet keine Führerscheine, sondern Jagdscheine, ist also nicht zuständig; daher schickt er Sie in das zweite Zimmer. Auch dort fragen Sie nach und bekommen entweder Hilfe oder werden ein Zimmer weitergeschickt. Irgendwann werden Sie auf einen Beamten treffen, der für Führerscheine zuständig ist, und dieser wird Ihnen helfen.

Damit wird ein Merkmal des Patterns schon deutlich: Sie haben ein System aus Objekten, die **alle** die Nachricht möglicherweise verarbeiten könnten.

5.2 Beispiel 1: Lebensmitteleinkauf

Ihre Zukunftsvision nimmt Gestalt an: Sie haben einen Kühlschrank mit einem RFID-Chip. Der Füllstand Ihrer Bierflaschen wird regelmäßig überprüft. Auch wenn die Anzahl Wurst- und Käsescheiben sinkt, wird das registriert. Und wenn Eier und Brot zur Neige gehen, wird der Chip das ebenfalls wissen. Da Sie ein motivierter Programmierer sind[1], haben Sie natür-

[1] Da Sie dieses Buch durcharbeiten, spricht viel dafür, DASS Sie es sind!

lich keine Zeit, selbst in den Supermarkt zu gehen, um einzukaufen. Glücklicherweise haben die Läden in der Region sich zu einer elektronischen Lieferkette zusammengeschlossen. Wenn Kühlschränke melden, dass bei einem Kunden eine Ware zur Neige geht, prüft jeder der Händler, ob er dem Kunden neue Lebensmittel bringen kann. Wenn nicht, reicht er die Bestellung weiter.

5.2.1 Die benötigten Lebensmittel

Im ersten Schritt definieren Sie, welche Lebensmittel von der elektronischen Lieferkette geliefert werden sollen. Im Beispiel sollen das Brot, Käse, Wurst, Eier und Bier sein. Diese Waren definieren Sie in einer Enumeration.

Listing 5.1 Die Enumeration „Ware" im Projekt „CoR_1"

```
public enum Ware
{
    KAESE("Käse"), WURST("Wurst"), EIER("Eier"), BIER("Bier"),
                                                BROT("Brot");
    private final String BESCHREIBUNG;

    private Ware(String beschreibung)
    {
        this.BESCHREIBUNG = beschreibung;
    }

    @Override
    public String toString()
    {
        return BESCHREIBUNG;
    }
}
```

Im nächsten Abschnitt lernen Sie die Verkäufer der Ware kennen.

5.2.2 Die Verkäufer der Lebensmittel

Als Händler definiere ich den Getränkehandel, die Bäckerei und den Hofladen von Bauer Huber, wo Sie frischen Käse, Wurst und Eier bekommen. Alle Händler müssen neben ihren eigentlichen Aufgaben (Einkauf, Herstellung usw.) identische Methoden haben: verkaufen und die Bestellung weitergeben, wenn sie nicht bedient werden kann. Sie definieren also eine abstrakte Oberklasse, die eine Referenz auf den jeweils nächsten Händler in der Kette hält. Die Methode `setNext()` rufen Sie auf, wenn Sie einen weiteren Händler der Kette hinzufügen möchten. Jeder Händler prüft zunächst, ob er selbst bereits auf einen folgenden Händler verweist. Ist dies der Fall, wird er den neuen Händler nicht speichern, sondern an den folgenden Händler weiterreichen, der nun prüft, ob er der letzte in der Kette ist. Wenn ja, wird er den neuen Händler als folgenden Händler speichern. Außerdem muss jeder Händler auch eine Methode `verkaufen()` anbieten - diese deklarieren Sie in der Oberklasse, definieren sie aber noch nicht.

Listing 5.2 Oberklasse, von der alle Händler erben

```
public abstract class AbstractHaendler
{
    private AbstractHaendler next;

    public abstract void verkaufen(Ware ware);

    public void setNext(AbstractHaendler haendler)
    {
        if(next == null)
            next = haendler;
        else
            next.setNext(haendler);    }

    protected void weiterleiten(Ware ware)
    {
        if (next != null)
            next.einkaufen(ware);
    }
}
```

Als Beispiel für einen konkreten Händler drucke ich hier nur die Bäckerei ab. Die Methode `verkaufen()` steht stellvertretend für eine beliebig komplexe Problemlösung. Das Prinzip, das dahintersteht, ist jedoch immer gleich: Wenn ich das Problem lösen kann, löse ich es, sonst reiche ich es weiter.

Listing 5.3 Ein konkreter Händler im Projekt „CoR_1"

```
public class Baeckerei extends AbstractHaendler
{

    // ... gekürzt

    @Override
    public void verkaufen(Ware ware)
    {
        if (ware == Ware.BROT)
            System.out.println("Bäckerei verkauft " + ware);
        else
            weiterleiten(ware);
    }
}
```

Gleich soll das Programm getestet werden!

5.2.3 Der Client

Die main-Methode der Testklasse ist der Client, der den Umgang mit der Kette demonstriert. Zunächst legen Sie beliebig viele Händler an und verknüpfen diese:

```
Hofladen hofladen = new Hofladen("Erwin Huber");
Baeckerei baeckerei = new Baeckerei("Schnellback");
Getraenkehandel getraenke = new Getraenkehandel("Bier und Brause");

baeckerei.setNext(getraenke);
getraenke.setNext(hofladen);
```

Jetzt kann der Client einen Einkaufsauftrag an das erste Glied in der Kette übergeben. Der Auftrag wird nun so lange an einen Händler weitergereicht, bis einer seine Zuständigkeit erkennt und die gewünschte Ware liefert.

5.2.3.1 Erweiterung des Projekts

Wenn Sie das Projekt kritisch betrachten, fällt Ihnen sicher ein Schwachpunkt auf: Wenn es keinen Lieferanten für beispielsweise Eier gibt, wird die Anfrage gar nicht bearbeitet. Kommentieren Sie testweise die Zeile, in der der Hofladen erzeugt wird, aus und starten Sie das Projekt neu. Sie stellen fest, dass die Anforderung schlicht und ergreifend ignoriert wird. Es bietet sich also an, ein Default-Verhalten vorzusehen. Dazu erweitern Sie die Klasse `AbstractHaendler`.

Listing 5.4 Abstrakte Oberklasse im Projekt „CoR_2"

```
public abstract class AbstractHaendler
{
    // ... gekürzt
    private void druckeHinweis(Ware ware)
    {
        System.out.println("Leider gibt es keinen, der " + ware
                                                + " liefern kann.");
    }

    protected void weiterleiten(Ware ware)
    {
        if (next != null)
            next.verkaufen(ware);
        else
            druckeHinweis(ware);
    }
}
```

In den beiden vorigen Projekten wurde der Auftrag, das „Problem", durch eine Variable aus der Enumeration übergeben. Erinnern Sie sich an das Observer Pattern? Dort haben Sie einen Listener und ein Eventobjekt verwendet. Dieses Prinzip passt auch bei der Chain of Responsibility: Sie legen ein Eventobjekt an und übergeben es an das erste Glied in der Kette. Dieses Glied entscheidet, ob es das Event verarbeiten kann; wenn nicht, wird das Event weitergeleitet. Dass die Java-Klassenbibliothek exakt so vorgeht, möchte ich Ihnen weiter unten zeigen.

5.2.3.2 Variationen des Patterns

Hätte es einen Unterschied gemacht, wenn Sie eine Liste - ArrayList oder LinkedList - angelegt hätten und die Händler darin gespeichert? Sie hätten mit einer Schleife über die Liste iterieren können und die Schleife ab dem Moment abbrechen, wo einer der Händler die Ware verkauft. Die Chain bietet sehr viel mehr Möglichkeiten als ein Aggregat.

5.2.3.2.1 Hierarchien gestalten und beliebigen Einstiegspunkt wählen

Im Händler-Beispiel gibt es viele Händler, die untereinander aber in keiner Hierarchie stehen. Lassen Sie uns ein ganz anderes Beispiel durchdenken. In Unternehmen wächst die Anzahl von hierarchischen Ebenen überproportional im Verhältnis zur Unternehmensgröße. Bei einem Unternehmen mit zehn Mitarbeitern dürfte der Draht zum Chef noch sehr direkt sein - flache Hierarchien sind tatsächlich flach. Wenn ein Unternehmen 100 Mitarbeiter hat, brauchen Sie mindestens ein Ebene Abteilungsleiter und darunter vielleicht auch eine Ebene für Referatsleiter. Unternehmen mit 500 Mitarbeitern haben in vermutlich dieser Reihenfolge: den Vorstand, die Abteilungsleiter, die Unterabteilungsleiter, die Referatsleiter, die Sachgebietsleiter, die Gruppenleiter und schließlich die Teamleiter.[2] So ein Unternehmen benötigt strenge Regeln, die diese Hierarchie rechtfertigen. Ein Beispiel könnte sein: Wenn jemand eine Geschäftsreise macht, muss der Gruppenleiter die Reise bewilligen, wenn sie nicht länger als einen Tag dauert und sich im Nahbereich des Unternehmens abspielt. Wenn eine Reise länger als einen Tag dauert, muss der Referatsleiter die Reise abzeichnen. Wenn eine Fernreise ansteht, die länger als einen Tag dauert, muss der Abteilungsleiter beteiligt werden. Wenn Sie einfacher Mitarbeiter sind, werden Sie Ihren Reiseantrag immer an Ihren Teamleiter übergeben, der der erste in der Kette ist. Der Teamleiter prüft seine Zuständigkeit und wird Ihren Reiseantrag entweder genehmigen oder, wenn er nicht zuständig ist, weiterleiten. Wenn Sie Unterabteilungsleiter sind und zwei Tage verreisen wollen, werden Sie Ihren Reiseantrag wohl nicht bei einem Ihrer nachgeordneten Referatsleiter abgeben, sondern bei Ihrem nächsten Vorgesetzten, dem Abteilungsleiter.

Für die Chain of Responsibility heißt das: Jeder Client kann für seine Nachricht einen anderen Einstiegspunkt wählen.

5.2.3.2.2 Glieder der Kette modifizieren die Anfrage

Ich möchte aber noch zwei weitere Besonderheiten des Patterns herausarbeiten und dazu nochmal das Beispiel mit den Händlern aufgreifen. Sie können die verkaufen-Methode beliebig definieren. Es soll im folgenden Beispiel möglich sein, dass Sie ein Objekt vom Typ `Einkauf` übergeben. Die Klasse `Einkauf` ist eine innere Klasse der Klasse `AbstractHaendler`. Sie hat zwei Attribute: die Ware, die Sie aus dem Projekt CoR_1 kennen, und die Menge. Wenn ein Händler die Ware verkauft, ruft er die Methode `verkaufeWare()` auf; die Methode `willNochMehr()` gibt zurück, ob der Kunde noch mehr kaufen möchte.

---

[2] Die Erfahrung zeigt, dass das Unternehmen sich selbst immer noch mit dem Attribut „flache Hierarchien" präsentiert.

Listing 5.5 Die Klasse „Einkauf“ im Projekt „CoR_2“

```
public abstract class AbstractHaendler
{
    static class Einkauf
    {
        protected final Ware WARE;
        private int menge;

        Einkauf(Ware ware, int menge)
        {
            this.WARE = ware;
            this.menge = menge;
        }

        public boolean willNochMehr()
        {
            return menge > 0;
        }

        void verkaufeWare()
        {
            menge--;
        }
    }
    // ... gekürzt
}
```

Ein Händler verkauft jetzt so lange die gewünschte Ware, bis entweder er selbst keine mehr anbieten kann oder die verlangte Menge gleich 0 ist. Die Frage, ob er überhaupt noch Ware hat, wird durch einen Zufallsgenerator entschieden.

Listing 5.6 Änderung an der Händler-Klasse im Projekt „CoR_2“

```
public class Baeckerei extends AbstractHaendler
{
    // ... gekürzt ...

    @Override
    public void verkaufen(Einkauf einkauf)
    {
        if (einkauf.WARE == Ware.BROT )
            while( wareIstVorraetig() && einkauf.willNochMehr() )
            {
                System.out.println(NAME + " verkauft Brot.");
                einkauf.verkaufeWare();
            }
        if( einkauf.willNochMehr() )
            weiterleiten(einkauf);
    }

    private boolean wareIstVorraetig()
    {
        double zahl = Math.random() * 10;
        return zahl >= 6;
    }
}
```

Jedes Glied in der Kette kann die Anfrage modifizieren.

5.3 Ein Beispiel aus der Klassenbibliothek

Wo lässt sich dieses Pattern in Java nachweisen? Unter *www.patternsBuch.de* habe ich Ihnen das Projekt „CoR_3" hinterlegt. Die main-Methode baut ein neues Fenster auf. Eine Instanz der Klasse `JFrame` enthält eine Instanz der Klasse `JPanel` und diese wiederum enthält eine Instanz der Klasse `JLabel`. Ferner gibt es einen EventListener, der, wenn eine Komponente mit der Maus angeklickt wird, auf der Konsole ausgibt, auf welche Komponente geklickt wurde.

```
private MouseAdapter adapter = new MouseAdapter()
{
    @Override
    public void mouseClicked(MouseEvent e)
    {
        Object quelle = e.getSource();
        System.out.println(quelle.getClass());
    }
};
```

Allen drei Komponenten wird dieser EventListener zugewiesen:

```
myLabel.addMouseListener(adapter);
myFrame.addMouseListener(adapter);
myPanel.addMouseListener(adapter);
```

Führen Sie das Programm aus und beobachten Sie einmal, welche Quelle jeweils ausgegeben wird, wenn Sie auf das Fenster, das Panel oder das Label klicken. Wenn Sie das Label anklicken, wird das Label als Eventquelle genannt. Wenn Sie auf das Panel klicken, das Panel und sonst das Fenster.

Kommentieren Sie testweise die erste Zeile aus, so dass dem Label kein Eventhandler zugewiesen wird. Wenn Sie nun zur Laufzeit darauf klicken, wird das Panel als Eventquelle ausgegeben. Jede Komponente prüft also ihre Zuständigkeit und reicht das Event gegebenenfalls an den sie umschließenden Container weiter – bis zuletzt das Fenster seine Zuständigkeit nicht mehr abgeben kann. Hier lässt sich ein zweites Merkmal des Patterns ablesen: Die Verarbeitung geht **vom Speziellen zum Allgemeinen,** von den Blättern zur Wurzel. Sie werden weiter hinten das Composite Pattern kennenlernen, wo die Verarbeitung von der Wurzel zu den Blättern, also umgekehrt, geht.

Das Projekt „CoR_4" geht einen Schritt weiter. Die GlassPane des Fensters wird aktiviert und bekommt den EventListener zugewiesen.

```
Component glass = myFrame.getGlassPane();
glass.setVisible(true);
glass.addMouseListener(adapter);
```

Nun ist es egal, wohin Sie klicken – es ist immer die GlassPane, die das MouseEvent verarbeitet. In der Praxis können Sie auf diese Weise Benutzereingaben und Mausklicks abfangen, wenn Ihr Programm zum Beispiel eine umfangreiche Rechnung durchführt. Die GlassPane ist ein Objekt vom Typ `JPanel`, so dass auf der Konsole immer dieser Typ als Eventquelle genannt wird.

5.4 Zusammenfassung

Gehen Sie das Kapitel noch mal stichwortartig durch!

- Eine beliebige Anzahl Objekte kann potenziell ein Problem lösen.
- Diese Objekte werden verkettet oder in einem Baum organisiert.
- Eine Anfrage wird nur an ein Glied in der Kette übergeben.
- Kann das Objekt das Problem nicht lösen, reicht es die Anfrage weiter.
- Ein Objekt kann eine Anfrage verändern.
- Jedes weitere Objekt prüft seine Zuständigkeit; entweder es reagiert auf die Anfrage oder es leitet sie weiter.
- Es besteht die Gefahr, dass eine Anfrage vollkommen unbeantwortet bleibt; daher sollte immer ein Default-Verhalten implementiert werden.

Die Gang of Four beschreibt den Zweck des Patterns wie folgt:

Zweckbeschreibung:

Die Gang of Four beschreibt den Zweck des Patterns wie folgt:

„Vermeide die Kopplung des Auslösers einer Anfrage an ihren Empfänger, indem mehr als ein Objekt die Möglichkeit erhält, die Anfrage zu erledigen. Verkette die empfangenden Objekte und leite die Anfrage an der Kette entlang, bis ein Objekt sie erledigt."

6 State Pattern

Das *State Pattern* kapselt Zustandsausprägungen in Objekten. Das kann nützlich sein, wenn ein Objekt abhängig von seinem Zustand unterschiedliches Verhalten zeigt. Denken Sie an Ihr Garagentor! Das Tor kann offen sein, es kann aber auch geschlossen sein. Sie können ein geschlossenes Tor öffnen; es ist jedoch wenig sinnvoll, ein offenes Tor öffnen zu wollen. Doch wie lässt sich verhindern, dass jemand versucht, ein offenes Tor zu öffnen oder ein geschlossenes Tor zu schließen? Das State Pattern löst das Problem dadurch, dass jeder Zustand durch ein eigenes Objekt repräsentiert wird; in der Folge kann jeder nur das tun, was in dem aktuellen Zustand erlaubt sein soll.

6.1 Exkurs: das Enum Pattern

Lassen Sie uns einen Exkurs machen und das *Enum Pattern* betrachten, bevor wir das State Pattern angehen.

6.1.1 Einen Zustand durch Zahlenwerte darstellen

Möchte man zwei Zustandsausprägungen darstellen, kommt man schnell auf die Idee, diese Zustandsausprägungen durch int-Werte zu repräsentieren und diese Werte an finale Variablen zu übergeben. Innerhalb einer switch-Anweisung fragen Sie die Werte ab und reagieren darauf:

Listing 6.1 Die Klasse „TorManager_1" im Projekt „TorManager"

```
public class TorManager_1
{
    static final int OFFEN = 0;
    static final int GESCHLOSSEN = 1;

    private int zustand = OFFEN;

    void druckeZustand()
```

```
    {
        switch(zustand)
        {
            case OFFEN: System.out.println("Tor ist offen"); break;
            case GESCHLOSSEN: System.out.println("Geschlossen");
                                                         break;
            default: System.out.println("Unbekannter Zustand!");
        }
    }

    void setZustand(int zustand)
    {
        this.zustand = zustand;
    }
}
```

Wenn Sie ein Objekt dieser Klasse erzeugen, können Sie der Methode `setZustand()` entweder eine der definierten Konstanten übergeben oder aber auch fehlerhaft eine beliebige int-Zahl. In Abhängigkeit vom Zustand wird ein jeweils anderer Text auf der Konsole ausgegeben. Unter *www.patternsBuch.de* finden Sie innerhalb der Klasse eine main-Methode, die das Vorgehen demonstriert.

6.1.2 Einen Zustand durch Objekte darstellen

Ein alternativer Ansatz ist, die Zustandsausprägungen durch Objekte eines eigenen Datentyps darzustellen. Dazu deklarieren Sie eine Klasse `Zustand`. Innerhalb dieser Klasse werden zwei statische finale Variablen von diesem Typ angelegt. Um zu verhindern, dass der Anwender weitere Objekte vom Typ `Zustand` erzeugt, wird der Konstruktor `private` deklariert - ein Zugriff ist jetzt nur noch innerhalb der Klasse möglich. Die Technik ist die gleiche, wie Sie sie schon beim Singleton Pattern gesehen haben. Unter *www.patternsBuch.de* finden Sie besagten Datentyp als statische innere Klasse der Klasse „TorManager_2".

Listing 6.2 Die Klasse „TorManager_2" im Projekt „TorManager" - gekürzt

```
public class TorManager_2
{
    // ... gekürzter Quelltext ...
    public static class Zustand
    {
        public static final Zustand OFFEN = new Zustand("offen");
        public static final Zustand GESCHLOSSEN =
                                    new Zustand("geschlossen");
        private final String BESCHREIBUNG;

        private Zustand(String beschreibung)
        {
            this.BESCHREIBUNG = beschreibung;
        }
    }

    private Zustand zustand = Zustand.OFFEN;

    void setZustand(Zustand zustand)
```

```
    {
        if(zustand != null)
            this.zustand = zustand;
    }
}
```

Jetzt können nur noch die in der Klasse `Zustand` vorgegebenen Zustandsausprägungen verwendet werden. Diese Lösung ist also **typsicher** geworden. Da dieser Ansatz sehr oft verwendet wurde, hat man ihn *Enum Pattern* genannt. Ein Nachteil ist, dass Sie die Zustandsausprägungen nicht mehr in einer switch-Anweisung abfragen können.

6.1.3 Umsetzung in der Java-Klassenbibliothek

Programmierer stehen oft vor der Notwendigkeit, Zustandsausprägungen typsicher darzustellen. Daher wurden mit Java 5 die **Enumerations** eingeführt. Der Compiler übersetzt Enums so, dass der Bytecode genau dem Enum-Pattern entspricht. Zur Erinnerung: die Klasse `Zustand` war - gekürzt - so codiert:

```
public static class Zustand
{
    public static final Zustand OFFEN = new Zustand("offen");
    public static final Zustand GESCHLOSSEN =
                                    new Zustand("geschlossen");
    private final String BESCHREIBUNG;

    private Zustand(String beschreibung)
    {
        this.BESCHREIBUNG = beschreibung;
    }
}
```

Anstelle von `class` schreiben Sie jetzt `enum`. Außerdem wurde den Programmierern ein wenig Schreibarbeit abgenommen; die Modifizierer `static final` und die explizite Objekterzeugung können Sie weglassen; die verschiedenen Optionen werden durch Kommata abgetrennt.

Listing 6.3 Enumeration in der Klasse „TorManager_3“ im Projekt „TorManager“

```
enum Zustand
{
    OFFEN("offen"), GESCHLOSSEN("geschlossen");

    private final String BESCHREIBUNG;

    private Zustand(String beschreibung)
    {
        BESCHREIBUNG = beschreibung;
    }
}
```

Enums erlauben es Ihnen wieder, Zustandsausprägungen in einer switch-Anweisung abfragen:

```
void druckeZustand()
{
   switch(zustand)
   {
     case OFFEN:
                        System.out.println("Das Tor ist offen");
                        // sonstige Aktionen
                        break;
     case GESCHLOSSEN:
                        System.out.println("Geschlossen");
                        // sonstige Aktionen
                        break;
     default:
                        System.out.println("Should never happen");
                        // sonstige Aktionen
   }
}
```

Im nächsten Abschnitt werden Sie die Zustände eines Objekts ändern.

6.2 Den Zustand eines Objekts ändern

Im vorigen Absatz haben Sie gesehen, wie Sie Zustandsausprägungen typsicher definieren können. Es kann nun interessant sein, wie Sie einen Zustand in einen anderen überführen und wie das Verhalten eines Objekts dadurch geändert wird.

6.2.1 Den Zustand ändern – erster Ansatz

Betrachten Sie im ersten Schritt die Frage, wie Sie einen Zustand in einen anderen überführen können.

Listing 6.4 Klasse „TorManager_4" im Projekt „TorManager"

```
public class TorManager_4
{
    enum Zustand
    {
       // ... gekürzt ...
    }

    private Zustand zustand = Zustand.OFFEN;

    private void oeffnen()
    {
        System.out.println("Das Tor wird geöffnet");
        this.zustand = Zustand.OFFEN;
    }
```

```
    private void schliessen()
    {
        System.out.println("Das Tor wird geschlossen");
        this.zustand = Zustand.GESCHLOSSEN;
    }
}
```

Eigentlich ist diese Lösung doch optimal, oder? Wenn ein Tor geschlossen ist, machen Sie es auf, um es in den anderen Zustand zu überführen. Wenn es offen ist, schließen Sie es und haben dann auch einen anderen Zustand. Doch bei dieser Kodierung ist es möglich, dass der Anwender ein offenes Tor öffnet oder ein geschlossenes schließt. Und genau das sollte nicht passieren. Fragen Sie die Zustandsausprägungen also vorher ab!

6.2.2 Den Zustand ändern – zweiter Ansatz

Fügen Sie in jede Methode eine if-Anweisung ein, die das Öffnen oder Schließen nur erlaubt, wenn das Objekt dadurch in einen anderen Zustand überführt wird. Wenn der Anwender versucht, ein geöffnetes Tor zu öffnen oder ein geschlossenes zu schließen, weisen Sie ihn mit einer Fehlermeldung darauf hin.

Listing 6.5 Klasse „TorManager_5" im Projekt „TorManager"

```
public class TorManager_5
{
    enum Zustand
    {
       // ... gekürzt ...
    }

    private Zustand zustand = Zustand.OFFEN;

    private void oeffnen()
    {
        if(zustand == Zustand.GESCHLOSSEN)
        {
            System.out.println("Das Tor wird geöffnet");
            this.zustand = Zustand.OFFEN;
        }
        else
            System.out.println("Das Tor ist bereits offen.");
    }

    private void schliessen()
    {
        if(zustand == Zustand.OFFEN)
        {
            System.out.println("Das Tor wird geschlossen");
            this.zustand = Zustand.GESCHLOSSEN;
        }
        else
            System.out.println("Das Tor ist bereits geschlossen.");
    }
}
```

Diese Lösung funktioniert tadellos. Aber wo könnte sie Schwächen zeigen? Sie ist dann nicht mehr nützlich, wenn weitere Zustandsausprägungen hinzukommen und umfangreiche Abhängigkeiten zwischen ihnen bestehen. Ich möchte das Beispiel dadurch erweitern, dass Ihr Auftraggeber einen neuen Zustand anfordert. Das Tor soll nicht nur geschlossen werden, sondern auch mit einem Schloss abgeschlossen werden können. Sie haben jetzt den dritten Zustand ABGESCHLOSSEN. Der Zustand ABGESCHLOSSEN darf nur gesetzt werden, wenn das Tor geschlossen ist. Umgekehrt kann der Zustand ABGESCHLOSSEN nur in den Zustand GESCHLOSSEN überführt werden. Die folgende Abbildung zeigt die drei Zustandsausprägungen und deren mögliche Übergänge.

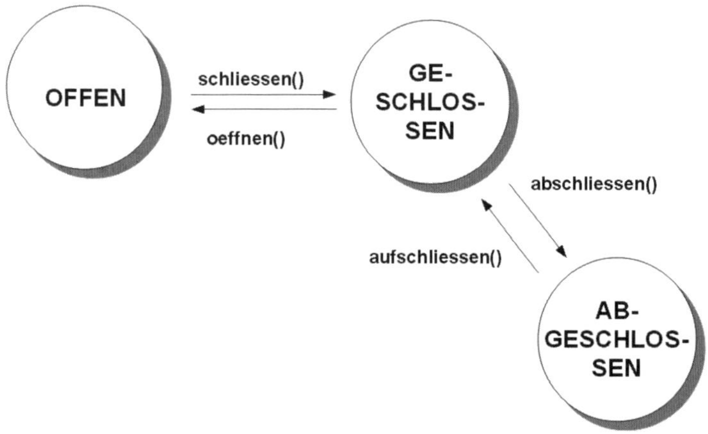

Bild 6.1 Drei Zustandsausprägungen und deren Übergänge

Sie müssen drei Zustandsausprägungen in Beziehung setzen und das Verhalten des Objekts davon abhängig machen. Wenn ein vierter Zustand hinzukommt, können Sie sich ausmalen, welche Arbeit auf Sie zukommen wird.

Wie beispielsweise die Methode `oeffnen()` aussehen könnte, zeigt Ihnen das folgende Listing:

```
void oeffnen()
{
   switch (zustand)
   {
      case OFFEN:
         System.out.println("Tor ist bereits offen");
         break;
      case GESCHLOSSEN:
         System.out.println("Das Tor wird geöffnet");
         this.zustand = Zustand.OFFEN;
         break;
      case ABGESCHLOSSEN:
         System.out.println("Das Tor ist verschlossen");
         break;
      default:
         System.out.println("Zustand nicht definiert.");
   }
}
```

In entsprechender Weise müssen die weiteren vier Methoden für jeden Zustand das richtige Verhalten definieren – selbst wenn das Verhalten nur darin besteht, eine passende Fehlermeldung auszugeben. Der Umfang der Methoden nimmt mit jedem neuen Zustand zu. Die Klasse wird unübersichtlich und schwer zu warten. Fehler können sich sehr schnell einschleichen. Kurz gesagt: Es ist höchste Zeit für das `State Pattern`.

6.3 Prinzip des State Patterns

Die Definition der Zustandsausprägungen durch Enumerations reicht jetzt nicht mehr aus. Beschreiben Sie jeden Zustand durch eine eigene Klasse.

6.3.1 Die Rolle aller Zustände definieren

Um die Zustandsausprägungen austauschen zu können, müssen diese einen gemeinsamen Datentyp haben. Sie legen zuerst die abstrakte Klasse `Zustand` an, in der alle Methoden aus dem Zustandsdiagramm vorgesehen sind. Außerdem hält diese Klasse eine Referenz auf das Tor, die ihr im Konstruktor übergeben wird.

Listing 6.6 Die abstrakte Klasse „Zustand" im Projekt „StatePattern_1"

```
public abstract class Zustand
{
    public final Tor TOR;

    Zustand(Tor tor)
    {
        this.TOR = tor;
    }

    abstract void oeffnen();

    abstract void schliessen();

    abstract void abschliessen();

    abstract void aufschliessen();
}
```

Jeder Zustand wird durch eine eigene Klasse repräsentiert und erweitert die abstrakte Klasse. Sie definieren also innerhalb des Zustands, was passieren soll, wenn eine bestimmte Methode, beispielsweise `oeffnen()`, aufgerufen wird. Wenn Sie einen Zustand definieren, müssen Sie sich überlegen, wie eine Methode in diesem Zustand aussehen muss. Lassen Sie uns das Beispiel anhand des Zustands `Offen` durchspielen. Wenn ein Tor offen ist und jemand versucht, es erneut zu öffnen, drucken Sie eine Fehlermeldung aus. Genauso wenig kann ein offenes Tor auf- oder abgeschlossen werden; daher drucken Sie auch in diesen Methoden Fehlermeldungen aus. Wenn der Anwender jedoch ein offenes Tor schließen möchte, ändern Sie den Zustand nach `Geschlossen`.

Listing 6.7 Der Zustand „Offen“ im Projekt „StatePattern_1“

```
public class Offen extends Zustand
{
    Offen(Tor tor)
    {
        super(tor);
    }

    public void oeffnen()
    {
        System.out.println("Das Tor ist schon offen.");
    }

    public void schliessen()
    {
        System.out.println("Das Tor wird geschlossen.");
        TOR.setZustand(new Geschlossen(TOR));
    }

    public void abschliessen()
    {
        System.out.println("Das Tor ist offen.");
    }

    public void aufschliessen()
    {
        System.out.println("Das Tor ist nicht abgeschlossen.");
    }
}
```

Entsprechend werden die anderen Zustand-Klassen definiert. Zur Orientierung zeigt die folgende Abbildung das Klassendiagramm des Projekts.

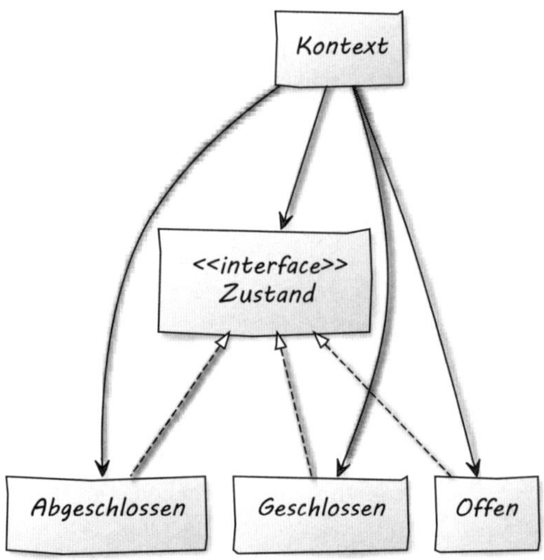

Bild 6.2 Klassendiagramm des Projekts „StatePattern_1“

Wie wirkt sich diese Änderung auf das Tor aus? Die Klasse `Tor` definiert ein Feld `Zustand zustand`, das den aktuellen Zustand referenziert. Auf diesem Zustand können alle Methoden, die Sie aus dem Zustandsdiagramm kennen, aufgerufen werden. Das Tor selbst kann also eine Methode `oeffnen()` definieren, die den Aufruf an das Feld `zustand` weiterreicht. Folgend drucke ich den gekürzten Quelltext der Klasse `Tor` ab.

Listing 6.8 Die Klasse „Tor" im Projekt „StatePattern_1"

```
public class Tor
{
    private Zustand zustand = new Offen(this);

    public void setZustand(Zustand zustand)
    {
        this.zustand = zustand;
    }

    public void oeffnen()
    {
        zustand.oeffnen();
    }
    // ... gekürzter Quelltext ...
}
```

Das Tor ruft auf dem aktuellen Zustand die gewünschte Methode auf. Es hat jedoch keine Ahnung, welcher Zustand gerade hinterlegt ist. Wenn Sie zweimal dieselbe Methode auf ein- und demselben Objekt aufrufen, ist unter Umständen ein anderer Zustand hinterlegt, das Verhalten des Objekts ist ein anderes und man hat den Eindruck, dass man mit der Instanz einer anderen Klasse arbeitet. ■

6.3.2 Das Projekt aus der Sicht des Client

Unter *www.patternsBuch.de* habe ich Ihnen die Klasse `Client` hinterlegt, in der das Tor zum Einsatz gebracht wird. Vergleichen Sie den Source Code, den ich hier nur gekürzt abdrucke, mit der Konsolenausgabe (Bild 6.3).

```
public static void main(String[] args)
{
    TOR.oeffnen();
    TOR.schliessen();
    TOR.oeffnen();
    TOR.aufschliessen();
    TOR.abschliessen();
    TOR.schliessen();
    TOR.abschliessen();
    TOR.oeffnen();
    TOR.aufschliessen();
    TOR.oeffnen();
}
```

Und hier die resultierende Konsolenausgabe.

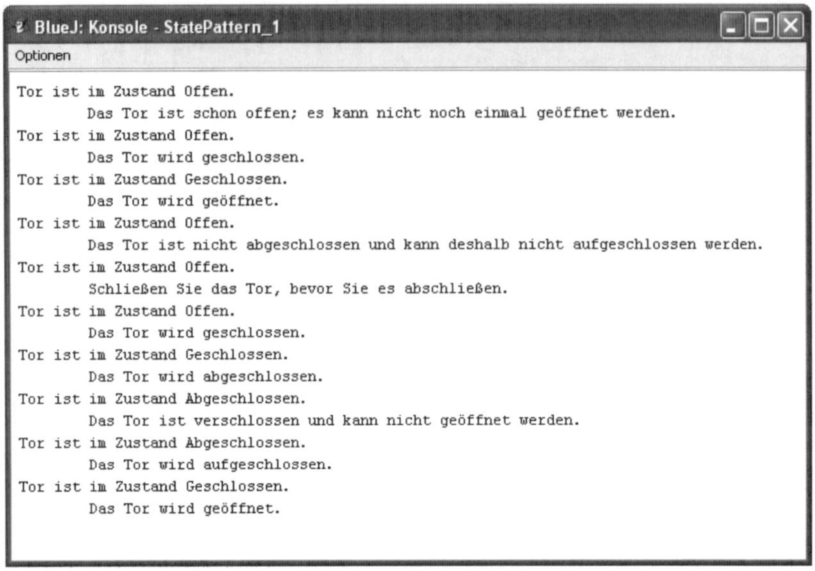

Bild 6.3 Resultierende Konsolenausgabe

Beachten Sie, wie oft die Methode `oeffnen()` aufgerufen wird: in den Zeilen 3, 5, 10 und 12. Bei jedem Aufruf reagiert der *Kontext*, also das Tor, anders. Für den Client ist diese Lösung sehr komfortabel – er weiß nicht, wie das Tor intern arbeitet, er muss sich vor allem nicht mit den verschiedenen Zustand-Klassen beschäftigen.

Dennoch sollen zwei Nachteile nicht verschwiegen werden. Zunächst brauchen Sie für jeden Zustand eine eigene Klasse. Einige Zustandsausprägungen hängen „irgendwie" voneinander ab, andere gar nicht. Dadurch besteht die Gefahr, dass das Projekt unübersichtlich wird. Ohne ein übersichtliches Zustandsdiagramm sind Sie unter Umständen aufgeschmissen.

Ein zweiter Punkt kann zum Problem werden. Sie erzeugen bei jedem Statuswechsel ein neues Objekt. Wenn Sie häufige Statuswechsel haben oder die Zustand-Klasse beim Instanziieren sehr kostenintensiv ist, ist diese Lösung nicht zu favorisieren. Lassen Sie uns im Folgenden alternative Implementierungen betrachten.

6.3.3 Veränderung des Projekts

Zwei Optionen möchte ich Ihnen vorstellen. Die erste Alternative ist, die State-Objekte zentral im Kontext zu verwalten. Die zweite Alternative sieht vor, die State-Objekte in der Superklasse aller Zustand-Klassen anzulegen und bei jedem Methodenaufruf das richtige Objekt an den Aufrufer zu übergeben.

6.3.3.1 State-Objekte zentral im Kontext verwalten

Wenn Sie nicht bei jeder Statusänderung ein neues Objekt erzeugen möchten, muss eine alternative Lösung gefunden werden. Lassen Sie den Kontext Variablen definieren, die jeden Zustand repräsentieren. Außerdem definiert der Kontext für jeden Zustand eine Methode, die das Feld `Zustand aktuellerZustand` auf den gewünschten Zustand setzt.

Listing 6.9 Die Kontext-Klasse im Projekt „StatePattern_2"

```
public class Tor
{
    private Zustand OFFEN_ZUSTAND = new Offen(this);
    private Zustand GESCHLOSSEN_ZUSTAND = new Geschlossen(this);
    private Zustand ABGESCHLOSSEN_ZUSTAND = new Abgeschlossen(this);
    private Zustand aktuellerZustand = OFFEN_ZUSTAND;

    public void setOffenZustand()
    {
        aktuellerZustand = OFFEN_ZUSTAND;
    }

    public void oeffnen()
    {
        aktuellerZustand.oeffnen();
    }
    // ... gekürzter Quelltext ...
}
```

Die Zustand-Klassen übergeben jetzt keine Zustand-Objekte mehr an den Kontext, sondern weisen den Kontext an, einen bestimmten Zustand einzunehmen. Wie er das macht, ist seine Sache. Dadurch wird der Kontext jedoch sehr stark an die Zustand-Klassen gebunden.

6.3.3.2 State-Objekte als Rückgabewerte von Methodenaufrufen

Eine andere alternative Implementierung sieht vor, dass Sie State-Objekte grundsätzlich als Rückgabewerte zurückgeben. Wenn der Zustand sich nicht ändert, gibt er eine Referenz auf sich selbst zurück, also `this`. Dazu definieren Sie in der abstrakten Superklasse Variablen, die die verschiedenen Zustandsausprägungen repräsentieren.

Listing 6.10 Die Kontext-Klasse im Projekt „StatePattern_3"

```
public class Tor
{
    private Zustand zustand = new Offen();

    public void oeffnen()
    {
        this.zustand = zustand.oeffnen();
    }
    // ... gekürzt ...
}
```

Die finalen Variablen sind `protected` deklariert, um den Subklassen Zugriff darauf zu ermöglichen.

Listing 6.11 Eine Zustand-Klasse im Projekt „StatePattern_3“

```
public class Offen extends Zustand
{
    public Zustand oeffnen()
    {
        System.out.println("Das Tor ist schon offen.");
        return this;
    }

    public Zustand schliessen()
    {
        System.out.println("Das Tor wird geschlossen.");
        return super.GESCHLOSSEN;
    }
    // ... gekürzt ...
}
```

Der Kontext ist jetzt verantwortlich dafür, dass er das erhaltene Zustand-Objekt als aktuellen Zustand setzt. Damit ist das Projekt sehr flexibel, neue Zustand-Klassen können problemlos eingefügt werden. Dadurch, dass der Kontext jetzt keine set-Methode mehr anbieten muss, werden nicht versehentlich falsche Zustandsausprägungen übergeben oder gesetzt.

6.4 Das State Pattern in der Praxis

Sie werden das State Pattern in der Praxis recht oft wiederfinden. Beispielsweise wird bei Netzwerkprotokollen oft mit Zustandsausprägungen gearbeitet. Als Beispiel habe ich das RFC 1939 herausgegriffen, in dem das POP3 beschrieben wird. Sie finden den Text des RFC unter *www.patternsBuch.de.*

Das RFC 1939 kennt drei verschiedene Zustandsausprägungen: AUTHORIZATION, TRANSACTION und UPDATE. Diese werden im RFC auch tatsächlich als State bezeichnet. Der POP3-Server wartet auf Anfragen. Wenn eine Anfrage kommt, wird eine TCP-Verbindung hergestellt. Die Session befindet sich zunächst im Zustand AUTHORIZATION, in dem Name und Passwort des Nutzers abgefragt werden. Wenn der Name identifiziert werden kann und das Passwort stimmt, geht die Session in den Zustand TRANSACTION über. In diesem Zustand können Befehle an den Server geschickt werden. Beispielsweise kann eine Liste der gespeicherten E-Mails abgefragt werden. Ferner kann eine E-Mail auch zum Löschen vorgemerkt werden. Wenn der Befehl QUIT kommt, wechselt die Session in den Zustand UPDATE. In diesem Zustand werden die zum Löschen markierten E-Mails tatsächlich gelöscht. Danach wird die Verbindung beendet.

Wenn der Befehl QUIT im Zustand AUTHORIZATION gegeben wird, wird die Session ohne UPDATE beendet. Der Aufruf von QUIT hat also in Abhängigkeit vom Zustand zwei vollkommen unterschiedliche Auswirkungen. Befehle, die sich auf die gespeicherten Nachrichten beziehen, sind nur im Zustand TRANSACTION zulässig.

Unter *www.patternsBuch.de* habe ich Ihnen ein Projekt hinterlegt, das den Übergang dieser drei Zustandsausprägungen demonstriert. Ich habe im Package `states` vier Zustand-Klassen hinterlegt: drei für die im Protokoll definierten Ausprägungen und eine Klasse für den Zustand START, der dann benötigt wird, wenn der Server auf Anfragen wartet. In diesem Package gibt es außerdem eine Klasse `POP3_Session`. Diese Klasse ist der Kontext, auf den die Clients zugreifen. Der Client „sieht" nur den Kontext. Er hat keine Information darüber, dass eine Vielzahl von Zustand-Klassen im Hintergrund benötigt wird. Betrachten Sie unter diesem Aspekt die main-Methode der Klasse `ApplStart`.

6.5 Zusammenfassung

Gehen Sie das Kapitel noch mal stichwortartig durch!

Das **Enum Pattern** erlaubt es, verschiedene Zustandsausprägungen typsicher zu definieren.

- Im Regelfall wird ein privater Konstruktor definiert.
- Instanzen der Klassen werden static und final deklariert.
- Das Enum Pattern wird seit Java 5 von der Enumeration umgesetzt.

Die wichtigsten Punkte zum **State Pattern:**

- Ein Objekt kann verschiedene Zustandsausprägungen haben.
- Abhängig vom Zustand zeigt das Objekt unterschiedliches Verhalten.
- Der Übergang von einem Zustand in einen anderen sollte in den Zustand-Klassen selbst festgelegt sein.
- Die Enumeration reicht hierfür in der Regel nicht aus.
- Für den Client sieht es so aus, als hätte er es mit der Instanz einer anderen Klasse zu tun.
- Die Zustandsausprägungen können entweder bei jedem Zustandswechsel neu erzeugt werden oder an zentraler Stelle gehalten werden. Welche Lösung Sie wählen, hängt davon ab, ob der Zustand sich voraussichtlich oft ändert oder die Erzeugung einer Instanz einer Zustand-Klasse kostenintensiv ist. In diesem Fall erzeugen Sie die Zustandsausprägungen beim Programmstart und speichern sie an einer zentralen Stelle.

Die Gang of Four beschreibt den Zweck des Patterns wie folgt:

Zweckbeschreibung:

Die Gang of Four beschreibt den Zweck des Patterns wie folgt:

„Ermögliche es einem Objekt, sein Verhalten zu ändern, wenn sein interner Zustand sich ändert. Es wird so aussehen, als ob das Objekt seine Klasse gewechselt hat."

7 Command Pattern

In diesem Kapitel möchte ich Ihnen ein Verhaltensmuster zeigen, das einen Befehlsaufruf von der Befehlsausführung löst. Was ist damit gemeint? Stellen Sie sich vor, dass der Chef Ihres Unternehmens in einer Abteilungsleiterrunde sagt: „Ich brauche die aktuellen Statistiken!" Die Bosheit wird garantiert in der Form zuschlagen, dass **Ihr** Abteilungsleiter den Finger hebt und sagt: „Ich kümmere mich darum!" Vorhersehbar ist auch, dass er **Sie** mit den Worten: „Mach du mal – du kannst das doch!" mit der Ausführung beauftragt. Was ist da passiert? Der Chef fordert eine Maßnahme an, Sie führen sie aus und dazwischen gibt es eine Instanz (den Abteilungsleiter), die die Aufgabe weiterleitet. Anders ausgedrückt: Befehlsaufruf und Ausführung sind losgelöst voneinander und nur über ein Befehlsobjekt lose gekoppelt – und genau das ist das Ziel des *Command Patterns*.

7.1 Befehle in Klassen kapseln

Doch verlassen wir lieber die Szene im Büro und überlegen uns, wie man eine Urlaubsreise bucht. Sie gehen ins Reisebüro und geben Ihre Reisewünsche an. Der Mensch im Reisebüro tippt eine Weile auf seinem Computer und Sie können beruhigt in Urlaub fahren. Tatsächlich aber führt nicht das Reisebüro die Reise durch, sondern ein Reiseveranstalter, der sich um den Flug und am Reiseziel um das Hotel kümmert.

7.1.1 Version 1 – Grundversion

Im ersten Schritt, der mit dem Command Pattern noch gar nichts zu tun hat, werde ich ein Reisebüro und einen Reiseveranstalter coden. Das Reisebüro definiert die Methode `reiseBuchen()`. Ihr werden das Ziel, Abreise- und Rückreisetag als Argumente übergeben. Die Daten werden in ein Objekt der Klasse `Reise` gepackt und an den Reiseveranstalter übergeben, der die Reise dann real durchführt, also den Reise-Befehl ausführt.

Listing 7.1 Die Klasse „Reise“ im Projekt „Reise_1“

```
public class Reise
{
    final String ZIEL;
    final String VON;
    final String BIS;
    final SimpleDateFormat dateFormat =
                    new SimpleDateFormat("EEEEE, d. MMM yyyy");

    Reise(String ziel, Date von, Date bis)
    {
        this.ZIEL = ziel;
        this.VON = dateFormat.format(von);
        this.BIS = dateFormat.format(bis);
    }

    @Override
    public String toString()
    {
        return "Reise nach " + ZIEL +
                    " für die Zeit von " + VON + " bis " + BIS;
    }
}
```

Die Reiseveranstalter handeln mit Hotels, Fluglinien und lokalen Busunternehmen Verträge aus und führen die Reise durch. Jeder Veranstalter bekommt seine eigene Firma.

Listing 7.2 Quelltext der Klasse „Reiseveranstalter“ im Projekt „Reise_1“

```
public class Reiseveranstalter
{
    private final String FIRMA;

    Reiseveranstalter(String firma)
    {
        this.FIRMA = firma;
    }

    void durchfuehren(Reise reise)
    {
        System.out.println(FIRMA + " führt durch: " + reise);
    }

    @Override
    public String toString()
    {
        return FIRMA;
    }
}
```

Eine Instanz des Reisebüros wird erzeugt, indem ihrem Konstruktor ein Objekt vom Typ `Reiseveranstalter` übergeben wird. Der Methode `durchfuehren()` werden die Daten der Reise als Parameter übergeben.

Listing 7.3 Quelltext der Klasse „Reisebuero" im Projekt „Reise_1"

```
public class Reisebuero
{
    private final Reiseveranstalter VERANSTALTER;

    Reisebuero(Reiseveranstalter veranstalter)
    {
        this.VERANSTALTER = veranstalter;
    }

    void reiseBuchen(String ziel, Date von, Date bis)
    {
        Reise reise = new Reise(ziel, von, bis);
        VERANSTALTER.durchfuehren(reise);
    }
}
```

Unter *www.patternsBuch.de* finden Sie die Testklasse. In deren main-Methode werden ein Reisebüro und ein Reiseveranstalter angelegt. Danach werden drei Reisen gebucht. Um ein Objekt vom Typ `Date` zu erhalten, habe ich in dieser Klasse die Methode `toDate()` eingefügt, die aus einem String ein Date macht. Bitte analysieren Sie die main-Methode. Was Sie bei der Analyse beachten sollten, ist, dass das Reisebüro Methoden des Reiseveranstalters direkt aufruft – das wird sich gleich ändern!

7.1.2 Weitere Anbieter treten auf

Das Geschäft mit den Reisen boomt – das Reisebüro muss noch eine Filiale eröffnen. Sowohl Reisebüro als auch Filiale habe ich unter der Schnittstelle `Anbieter` zusammengefasst. Das Interface schreibt die Methode `reiseBuchen()` vor, die Sie noch aus der letzten Version kennen. Projekt „Reise_2" simuliert diese Situation.

Listing 7.4 Das Interface „Anbieter" im Projekt „Reise_2"

```
public interface Anbieter
{
    void reiseBuchen(String ziel, Date von, Date bis);
}
```

Ansonsten hat der Code der Klassen sich nicht geändert. Wie werden die Klassen verwendet? Im Testcode finden Sie folgendes Vorgehen: Sie legen einen Reiseveranstalter an. Die Instanz übergeben Sie an den Konstruktor eines Anbieters. Sie rufen, um eine Reise zu buchen, die Methode `reiseBuchen()` des Anbieters auf – gegenüber der vorigen Version hat sich nichts geändert. Bild 7.1 zeigt das Klassendiagramm dieser Projektversion.

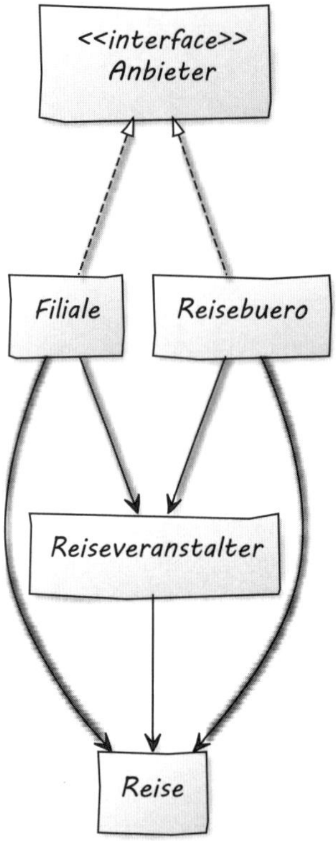

Bild 7.1
Klassendiagramm Projekt „Reise_2“

Wenn Sie das Projekt „Reise_2“ analysieren, stellen Sie fest, dass der Code der Klassen `Filiale` und `Reisebuero` nahezu identisch ist. Redundanter Code ist immer ein Hinweis auf ein ungeeignetes Programmdesign. Vor allem ist redundanter Code eine nicht zu unterschätzende Fehlerquelle. Es gilt also, doppelten Code zu eliminieren.

Wie würden Sie vorgehen, wenn Sie in der Mathematik viele gleiche Faktoren haben, also beispielsweise 5 * 3 + 5 * 2 + 5 * 9? Sie ziehen den gleichen Faktor vor die Klammer: 5 * (3 + 2 + 9). Genau das Gleiche machen Sie mit dem redundanten Programmcode bei den Anbietern.

7.1.3 Einen Befehl kapseln

Sie ziehen gleichen Programmcode vor die Klammer, indem Sie die Klasse `ReiseBefehl` einführen, die zwischen den Anbietern und dem Reiseveranstalter liegt. Diese Klasse definiert einzig und allein den Befehl, der ausgeführt wird, um eine Reise zu buchen. Beim Erzeugen wird dem Konstruktor eine Instanz eines Reiseveranstalters übergeben, deren Referenz in einem Datenfeld gespeichert wird. Die Methode `buchen()` wird mit den gleichen Argumenten versorgt werden, die bereits im vorigen Projekt an die Methode `reiseBuchen()` übergeben wurden.

Listing 7.5 Die Klasse „ReiseBefehl" im Projekt „Reise_3"

```
public class ReiseBefehl
{
    private final Reiseveranstalter VERANSTALTER;

    public ReiseBefehl(Reiseveranstalter veranstalter)
    {
        this.VERANSTALTER = veranstalter;
    }

    public void buchen(String ziel, Date von, Date bis)
    {
        Reise reise =  new Reise(ziel, von, bis);
        VERANSTALTER.durchfuehren(reise);
    }
}
```

Die Anbieter – ich drucke nur das Reisebüro ab – sind jetzt ziemlich schlank geworden. An deren Konstruktor wird eine Instanz der Klasse `ReiseBefehl` übergeben, deren Referenz in einem Datenfeld gespeichert wird. Die Methode `reiseBuchen()` greift nun nicht mehr selbst auf einen Reiseveranstalter zu, sondern auf die Instanz der Klasse `ReiseBefehl`.

Listing 7.6 Die Klasse „Reisebuero" im Projekt „Reise_3"

```
public class Reisebuero implements Anbieter
{
    private ReiseBefehl reiseBefehl;

    Reisebuero(ReiseBefehl reiseBefehl)
    {
        this.reiseBefehl = reiseBefehl;
    }

    @Override
    public void reiseBuchen(String ziel, Date von, Date bis)
    {
        reiseBefehl.buchen(ziel, von, bis);
    }
}
```

Die Änderungen, die in dieser Programmversion hinzugekommen sind, sehen Sie auf Bild 7.2. Doch welche Änderungen ergeben sich bei der Anwendung der Klassen? In der main-Methode der Testklasse, die Sie unter *www.patternsBuch.de* finden, ist folgendes Vorgehen vorgesehen: Zuerst werden zwei Objekte vom Typ `Anbieter` erzeugt. Diese Objekte werden an die Konstruktoren zweier Instanzen der Klasse `ReiseBefehl` übergeben. Die ReiseBefehl-Instanzen werden schließlich an die Konstruktoren der Anbieter als Argumente übergeben. Für den Anbieter ist es unerheblich, welcher Veranstalter im Hintergrund arbeitet. Er ruft immer nur die Methode `buchen()` seiner ReiseBefehl-Instanz auf.

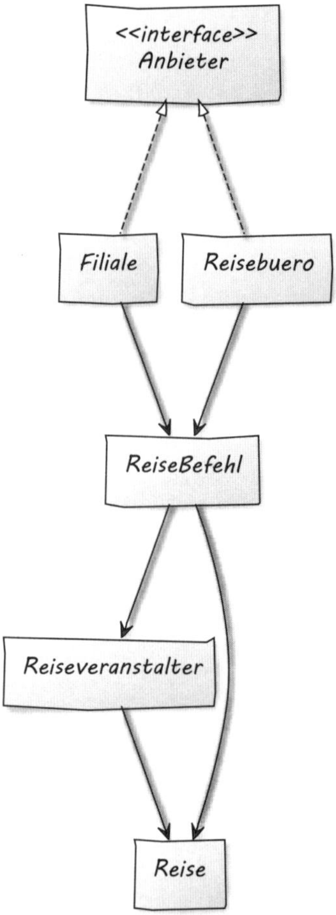

Bild 7.2
Klassendiagramm „Reise_3"

Was ist durch dieses Vorgehen gewonnen? Zunächst sieht es so aus, als wäre diese Lösung ziemlich umständlich - immerhin wird eine zusätzliche Klasse benötigt. Tatsächlich aber passieren verschiedene Dinge: Zunächst haben Sie doppelten Code soweit als möglich eliminiert. Damit können Sie problemlos weitere Reiseanbieter hinzufügen. Sie können auch ein- und denselben Reisebefehl an verschiedene Reiseanbieter übergeben. Außerdem sind die Anbieter jetzt von den Reiseveranstaltern genauso entkoppelt wie Sie vom Chef Ihres Unternehmens mit seinen Statistiken.

Probieren Sie's aus:

Bitte analysieren Sie den Testcode unter *www.patternsBuch.de* - der Schritt, dass ein Befehl in eine eigene Klasse ausgelagert wird, ist der Kern des Command Patterns.

Das Command Pattern kennt verschiedene Begriffe, die ich zum Abschluss der Einführung formaler darstellen möchte. Es gibt den *Aufrufer* oder *Invoker*; das ist der Chef des Unternehmens, der eine Statistik anfordert, das ist aber auch ein Anbieter, der eine Reise verkauft. Der Aufrufer bedient sich eines *Befehls* oder auch eines *Command*; das ist zum Beispiel eine Instanz der Klasse `ReiseBefehl`; ein Command-Objekt ist aber auch Ihr Abteilungsleiter. Und schließlich gibt es diejenigen, die den Befehl ausführen, das sind die *Empfänger* oder *Receiver* – zum Beispiel die Unternehmen, die die Reisen tatsächlich durchführen.

7.2 Command in der Klassenbibliothek

Wo finden Sie das Command Pattern in der Klassenbibliothek wieder? Ich möchte Ihnen in diesem Abschnitt zwei Beispiele vorstellen.

7.2.1 Beispiel 1: Nebenläufigkeit

Wenn Sie in einem Programm Nebenläufigkeit umsetzen wollen, legen Sie ein Objekt vom Typ `Runnable` an. Das Interface `Runnable` verlangt, dass Sie die Methode `run()` überschreiben. In dieser Methode wird sich der Code finden, der nebenläufig ausgeführt werden soll. Sie können die Ausführung des Befehls auf zwei Arten realisieren: Entweder führt das Runnable-Objekt den Code selbst aus oder es delegiert die Ausführung an ein anderes Objekt. In unserem Beispiel hat das Reisebüro-Objekt den Befehl, eine Reise durchzuführen, an den Reiseveranstalter delegiert. Es ist jedoch nicht zwingend, den Befehl vom Empfänger ausführen zu lassen. Denkbar wäre auch, die gesamte Geschäftslogik oder zumindest einen Großteil davon vom Command ausführen zu lassen.

Folgend demonstriere ich das Vorgehen, wobei das Runnable eine Instanz einer anonymen Methode ist.

```
Runnable runnableDemo = new Runnable()
{
    @Override
    public void run()
    {
        // ... nebenläufiger Code
    }
};
```

Sie erzeugen eine Instanz der Klasse `Thread` und übergeben eine Instanz dieser Klasse an den Konstruktor:

```
Thread threadDemo = new Thread(runnableDemo);
```

Und schließlich rufen Sie auf der Thread-Instanz die Methode `start()` auf, was dazu führt, dass der Code einer Klasse vom Typ `Runnable` ausgeführt wird. Die Thread-Klasse ist als Invoker mit dem Receiver genauso lose gekoppelt wie die Reiseanbieter mit den Reiseveranstaltern. – Und natürlich genauso lose wie der Chef Ihres Unternehmens mit Ihnen.

```
threadDemo.start();
```

Es ist zwar offensichtlich, aber beachten Sie bitte, dass das Runnable kein Verhalten der Klasse `Thread` definiert. Das Interface `Runnable` und die vorgeschriebene Methode `run()` sind lediglich dafür geschaffen, dass ein Objekt einen Befehl eines fremden Objekts ausführen kann, von dessen Definition es keine Kenntnis hat. Wenn ich das Prinzip salopp formulieren darf: Die Steckdose liefert an einer definierten Schnittstelle Strom – ob damit eine Lampe, ein Computer oder eine Waschmaschine betrieben wird, ist ihr ziemlich schnuppe. Keines der genannten Geräte definiert Verhalten der Steckdose.

7.2.2 Beispiel 2: Event-Handling

Sie programmieren eine GUI. Auf der GUI soll es einen Button geben, der vom Anwender aktiviert werden kann. Sie übergeben dem Button einen ActionListener, der den Code enthält, der ausgeführt werden soll, wenn der Button aktiviert wird. Ein Objekt vom Typ `ActionListener` muss die Methode `actionPerformed()` überschreiben. Wenn der Button aktiviert wird, wird diese Methode aufgerufen. Um das Vorgehen zu demonstrieren, legen Sie eine anonyme Klasse an:

```
ActionListener actionListener = new ActionListener()
{
    @Override
    public void actionPerformed(ActionEvent e)
    {
        // ... irgendwas
    }
};
```

Sie legen außerdem folgenden Button an:

```
JButton btnBeispiel = new JButton("Non-Sense");
```

Und schließlich übergeben Sie das Command-Objekt, den ActionListener, an diesen Button:

```
btnBeispiel.addActionListener(actionListener);
```

Ist Ihnen aufgefallen, dass dieser Code dem der Nebenläufigkeit ziemlich ähnlich ist? Die Logik ist in der Tat die gleiche: Sie benötigen ein Objekt von einem bestimmten Typ, an dessen vorher definierte Schnittstelle (im einen Fall `run()`, im anderen Fall `actionPerformed()`) ein anderes Objekt Nachrichten schicken kann. Wenn der Invoker die definierte Methode des Command-Objekts aufgerufen hat, ist für ihn die Arbeit getan. Der Programmierer hat festgelegt, was passieren soll, wenn der Invoker aktiv geworden ist. Der Invoker hat aber keine Kenntnis davon, wie es passiert – und genau diese Kenntnis muss und darf er auch gar nicht haben.

7.3 Befehlsobjekte wiederverwenden

Die Klassen JButton und JMenuItem haben die gleiche Oberklasse AbstractButton. Sie können den ActionListener aus dem vorigen Abschnitt also wiederverwenden und gleichzeitig an den MenuItem im Hauptmenü Ihrer Oberfläche einfügen:

```
JMenuItem mtmBeispiel = new JMenuItem("Non-Sense");
mtmBeispiel.addActionListener(actionListener);
```

Im nächsten Absatz gehen Sie noch einen Schritt weiter.

7.3.1 Das Interface „Action"

Das Interface Action erweitert das Interface ActionListener. Sowohl Action als auch ActionListener können Sie als Command an einen Aufrufer übergeben. Die Bindung zwischen Aufrufer und Command-Objekt ist bei einem Objekt vom Typ Action sehr viel enger. Das Interface Action sieht unter anderem die Methode setEnabled() vor, die festlegt, ob das Action-Objekt aktiviert oder deaktiviert ist. Außerdem können Sie mit einem Action-Objekt Text und Icon des Aufrufers bestimmen.

Erinnern Sie sich an das, was beim Template Method Pattern gesagt wurde? In diesem Kontext habe ich Ihnen die Klasse AbstractListModel als schablonenhafte Implementierung des ListModels vorgestellt. Die Klasse AbstractListModel überschreibt alle Methoden, für die ein Standardverhalten sinnvoll realisiert werden kann. Die Methoden, die kontextabhängig sind, um beispielsweise die Datenbasis zu beschreiben, werden an Subklassen delegiert. Genau das Gleiche findet auch hier statt. Das Interface Action gibt den Algorithmus vor und die Klasse AbstractAction implementiert diesen teilweise. Die Logik, wie der Status zu ändern ist, ist bereits implementiert; wenn Sie den enabled-Status des Action-Objekts ändern, wird der Status des Invoker ebenfalls geändert. Dieses Verhalten dürfte in den meisten Fällen sinnvoll sein; Sie können es jedoch überschreiben. Einem Standardverhalten entzieht sich allerdings die Methode actionPerformed(), die Sie zwingend überschreiben müssen.

7.3.2 Verwendung des Interface „Action"

Ich möchte Ihnen mit dem folgenden Beispiel die Wiederverwendbarkeit von Commands demonstrieren. Unter *www.patternsBuch.de* finden Sie das Projekt „Action". Darin werden zwei Buttons und zwei Menü-Items angelegt. Jeweils einem Button und einem Menü-Item – zwei unterschiedlichen Aufrufern also – wird das gleiche Action-Objekt – ein Command-Objekt – übergeben.

Sie legen einen Button und ein Menü-Item an.

```
JMenuItem mnAusblenden = new JMenuItem();
JButton btnAusblenden = new JButton();
```

Diese werden einer GUI hinzugefügt. Außerdem wird ein Command-Objekt, ein Objekt vom Typ `Action`, angelegt. Der Konstruktor der Klasse nimmt einen String entgegen, der den Anzeigetext des Aufrufers enthält. Die einzige Methode, die überschrieben werden muss, ist die Methode `actionPerformed()`. Wenn sie ausgelöst wird, deaktiviert sie das Objekt. Die Standardimplementierung der Klasse `AbstractAction` sieht vor, dass die Invoker ebenfalls deaktiviert werden.

```
AbstractAction action = new AbstractAction("De-aktivieren")
{
    @Override
    public void actionPerformed(ActionEvent evt)
    {
        this.setEnabled(false);
    }
};
```

Sowohl Button als auch Menü-Item werden mit demselben Command-Objekt versorgt.

```
btnAusblenden.setAction(action);
mnAusblenden.setAction(action);
```

Der Text, den Sie dem Konstruktor übergeben haben, wird von beiden Komponenten als Anzeigetext verwendet. Wenn Sie entweder den Button oder das Menü-Item anklicken, werden sowohl Button als auch Menü-Item deaktiviert. Bild 7.3 zeigt Ihnen, wie die GUI aussieht.

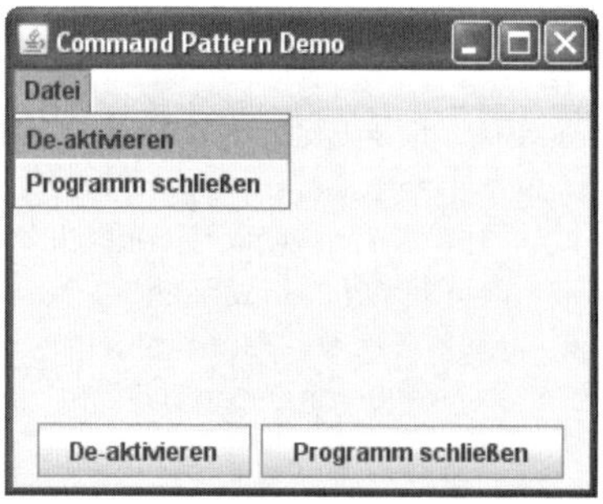

Bild 7.3
Gleiche Beschriftungen und gleiche Aktionen

7.4 Undo und redo von Befehlen

In diesem Abschnitt beschreibe ich einen letzten Aspekt des Command Patterns. Befehle können rückgängig gemacht und wiederhergestellt werden. Ich habe Ihnen unter *www.patternsBuch.de* zwei Beispiele hinterlegt. Das erste Beispiel ist ziemlich einfach gehalten. Das zweite ist ein wenig umfangreicher; ich werde den Quelltext nur in groben Zügen vorstellen – ich möchte Ihnen mit diesem Beispiel etwas zum Tüfteln für lange Winterabende anbieten.

7.4.1 Ein einfaches Beispiel

Das erste Beispiel zeigt, wie ein Radio mit dem Command Pattern bedient werden kann. Es gibt vier sehr simple Befehle: anschalten, ausschalten, lauter stellen und leiser stellen. Alle Befehle implementieren das Interface `Command`, das zwei Methoden vorschreibt. Die Methode `execute()` führt den Befehl aus, die Methode `undo()` gibt einen Befehl zurück, der ausgeführt werden muss, um die eigene execute-Methode rückgängig zu machen.

Listing 7.7 Interface „Command" im Projekt „RadioCommand"

```
public interface Command
{
    void execute();
    Command undo();
}
```

Den Befehl zum Anschalten des Radios möchte ich stellvertretend für alle anderen Befehle besprechen. Dem Konstruktor des Command wird ein Objekt vom Typ `Radio` übergeben. Auf diesem Objekt wird der Befehl ausgeführt. Wenn also die Methode `execute()` aufgerufen wird, schaltet der Befehl das Radio an. Wird die Methode `undo()` aufgerufen, wird das Radio ausgeschaltet, der Anschalten-Befehl gibt also einen Ausschalten-Befehl zurück.

Listing 7.8 Der Anschalten-Befehl im Projekt „RadioCommand"

```
public class AnschaltenCommand implements Command
{
    private Radio RADIO;

    public AnschaltenCommand(Radio radio)
    {
        this.RADIO = radio;
    }

    @Override
    public void execute()
    {
        System.out.println("Das Radio wird angeschaltet.");
        RADIO.anschalten();
    }

    @Override
    public Command undo()
    {
        return new AusschaltenCommand(RADIO);
    }
}
```

Das Radio muss nun die entsprechenden Methoden zur Verfügung stellen, damit die Commands ausgeführt werden können.

Listing 7.9 Gekürzter Quelltext der Klasse „Radio“ im Projekt „RadioCommand“

```
public class Radio
{
    private int lautstaerke = 0;

    public void anschalten()
    {
        lautstaerke = 1;
        System.out.println(">Radio: Ich bin an.");
    }

    public void ausschalten()
    {
        lautstaerke = 0;
        System.out.println(">Radio: Ich bin jetzt aus.");
    }

    // ... gekürzt
}
```

Das Radio ist in der Terminologie des Command Patterns der Receiver, der den Befehl ausführt. Invoker ist eine Klasse Logbuch, an die der Kontext den Befehlsaufruf und das Undo schickt. Der Invoker protokolliert alle Befehlsaufrufe. Dies ermöglicht dem Kontext, den jeweils letzten Befehl rückgängig zu machen.

Listing 7.10 Invoker im Projekt „RadioCommand“

```
public class Logbuch
{
    private List<Command> history = new ArrayList< >();

    public void execute(Command command)
    {
        history.add(command);
        command.execute();
    }

    public void undo()
    {
        int groesse = history.size();
        if(groesse > 0)
        {
            Command command = history.remove(groesse - 1);
            Command undoCommand = command.undo();
            System.out.println("\tundo: " + undoCommand);
            undoCommand.execute();         }
    }
}
```

Die Testklasse erzeugt ein Objekt vom Typ Radio. Außerdem werden die Commands erzeugt und mit dem Radio parametrisiert. An das Logbuch werden die Befehle dann übergeben und zur Ausführung gebracht.

```
Radio radio = new Radio();
Command einschaltenCommand = new AnschaltenCommand(radio);
Command ausschaltenCommand = new AusschaltenCommand(radio);
Command leiserCommand = new LeiserCommand(radio);
Command lauterCommand = new LauterCommand(radio);

Logbuch logbuch = new Logbuch();

logbuch.execute(einschaltenCommand);
// ... gekürzt
logbuch.undo();
```

Lassen Sie uns im nächsten Abschnitt ein größeres Swing-Beispiel angehen!

7.4.2 Ein umfangreicheres Beispiel

Unter *www.patternsBuch.de* habe ich Ihnen das Projekt „Swing" hinterlegt, das die undo- und die redo-Funktionalität demonstriert. Auf der GUI des Programms finden Sie vier Buttons. Ein Button trägt die Beschriftung **red** und einer die Beschriftung **blue**. Wenn Sie einen dieser Buttons anklicken, werden blaue bzw. rote Linien auf die Leinwand gemalt. Der zuletzt ausgeführte Befehl wird in die Liste auf der linken Seite unten angehängt. Wenn Sie den Button **undo** klicken, wird der zuletzt ausgeführte Befehl rückgängig gemacht - gelöscht also. Er wird jedoch nicht wirklich gelöscht, sondern in die Liste der wiederherzustellenden Befehle rechts geschrieben. Wenn Sie **redo** klicken, wird der Befehl wieder hergestellt, was einem erneuten Aufruf entspricht. Wenn Sie einen Befehl der linken Liste markieren und auf **undo** klicken, wird der gewählte Befehl gelöscht. Genauso, wenn Sie einen Befehl der rechten Liste markieren und auf **redo** klicken, wird genau dieser Befehl wiederhergestellt. Auf Bild 7.4 sehen Sie, wie die GUI aussehen wird. Ich habe ein paar Linien gezeichnet und wieder gelöscht.

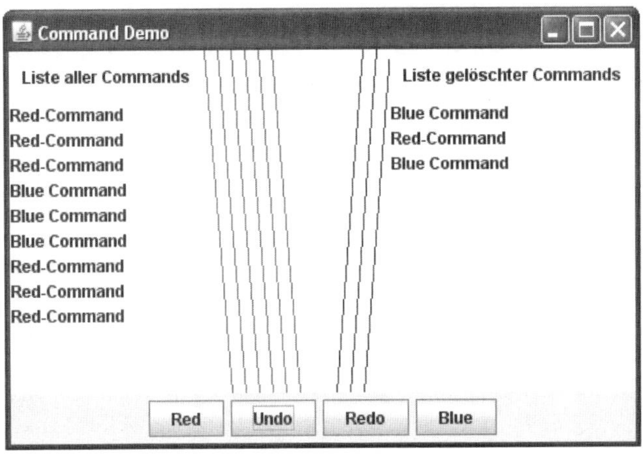

Bild 7.4 GUI des Projekts „Swing"

Die Idee für dieses Projekt geht auf James W. Cooper („Java Design Patterns: A Tutorial", Addison-Wesley, 2000) zurück.

7.4.3 Besprechung des Source Codes

Den Source Code möchte ich Ihnen im Wesentlichen für die eigene Recherche überlassen. Ich stelle Ihnen daher folgend nur die wesentlichen Eckpunkte des Source Codes vor. Bild 7.5 zeigt Ihnen das Klassendiagramm des Projekts.

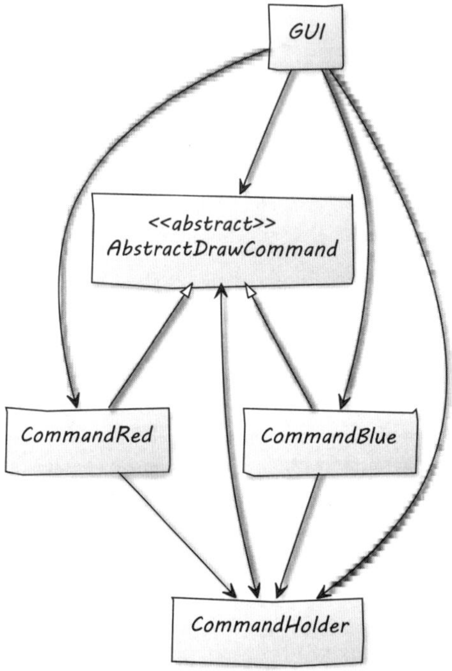

Bild 7.5
Klassendiagramm des Projekts „Swing"

7.4.3.1 Die beteiligten Klassen

Es gibt zwei Commands, den CommandBlue und den CommandRed. Die Commands haben teilweise gleichen Code, der in eine abstrakte Oberklasse ausgelagert wird. Invoker ist die GUI. Und schließlich finden Sie die Klasse CommandHolder, in der die Commands in der Reihenfolge ihrer Abarbeitung gespeichert werden. Invoker ist die GUI.

7.4.3.2 Aufgabe der GUI

Die Klasse GUI erstellt die Komponenten: ein JPanel als Leinwand, auf der die Linien gemalt werden, zwei JList-Instanzen, die die ausgeführten und die gelöschten Commands anzeigen. Und schließlich finden Sie auf der GUI vier Buttons, Instanzen der Klasse JButton. Der CommandHolder implementiert das Interface ListModel, kann also als Model für die Listen verwendet werden. Die Klasse GUI erzeugt zwei CommandHolder-Instanzen, eine für die Undo-Liste und eine für die Redo-Liste, und übergibt beide an die Konstruktoren der Befehle CommandRed und CommandBlue.

```
final CommandHolder UNDO_COMMANDS = new CommandHolder();
final CommandHolder REDO_COMMANDS = new CommandHolder();
private AbstractDrawCommand cmdRed =
                        new CommandRed(UNDO_COMMANDS, REDO_COMMANDS);
```

```
private AbstractDrawCommand cmdBlue =
                        new CommandBlue(UNDO_COMMANDS, REDO_COMMANDS);
```

Wenn der Button **BTN_RED** aktiviert wird, wird die Methode `execute()` der Instanz der Klasse `CommandRed` aufgerufen. Dieser zeichnet eine rote Linie auf die Leinwand – das Objekt CANVAS – und veranlasst sie, sich neu zu zeichnen.

```
BTN_RED.addActionListener(new ActionListener()
    {
        @Override
        public void actionPerformed(ActionEvent evt)
        {
            cmdRed.execute();
            CANVAS.repaint();
        }
    });
```

Der Listener für den Button `BTN_BLUE` sieht entsprechend aus. Bevor ich auf die Listener für undo und redo eingehe, möchte ich die Command-Klassen näher betrachten.

7.4.3.3 Arbeitsweise der Command-Klassen

Die Klassen `CommandRed` und `CommandBlue` definieren zwei unterschiedliche Befehle: Der eine Befehl zeichnet eine rote Linie, die nach rechts geneigt ist, der andere Befehl zeichnet eine blaue Linie, die nach links geneigt ist. Dabei muss jeder Command zwei Aufgaben erledigen: Er muss zunächst die Parameter für die Linien festlegen und außerdem muss er in der Lage sein, seine Linien so oft auf die Leinwand zu zeichnen, wie er aufgerufen wurde. Die Parameter der Linie, also Farbe, Abstand und Neigung, werden in den Subklassen gespeichert. Die Oberklasse hält in einem nichtstatischen Datenfeld die Information, wie oft der Command aufgerufen wurde.

Wenn nun die execute-Methode ausgeführt wird, wird zunächst der Zähler inkrementiert. Dann wird eine Referenz auf den Command an den CommandHolder übergeben, der alle Commands in der Reihenfolge ihres Aufrufs speichert. Wenn die Linien gezeichnet werden sollen, übergibt die Leinwand eine Referenz auf ihre Graphics-Instanz, den Stift, an den Command und veranlasst diesen, so viele Linien zu zeichnen, wie er aufgerufen wurde.

7.4.3.4 Undo und redo

Rechts und links neben der Leinwand sehen Sie zwei Listen, in der die Commands nacheinander gespeichert werden. Sie können ein beliebiges Command-Objekt selektieren und den undo-Befehl darauf aufrufen. Die Logik des undo ist im Befehl selbst definiert. Der Command dekrementiert seinen Zähler, löscht sich aus der undo-Liste und schreibt sich in die redo-Liste – zugegeben, im Gegensatz zu den Aufgaben realer Projekte ist diese Logik sehr einfach. Wenn Sie ein redo veranlassen, wird der Befehl aus der redo-Liste gelöscht und anschließend erneut ausgeführt, sprich die execute-Methode aufgerufen.

7.4.4 Undo und redo grundsätzlich betrachtet

In beiden Beispielen haben Sie eine vollkommene undo- und redo-Funktionalität. Das undo macht die Ausführung rückgängig und das redo entspricht exakt dem ursprünglichen execute-Befehl. In der Realität werden Sie auch auf Situationen treffen, in denen eine exakte Umkehrung gar nicht möglich ist. Wenn Sie beispielsweise in einem Supermarkt Schokolade gekauft haben, können Sie diese sicher nicht mehr zurückgeben. Denkbar sind aber auch Situationen, in denen ein Befehl nur teilweise rückgängig gemacht werden kann. Vielleicht haben Sie ein Buch gekauft. Der Händler nimmt das Buch zurück, erstattet Ihnen aber nicht das Geld, sondern gibt Ihnen einen Gutschein dafür. Damit ist der Zustand, wie er vorher bestand, nur teilweise wiederhergestellt. Sie sind zwar das Buch los, haben aber Ihr Geld nicht zurück.

7.5 Zusammenfassung

Bevor ich die Kernpunkte des Patterns zusammenfasse, möchte ich Sie auf eines aufmerksam machen: die Ähnlichkeit zum Chain of Responsibility Pattern. Beide Patterns entkoppeln Befehlsaufruf und Befehlsausführung. Bei der Chain of Responsibility schickt der Aufrufer seinen Befehl an eine Kette von möglichen Empfängern; er kann jedoch nicht wissen, ob und wie der Befehl verarbeitet wird. Beim Command Pattern gibt es einen klar definierten Befehlsausführer, den Receiver. Er ist mit dem Aufrufer, dem Invoker, lose gekoppelt.

Gehen Sie das Kapitel noch mal stichwortartig durch!

- Befehle werden in eigene Klassen ausgelagert: Eselsbrücke: den Reisebefehl „vor die Klammer ziehen".
- Das Command Pattern entkoppelt Aufrufer (Invoker) und Empfänger (Receiver).
- Eine Befehlsklasse kann den Aufruf selbst ausführen oder an eine ausführende Einheit delegieren.
- Jede Befehlsklasse kann mit einer anderen ausführenden Einheit parametrisiert werden: zum Beispiel verschiedene Reiseveranstalter.
- Der Invoker sendet ausschließlich an das Command-Objekt Nachrichten; er muss den Receiver nicht kennen.
- Invoker und Command-Objekt tauschen über definierte Schnittstellen Ihre Nachrichten aus.
- Ein Command-Objekt kann zur Laufzeit ersetzt werden.
- Ein Befehl kann rückgängig gemacht werden.
- Ein rückgängig gemachter Befehl kann wiederhergestellt werden.
- Das Command Pattern ermöglicht das Führen einer Historie.

Die Gang of Four beschreibt den Zweck des Patterns wie folgt:

Zweckbeschreibung:

Die Gang of Four beschreibt den Zweck des Patterns wie folgt:

„Kapsle einen Befehl als ein Objekt. Dies ermöglicht es, Klienten mit verschiedenen Anfragen zu parametrisieren, Objekte in eine Schlange zu stellen, ein Logbuch zu führen und Operationen rückgängig zu machen."

8 Strategy Pattern

Das *Strategy Pattern* ist ein Verhaltensmuster. Sie werden immer dann darauf zurückgreifen, wenn Sie eine Aufgabe mit unterschiedlichen Strategien lösen können; der Begriff *Strategie* ist in diesem Kontext ein Synonym für „Algorithmus“ oder für „Verhalten“. Beispiel: Sie haben ein Urlaubsfoto und möchten es entweder im jpg-Format oder im bmp-Format speichern. Sie möchten zur Laufzeit entscheiden, in welchem Format Sie das Bild speichern. Das Strategy Pattern löst für Sie die Aufgabe, dass Sie ein- und dieselbe Aufgabe mit unterschiedlichen Algorithmen implementieren können - eben ein Bild in unterschiedlichen Formaten zu speichern. Sie können problemlos neue Algorithmen - Strategien - hinzufügen.

8.1 Ein erster Ansatz

Um in die Materie hineinzufinden, werden Sie ein Array sortieren. Es gibt sehr viele Sortieralgorithmen, die in unterschiedlichen Bereichen ihre Vorteile haben. In diesem Kapitel werde ich drei Algorithmen vorstellen: den SelectionSort, den MergeSort und den QuickSort. Lassen Sie uns mit einem sehr naiven Ansatz starten. Sie haben eine Klasse, in der sämtliche Algorithmen in verschiedenen Methoden definiert sind. Sie geben zur Laufzeit an, welchen Algorithmus Sie aufrufen möchten. Abhängig von der Eingabe wird die relevante Methode aufgerufen.

Listing 8.1 Ein schlechter Ansatz im Projekt „NaiverAnsatz“

```
public class SchlechterAnsatz
{
    SchlechterAnsatz()
    {
        this.auswahlTreffen();
    }

    void auswahlTreffen()
    {
        String frage = "Wie sollen die Daten sortiert werden?";
        Object rueckgabe = JOptionPane.showInputDialog(null, frage,
                                                      "selection sort");
```

```
        String antwort = (String) rueckgabe;

        switch(antwort)
        {
            case "selection sort":
                sortiereMitSelectionSort();
                break;
            case "merge sort":
                sortiereMitMergeSort();
                break;
            case "quick sort":
                sortiereMitQuickSort();
                break;
            default:
                System.out.println("Unbekannte Auswahl");
        }
    }

    private void sortiereMitSelectionSort()
    {
        // ... Ausführung des Algorithmus ...
    }

    private void sortiereMitMergeSort()
    {
        // ... Ausführung des Algorithmus ...
    }

    private void sortiereMitQuickSort()
    {
        // ... Ausführung des Algorithmus ...
    }
}
```

Sie können diesen Ansatz verändern, indem Sie eine if-Anweisung anstelle der switch-Anweisung verwenden. Dennoch kommen Sie nicht darum herum, Fallunterscheidungen zu treffen. Es ist also sehr unübersichtlich, neue Algorithmen zu implementieren. Außerdem haben Sie sämtliche Algorithmen in einer Klasse definiert. Die ohnehin schon große Klasse enthält daher viel Code, den Sie unter Umständen niemals verwenden werden. Sie erkennen, dass der Source Code der Klasse sehr unflexibel ist; er ist der Albtraum eines jeden Wartungsprogrammierers. Lassen Sie uns also das Strategy Pattern betrachten, das diese Nachteile behebt.

8.2 Strategy in Aktion – Sortieralgorithmen

Das Prinzip des Strategy Patterns ist, dass Sie Algorithmen kapseln und sie austauschbar machen. Wie könnte das geschehen? Definieren Sie drei Klassen, die die drei Sortieralgorithmen definieren. Wenn diese drei Klassen vom gleichen Datentyp sind, kann der Kontext diese beliebig austauschen. Bild 8.1 zeigt das Klassendiagramm des Projekts, das in diesem Absatz besprochen werden wird. Sie finden es unter *www.patternsBuch.de.*

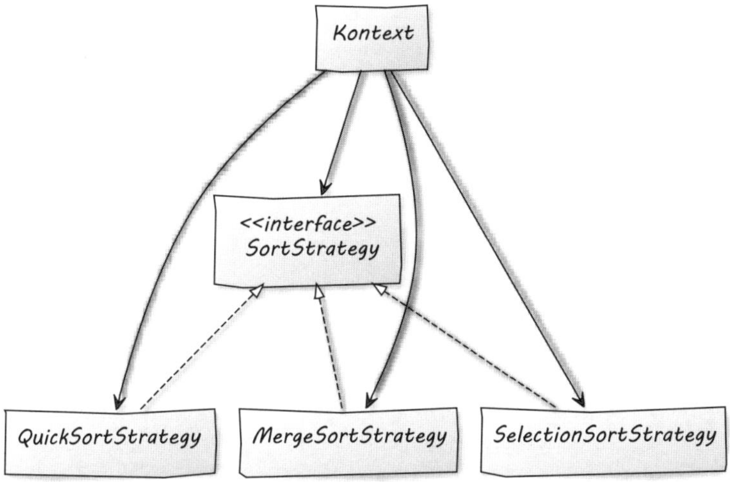

Bild 8.1 Klassendiagramm des Projekts „Sortieren“

8.2.1 Das gemeinsame Interface

Ich habe Ihnen drei Klassen mit den genannten Sortieralgorithmen unter *www.patternsBuch.de* hinterlegt. Sie alle implementieren das Interface `SortStrategy`. Das Interface schreibt die Methode `sort()` vor. Dieser Methode wird das zu sortierende int-Array übergeben.

Listing 8.2 Das Interface „SortStrategy“ im Projekt „Sortieren“

```
public interface SortStrategy
{
    void sort(int[] zahlen);
}
```

Ich beschreibe in der gebotenen Kürze die dahinterstehende Logik.

8.2.2 Prinzip des Selection Sort

Der *Selection Sort* durchsucht ein Array elementweise und sucht jeweils den kleinsten Wert. Der kleinste Wert wird an den Anfang des noch unsortierten Rest-Arrays geschrieben. Sie haben folgendes Array:

17	45	21	99	3	20

Im ersten Schritt wird die nullte Position, also der Wert 17, als kleinstes Element angenommen. Diese nullte Position wird mit jeder anderen folgenden Position verglichen. Dabei stellen Sie fest, dass es eine andere Position gibt, die den kleinsten Wert im Array enthält, nämlich die 3 an der vierten Position. Die beiden Positionen tauschen ihren Wert. Im zweiten Schritt haben Sie also folgendes Array:

3	45	21	99	17	20

Der kleinste aller Werte steht an der Position null. Sie fahren bei Position 1 fort. Der Wert 45 wird mit allen folgenden Werten verglichen – und dabei stellen Sie fest, dass die 17 an der vierten Position der kleinste Wert ist. Also tauschen Sie die Positionen 1 und 4. Nun sieht das Array wie folgt aus:

3	17	21	99	45	20

Jetzt vergleichen Sie die zweite Position, den Wert 21, mit allen folgenden Positionen und tauschen die 20 gegen die 21 und so weiter. Sie fahren fort, bis das Array insgesamt sortiert ist.

Die Klasse „SelectionSortStrategy" kapselt den Sortieralgorithmus.

Listing 8.3 Die Klasse „SelectionSortStrategy" kapselt den Algorithmus.

```
public class SelectionSortStrategy implements SortStrategy
{
    @Override
    public void sort(int[] zahlen)
    {
        for (int i = 0; i < zahlen.length - 1; i++)
        {
            for (int j = i + 1; j < zahlen.length; j++)
            {
                if (zahlen[i] > zahlen[j])
                {
                    int temp = zahlen[i];
                    zahlen[i] = zahlen[j];
                    zahlen[j] = temp;
                }
            }
        }
    }
}
```

Im folgenden Absatz werden Sie den Merge Sort kennenlernen.

8.2.3 Prinzip des Merge Sort

Der *Merge Sort* arbeitet nach dem Prinzip des „Teile und herrsche". Die zu sortierende Menge wird in zwei Teile geteilt. Lassen Sie uns folgendes unsortiertes Array nehmen:

17	45	21	99	2	20	15	12

Wenn Sie dieses Array teilen, haben Sie zwei Teile, die Werte 17, 45, 21, 99 auf der linken und 2, 20, 15, 12 auf der rechten Seite. Wenn Sie diese zwei Hälften erneut teilen, haben Sie folgende Teile:

Liste 1	17 und 45
Liste 2	21 und 99
Liste 3	2 und 20
Liste 4	15 und 12

Es ist offensichtlich nicht sinnvoll, die einzelnen Listen weiter zu teilen – also sortieren Sie sie jetzt:

Liste 1	17 und 45
Liste 2	21 und 99
Liste 3	2 und 20
Liste 4	12 und 15

Jetzt werden die sortierten Teillisten zusammengefügt, wobei darauf geachtet wird, dass die neuen Listen richtig sortiert sind:

17 und 45	21 und 99	2 und 20	12 und 15
17, 21, 45, 99		2, 12, 15, 20	
2, 12, 15, 17, 20, 21, 45, 99			

Dieser Algorithmus wird in der Klasse `MergeSortStrategy` gekapselt.

8.2.4 Prinzip des Quick Sort

Auch der *Quick Sort* arbeitet nach dem Prinzip „Teile und herrsche". Nehmen wir das unsortierte Array von oben:

17	45	21	99	2	20	15	12

Dieses Array wird wieder in zwei Teile geteilt. Sie berechnen einen Wert, ein Pivot-Element, so, dass etwa die Hälfte der Werte kleiner und die andere Hälfte größer als dieser Wert sind. Die kleineren Werte werden in die linke Liste geschrieben, die größeren in die rechte. Zur Demonstration nehme ich als Pivot-Wert den Wert 40. Sie haben also zwei Listen:

Linke Liste	17, 21, 3, 20, 15, 12
Rechte Liste	45 und 99

„Rein zufällig" enthält die rechte Liste nur zwei Werte - es ist also sinnlos, diese wieder zu teilen; sortieren Sie sie und Sie sind fertig damit. Betrachten Sie aber die linke Liste. Als Pivot-Wert könnten Sie 18 nehmen. Alle Werte, die kleiner als 18 sind, schreiben Sie links hin, die anderen rechts. Sie haben also:

Linke Liste	17, 3, 15, 12
Rechte Liste	21 und 20
Fertig sortiert	45 und 99

Die rechte Liste enthält „rein zufällig" wieder nur zwei Elemente, die Sie sortieren. Sie dürfen sie in die Zeile der fertig sortierten Werte schreiben:

Linke Liste	17, 3, 15, 12
Fertig sortiert	20, 21, 45 und 99

Die „linke Liste" teilen Sie wieder nach einem vorgegebenen Pivot-Element und so weiter.

> Sowohl Merge Sort als auch Quick Sort arbeiten rekursiv. Quick Sort ist dann schnell, wenn Sie es schaffen, in jedem Schritt einen Pivot-Wert so zu berechnen, dass etwa jeweils gleich viele Zahlen in der linken und der rechten Liste stehen. ■

8.2.5 Der Kontext

Alle Sortieralgorithmen sind vom Typ `SortStrategy`. Sie können sich also darauf verlassen, dass sie die Methode `sort()` definieren, die den Sortiervorgang anstößt. Sie deklarieren innerhalb des Kontextes eine Variable, die eine Referenz auf die gewünschte Strategie hält. Eine Zugriffsmethode legt die korrekte Strategie fest. Wenn Sie das Array sortieren möchten, rufen Sie einfach die sort-Methode der Strategie auf:

Listing 8.4 Testmethode in der Klasse „Kontext" im Projekt „Sortieren"

```
public static void testeLaufzeit()
{
    int[] zahlen_1 = createArray(200000);
    int[] zahlen_2 = zahlen_1.clone();
    int[] zahlen_3 = zahlen_1.clone();
    Date start;
    Date ende;
    Long differenz;

    SortStrategy sortStrategy = new SelectionSortStrategy();
    start = new Date();
    sortStrategy.sort(zahlen_1);
    ende = new Date();
    differenz = ende.getTime() - start.getTime();
    System.out.println(differenz + " Millisekunden");

    sortStrategy = new MergeSortStrategy();
    start = new Date();
    sortStrategy.sort(zahlen_2);
    ende = new Date();
    differenz = ende.getTime() - start.getTime();
    System.out.println(differenz + " Millisekunden");

    sortStrategy = new QuickSortStrategy();
    start = new Date();
    sortStrategy.sort(zahlen_3);
    ende = new Date();
    differenz = ende.getTime() - start.getTime();
    System.out.println(differenz + " Millisekunden:");
}
```

Schauen Sie im folgenden Abschnitt, welche Vorteile das Pattern hat und wie Sie es variieren können.

8.2.6 Bewertung des Ansatzes und Variationen davon

Was halten Sie von diesem Ansatz? Sicher springt Ihnen ein Vorteil gleich ins Auge: Der Kontext ist sehr viel übersichtlicher! Doch es gibt noch zwei weitere Vorteile:

Das Projekt kann um beliebig viele Sortieralgorithmen erweitert werden. Wenn Sie den Heap-Sort implementieren möchten, definieren Sie eine neue Klasse, die das Interface `SortStrategy` implementiert. Der Kontext kann Ihre `HeapSortStrategy` sofort einsetzen. Prinzipiell muss der Kontext gar nicht wissen, wie sein Problem gelöst wird. Aber warum nur „prinzipiell"? Sie bieten eine Vielzahl von Algorithmen an, die alle die gleiche Aufgabe lösen. Damit ein Programmierer weiß, wann er welchen Algorithmus wählen soll, müssen Sie sehr genau dokumentieren, unter welchen Bedingungen welcher Algorithmus angemessen ist. Dabei werden Sie nicht vermeiden können, in der Dokumentation auch auf Implementierungsdetails einzugehen.

In der Implementierung oben haben Sie als Anwender festgelegt, welche Strategie Sie einsetzen möchten. Denkbar wäre aber auch, dass das Programm bei den Strategien nachfragt, wie gut sie eine bestimmte Aufgabe unter bestimmten Bedingungen lösen können. Ein Algorithmus, der die Daten im Hauptspeicher sehr effizient sortiert, kann versagen, wenn die Daten in einer Datei gespeichert sind und nicht vollständig in den Hauptspeicher geladen werden können. Der Kontext fragt also bei den Strategieklassen nach: „Wie gut löst du die Aufgabe unter der Bedingung, dass die Daten auf der Festplatte gespeichert sind?" Jede Strategieklasse gibt eine Bewertungszahl zurück, beispielsweise 50, 70 oder 90. Der Kontext wählt die Strategie aus, die die höchste Bewertungszahl zurückgibt.

Ein weiterer Vorteil des Strategy Patterns liegt in der Wiederverwendbarkeit der Algorithmen. Stellen Sie sich vor, Sie programmieren ein Office-Paket. Innerhalb der Tabellenkalkulation müssen Sie Daten sortieren können. Aber auch in der Textverarbeitung möchten Sie Daten sortieren. Die Algorithmen sind ja die gleichen, also können Sie sie wiederverwenden und sich bei der Tabellenkalkulation auf die Funktionalität beschränken, die typisch für die Tabellenkalkulation ist. Bei der Textverarbeitung programmieren Sie nur die Teile, die für eine Textverarbeitung typisch sind. Den Sortieralgorithmus können Sie wiederverwenden.

Im Beispiel oben habe ich vorausgesetzt, dass die zu sortierenden Daten an die Methode `sort()` übergeben werden. Diese Festlegung ist bei dieser Konstellation sicher sinnvoll. Denken Sie aber an eine Familie von Algorithmen, bei denen eine Implementierung sehr viele Parameter benötigt, eine andere Implementierung aber deutlich weniger. Aufgrund der gemeinsamen Schnittstelle müsste der Kontext dennoch alle Argumente übergeben – ein vermeidbarer Aufwand.

8.3 Das Strategy Pattern in der Praxis

Wo lässt sich das Strategy Pattern in der Java-Klassenbibliothek nachweisen? Im Bereich der GUI-Programmierung finden Sie das Strategy Pattern an mehreren Stellen. Da gibt es beispielsweise LayoutManager oder auch das Look and Feel; Container werden standardmäßig mit einer bestimmten Strategy versehen, die aber vom Anwender ausgetauscht werden kann.

Instanzen der Klasse `JPanel` werden benötigt, um Komponenten einer GUI zusammenzufassen. Standardmäßig wird hierbei das FlowLayout verwendet. Sie können das nachvollziehen, indem Sie folgenden Code ausführen:

```
JPanel pnlLayoutTest = new JPanel();
LayoutManager layout = pnlLayoutTest.getLayout();
System.out.println(layout);
```

Auf der Konsole wird *java.awt.FlowLayout[hgap=5,vgap=5,align=center]* ausgegeben. Sie können die Strategy `FlowLayout` ersetzen, indem Sie mit `pnlLayoutTest.setLayout(layoutManager)` eine neue Strategy übergeben. Die Variable `layoutManager` muss vom Typ `LayoutManager` sein.

Das Interface `LayoutManger` schreibt fünf Methoden vor. Die Methoden `addLayoutComponent()` und `removeLayoutComponent()` werden gebraucht, wenn Sie die Komponenten des JPanel mit einem String ansprechen möchten, sonst dürfen die Methodenrümpfe auch leer bleiben. Die Methode `preferredLayoutSize()` berechnet die optimale Größe des JPanel und gibt diese zurück, während `minimumLayoutSize()` die Mindestgröße des JPanel berechnet und zurückgibt. Die Positionierung der Komponenten wird durch die Methode `layoutContainer()` vorgenommen. In dieser Methode werden jeder Komponente mit `setBounds()` horizontale und vertikale Position sowie Breite und Höhe zugewiesen.

Unter *www.patternsBuch.de* finden Sie das Projekt „LayoutStrategy", in dem ich den Layout-Manager – die Strategie – `ZweiSpaltenLayout` hinterlegt habe. Wenn Sie auf dem JPanel Komponenten platzieren, werden diese in zwei Spalten angezeigt. Ziehen Sie die GUI in die Breite, werden die Komponenten der rechten Spalte entsprechend vergrößert. Bild 8.2 zeigt Ihnen, wie eine GUI aussehen kann, die Sie mit dem `ZweiSpaltenLayout` erstellen.

Bitte beachten Sie, dass die Implementierung des `ZweiSpaltenLayout` ausgesprochen einfach gehalten ist – es ist sicher weit davon entfernt, als perfekt zu gelten. Ich möchte Ihnen mit diesem Beispiel lediglich demonstrieren, wie Sie eine eigene Strategie, einen eigenen LayoutManager, entwerfen und einsetzen können.

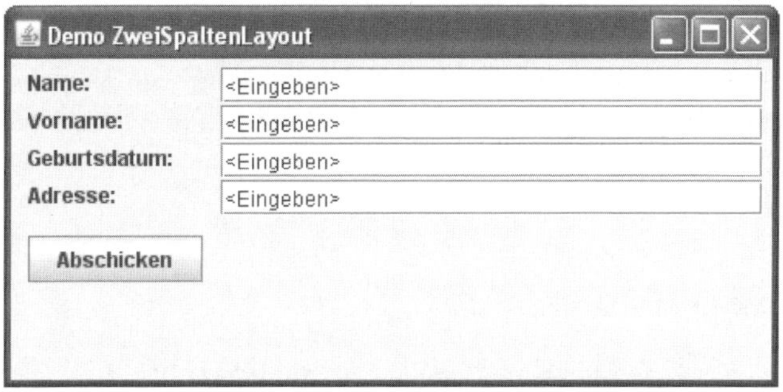

Bild 8.2 Positionierung von Komponenten mit dem ZweiSpaltenLayout

8.4 Abgrenzung zu anderen Mustern

Sie kennen das Command Pattern und das State Pattern und in diesem Kapitel haben Sie das Strategy Pattern kennengelernt. Bei allen drei Patterns wird Verhalten gekapselt. Die Klassendiagramme von State und Strategy sehen sogar ziemlich identisch aus. Sie behalten den Überblick, indem Sie sich die unterschiedlichen Ziele vergegenwärtigen:

Beim Command Pattern kapseln Sie Befehle. Sie benötigen es, um allen Buttons auf Ihrer GUI unterschiedliche ActionListener zu übergeben. Dabei gilt: Ein Befehl öffnet eine Datei, ein anderer speichert sie. Das Command Pattern beschreibt kein Verhalten des aufrufenden Objekts.

Das Strategy Pattern kapselt Algorithmen. Verhalten eines Objekts wird auf unterschiedliche Art umgesetzt: Es gibt viele Algorithmen, um Dateien zu komprimieren, zu verschlüsseln oder Daten zu sortieren. Sie werden aber immer nur einen einzigen Algorithmus brauchen. Also wählen Sie aus der Vielzahl von Strategien die eine aus, die Ihre Aufgabe am effizientesten löst.

Mit dem State Pattern kapseln Sie Zustandsausprägungen. Das Verhalten eines Objekts orientiert sich an seinem Zustand. Wenn ein Objekt einen bestimmten Zustand hat, zeigt es ein anderes Verhalten als in einem anderen Zustand. Denken Sie an das offene Tor – das Tor kann geschlossen, aber nicht abgeschlossen werden. Nur ein geschlossenes Tor kann auch abgeschlossen werden.

8.5 Zusammenfassung

Gehen Sie das Kapitel noch mal stichwortartig durch!

- Strategy wird eingesetzt, wenn Sie für eine Aufgabe mehrere Algorithmen haben.
- Jeder Algorithmus wird in einer eigenen Klasse definiert.
- Alle Strategy-Klassen implementieren das gleiche Interface.
- Der Kontext wird gegen die Schnittstelle programmiert.
- Zur Laufzeit wird ein Algorithmus an den Kontext übergeben.
- Der Kontext ruft die Lösungsstrategie, den Algorithmus auf, ohne zu wissen, welcher Algorithmus dahintersteht.
- Der Algorithmus kann wiederverwendet werden.

Zweckbeschreibung:

Die Gang of Four beschreibt den Zweck des Patterns wie folgt:

„Definiere eine Familie von Algorithmen, kapsle jeden einzelnen und mache sie austauschbar. Das Strategiemuster ermöglicht es, den Algorithmus unabhängig von ihn nutzenden Klienten zu variieren.“

9 Iterator Pattern

Java kennt verschiedene Sammlungen, beispielsweise die Klassen `ArrayList` und `LinkedList`. Die Daten werden in diesen Klassen intern unterschiedlich gespeichert. Für den Client ist es aber von Interesse, dass er ohne Kenntnis der internen Struktur über die Daten iterieren kann. In diesem Kapitel werden Sie sich ausführlich mit Sammlungen beschäftigen und die Klassen `ArrayList` und `LinkedList` nachbilden. Sie werden außerdem eine Schnittstelle erstellen, mit der Sie über diese Klassen iterieren können.

9.1 Zwei Möglichkeiten, Daten zu speichern

In den folgenden Abschnitten werde ich Ihnen zwei Möglichkeiten zeigen, wie Sie Sammlungen erzeugen können.

9.1.1 Daten in einem Array speichern

Die erste Sammlung, die Sie irgendwann einmal kennengelernt haben, war sicher das Array. In einem Array speichern Sie beliebig viele Elemente eines bestimmten Datentyps. Mit der Deklaration `int[] zahlen = new int[5]` legen Sie ein Array an, das fünf int-Zahlen speichern kann. Sie greifen sehr performant auf die einzelnen Speicherbereiche zu. Ein Array hat den Nachteil, dass es sich nicht vergrößern lässt. Das ist unpraktisch, wenn sich herausstellt, dass mehr Daten gespeichert werden sollen, als ursprünglich vorgesehen war.

Basis für die erste Sammlung soll ein Array sein. Das Array wird vom allgemeinen Typ `Object` sein. Initial sollen fünf Objekte referenziert werden können. Um verschiedene Datentypen typsicher speichern zu können, legen Sie die Klasse generisch an.

Listing 9.1 Datenbasis im Projekt „Sammlungen_1“

```
public class MyArray<E>
{
    private int zaehler = 0;
    private Object[] elemente = new Object[5];
}
```

Um ein neues Element einzufügen, definieren Sie die Methode `add()`. Ihr wird ein Argument vom generischen Typ übergeben. Dieses Element wird an der nächsten freien Stelle im Array gespeichert. Das Datenfeld `zaehler` speichert diese Position. Wenn bereits fünf Elemente gespeichert werden und ein sechstes hinzukommen soll, muss die Datenbasis erweitert werden. Da ein Array nicht vergrößert werden kann, bleibt nur der Weg, das Array neu zu definieren. Allgemein: Wenn die nächstfreie Position gleich der Anzahl Elemente ist, muss die Größe des Arrays um einen bestimmten Wert vergrößert werden. Im Beispiel soll die Arraygröße um weitere fünf Elemente vergrößert werden.

Listing 9.2 Elemente in der Sammlung speichern

```
public void add(E e)
{
    if (zaehler == elemente.length)
    {
        Object[] tempArray = new Object[zaehler + 5];
        System.arraycopy(elemente, 0, tempArray, 0, zaehler);
        elemente = tempArray;
    }
    elemente[zaehler] = e;
    zaehler++;
}
```

Der Client möchte vielleicht erfragen, wie viele Elemente in der Sammlung gespeichert sind. Dafür reicht es, dass Sie die Position des nächstfreien Elements zurückgeben.

Listing 9.3 Anzahl gespeicherter Elemente bekanntgeben

```
public int size()
{
    return zaehler;
}
```

Die Sammlung erfüllt ihren Sinn erst dann, wenn die einzelnen Elemente zurückgegeben werden können. Hierzu legen Sie die Methode `get()` an, die als Parameter einen Index erwartet, der die Stelle des gesuchten Elements in der Datenbasis beschreibt. Vor der Rückgabe wird der gespeicherte Wert auf den generischen Typ gecastet.

Listing 9.4 Ein Element an einer bestimmten Stelle zurückgeben

```
public E get(int index)
{
    return (E) elemente[index];
}
```

Wenn Sie ein Element löschen möchten, muss zunächst der Zähler dekrementiert werden. Das Element wird dann dadurch gelöscht, dass Sie die nachfolgenden Elemente jeweils um eine Stelle nach vorne verschieben.

Listing 9.5 Element an bestimmtem Index löschen

```
public void remove(int index)
{
    if (index == zaehler)
        zaehler--;
```

```
    else
    {
        System.arraycopy( elemente, index + 1,
                          elemente, index, elemente.length-1-index);
        elemente[zaehler--] = null;
    }
}
```

Die Sammlung, die Sie gerade entwickelt haben, entspricht der ArrayList der Klassenbibliothek. Sie ist optimal, wenn Sie auf einzelne Elemente über deren Index zugreifen müssen.

9.1.2 Daten in einer Kette speichern

Einen ganz anderen Ansatz verfolgen Sie, wenn Sie die einzelnen Elemente nicht in einem Array speichern, sondern in einer Kette. Jedes Element kennt seinen Nachfolger. Denkbar wäre auch, dass ein Element auch einen Vorgänger kennt; auf diese Möglichkeit gehe ich nicht weiter ein – das Projekt würde nur unnötig umfangreich, ohne das dahinterstehende Prinzip zu verändern.

Strings und alle anderen Objekte, die Sie in Ihrer Liste speichern möchten, nenne ich *Element*. Sie werden nicht in der Sammlung gespeichert, sondern in der Instanz einer inneren Klasse, die ich *Node* nenne. Die Klasse `Node` hat zwei Datenfelder, die das zu speichernde Element und das nachfolgende Node-Objekt speichern. Die Sammlung kann sich dann darauf beschränken, das erste Objekt (das Datenfeld `header`) zu referenzieren.

Listing 9.6 Die Klasse „MyList" im Projekt „Sammlungen_1"

```
public class MyList<E>
{
    private int zaehler = 0;
    private Node<E> header = null;

    private class Node<E>
    {
        private final E ELEMENT;
        private Node<E> nextNode;

        Node(E element, Node<E> next)
        {
            this.ELEMENT = element;
            this.nextNode = next;
        }
    }
}
```

Daten werden in die Sammlung eingefügt, indem ein neues Node-Objekt erzeugt wird. Dieses Objekt wird von der Variablen `header` referenziert und verdrängt das vorher als `header` gespeicherte Objekt. Das Feld `nextNode` des neuen header-Objekts referenziert den früheren `header`. Und schließlich muss der Zähler inkrementiert werden. Wenn Sie die Größe der Sammlung abfragen, wird der Zähler zurückgegeben.

Listing 9.7 Elemente einfügen und Größe der Datenbasis zurückgeben

```
public void add(E element)
{
    header = new Node(element, header);
    zaehler++;
}

public int size()
{
    return zaehler;
}
```

Um ein Element aus der Sammlung zu löschen, gehen Sie die Sammlung mit einer while-Schleife durch und prüfen, ob das referenzierte Element gleich dem gesuchten Element ist. In diesem Fall übergeben Sie die Referenz des nachfolgenden Node-Objekts an den Vorgänger des Node-Objekts, das das gesuchte Element referenziert. Anschließend dekrementieren Sie den Zähler. Die lokale Variable `previous` referenziert jeweils den Vorgänger des Node-Objekts, dessen Element gerade geprüft wird.

Listing 9.8 Ein bestimmtes Element löschen

```
public boolean remove(E element)
{
    Node<E> previous = null;

    Node<E> tempNode = header;
    while( tempNode != null )
    {
        if( equals( element, tempNode.ELEMENT))
        {
            if( previous == null )
                header = tempNode.nextNode;
            else
                previous.nextNode = tempNode.nextNode;
            zaehler--;
            return true;
        }
        previous = tempNode;
        tempNode = previous.nextNode;
    }

    return false;
}
```

Die Methode `get()` soll die gleiche Aufgabe lösen wie die get-Methode der Klasse `MyArray`. Da die Datenbasis jedoch nicht indexbasiert ist, können Sie das x-te Element in der Sammlung nicht direkt erfragen. Sie müssen die gesamte Sammlung durchgehen, bis Sie das x-te Element gefunden haben.

Listing 9.9 Ein indiziertes Element zurückgeben

```
public E get(int index)
{
    if (index < 0 || index >= zaehler)
        throw new NoSuchElementException(/* Fehlermeldung */);
```

```
    Node<E> tempNode = header;
    for (int i = 0; i < index; i++)
        tempNode = tempNode.nextNode;
    return tempNode.ELEMENT;
}
```

Die Klasse, die Sie gerade entwickelt haben, entspricht der Klasse `LinkedList` aus der Klassenbibliothek.

9.2 Aufgabe eines Iterators

Wenn Sie eine Sammlung anlegen, möchten Sie sicher auch über alle Elemente iterieren. Ein erster Ansatz könnte das Vorgehen der Testmethoden sein, die Sie zu beiden Klassen unter *www.patternsBuch.de* finden. Bitte analysieren Sie diese und lassen Sie sie laufen. In beiden Testmethoden iterieren Sie mit einer for-Schleife über die Datensammlung.

```
for (int i = 0; i < myList.size(); i++)
{
    System.out.println(myList.get(i));
}
```

Sie greifen mit der Methode `get()` auf jedes Element der Sammlung zu. Bei der Klasse `MyArray` ist das durchaus sinnvoll. Die Performance der Klasse `MyList` bleibt bei einem indexbasierten Zugriff auf ihre Elemente jedoch weit unter ihren Möglichkeiten. Es ist also sinnvoll, den Algorithmus, wie über die Sammlung zu iterieren ist, in eine eigene Klasse, den Iterator, auszulagern. Den Iterator können Sie sich wie ein Lesezeichen vorstellen, das Seite für Seite durch ein Buch geschoben wird. Der Iterator kennt die spezifischen Merkmale einer Sammlung und nutzt diese optimal.

Sie können einen Iterator als *internen Iterator* oder als *externen Iterator* entwerfen. Intern bedeutet, dass Sie die Aktion des Iterierens an den Iterator übergeben, der „selbstständig" über alle Objekte iteriert. Wenn Sie einen externen Iterator programmieren, lassen Sie sich das jeweils nächste Element zurückgeben und fragen ab, ob noch weitere Elemente vorhanden sind, die Sie anfordern können; es ist also die Aufgabe des Client, den Iterator voranzutreiben. Die größte Flexibilität erhalten Sie sich mit einem externen Iterator. Im Folgenden werde ich mich nur mit externen Iteratoren beschäftigen. Sie werden einen internen Iterator gleich beim Composite Pattern wiederfinden.

9.3 Das Interface „Iterator" in Java

Die Klassenbibliothek kennt das Interface Iterator, das eine Schnittstelle für alle erdenklichen Iteratoren darstellt. Mit hasNext() lassen Sie sich zurückgeben, ob noch weitere Elemente in der Datensammlung enthalten sind. Die Methode next() liefert das nächste Element in der Sammlung. Wenn der Client auf ein Element zugreifen möchte, das es nicht gibt, werfen Sie eine NoSuchElementException. Und remove() schließlich löscht das aktuelle Element aus der zugrunde liegenden Datensammlung. Die Methode remove() muss gemäß der Spezifikation nicht implementiert werden, sie darf eine UnsupportedOperation Exception werfen.

9.3.1 Der Iterator der Klasse „MyArray"

Die einfachste Form eines Iterators wird von der Methode iterator() zurückgegeben. Der Iterator speichert intern die Position, an der das Lesezeichen gesetzt wird. Die Methode next() gibt das jeweils nächste Element zurück, die Methode hasNext() liefert true zurück, wenn es weitere Elemente gibt.

Listing 9.10 Iterator der Klasse „MyArray" im Projekt „Sammlungen_2"

```
public Iterator<E> iterator()
{
    return new Iterator<E>()
    {
        private int position = -1;

        @Override
        public boolean hasNext()
        {
            return (position < size()) &&
                                     elemente[position + 1] != null;
        }

        @Override
        public E next()
        {
            position++;
            if(position >= size() || elemente[position] == null)
                throw new NoSuchElementException("...");
            E value = (E) elemente[position];
            return value;
        }

        @Override
        public void remove()
        {
            throw new UnsupportedOperationException("...");
        }
    };
}
```

Der nächste Abschnitt zeigt, wie Sie den Iterator verwenden.

9.3.1.1 Test des Iterators

Sie legen in der main-Methode zunächst eine Sammlung vom Typ MyArray an und speichern einige Strings darin.

```
MyArray<String> myArray = new MyArray<String>();
myArray.add("String 1");
// ...
myArray.add("String 6");
```

Danach lassen Sie sich einen Iterator zurückgeben und fragen in einer while-Schleife so lange Daten ab, bis keine weiteren Daten mehr in der Sammlung enthalten sind. Um die Exception zu provozieren, rufen Sie gezielt ein Element mehr ab, als gespeichert ist.

```
Iterator<String> iterator = myArray.iterator();
while(iterator.hasNext())
    System.out.println( iterator.next() );
// provoziert eine Exception
System.out.println(iterator.next());
```

Auf der Konsole wird nun jeder String ausgegeben. Anschließend wird die Exception geworfen.

9.3.1.2 Kritik am Iterator

Die Iteration wird nun sehr viel einfacher und da der Client-Code sich nicht ändert, sind die Listen austauschbar. Sie lassen sich zunächst einen Iterator geben und rufen so lange die Methode `next()` auf, wie die Methode `hasNext()` ein `true` zurückgibt. Die Beispiele sind sehr einfach gehalten, die Methode `iterator()` gibt als Iterator die Instanz einer anonymen Klasse zurück. Dieser Iterator geht die Datenbasis elementweise von vorne nach hinten durch. Diese Vereinfachung darf nicht darüber hinwegtäuschen, dass Sie als Programmierer frei sind, den Iterator so zu definieren, wie Sie es brauchen. Beispielsweise könnte der Iterator das Array von hinten nach vorne durchgehen. Alternativ wäre auch ein Iterator denkbar, der die Datenbasis zunächst kopiert und/oder sortiert, bevor er die einzelnen Elemente zurückgibt. Natürlich müssen Sie den Iterator nicht als anonyme Klasse definieren – Sie könnten auch eine Klasse außerhalb des Namensraums der Sammlung entwerfen.

9.3.2 Der Iterator der Klasse „MyList"

Die Klasse `MyList` ist intern anders aufgebaut. Die einzelnen Elemente werden nicht in einem Array gespeichert, sondern verlinkt. Welche Konsequenz hat das für den Iterator? Es wird im Gegensatz zu MyArray kein Zähler als Lesezeichen gespeichert, sondern das aktuelle Element. Initial wird das aktuelle Element auf den Header der Liste gesetzt.

Wenn Sie testen möchten, ob eine Sammlung weitere Elemente enthält, müssen Sie fragen, ob das aktuelle Element des Iterators ungleich `null` ist; in diesem Fall darf die Methode `hasNext()` ein `true` zurückgeben. Die Methode `next()` gibt den Inhalt des aktuellen Elements zurück und rückt den Zeiger auf das nächste Element um eine Stelle weiter.

Listing 9.11 Iterator der Klasse „MyList" im Projekt „Sammlungen_2"

```
public Iterator<E> iterator()
{
    return new Iterator<E>()
    {
        private Node current = header;

        @Override
        public boolean hasNext()
        {
            return (current != null);
        }

        @Override
        public E next()
        {
            if(current == null)
                throw new NoSuchElementException("...");

            E value = (E)current.ELEMENT;
            current = current.nextNode;
            return value;
        }

        @Override
        public void remove()
        {
            throw new UnsupportedOperationException();
        }
    };
}
```

Und wie wird dieser Iterator getestet?

9.3.2.1 Test des Iterators

Um den Iterator zu testen, legen Sie eine Instanz der Klasse `MyList` an und speichern in ihr verschiedene Strings. Sie lassen sich einen Iterator zurückgeben und iterieren über die komplette Sammlung. Natürlich habe ich auch bei diesem Test eine Abfrage zu viel eingebaut, um das Auslösen der Exception zu provozieren.

```
MyList<String> myList = new MyList<>();
myList.add("String 1");
// ...
myList.add("String 6");

Iterator<String> iterator = myList.iterator();
while(iterator.hasNext())
    System.out.println( iterator.next() );
System.out.println(iterator.next());
```

Wieder werden zunächst alle Strings und auf der Konsole ausgegeben; anschließend wird eine Exception geworfen.

9.3.2.2 Nutzen des Iterators

Den Besonderheiten der beiden Sammlungsklassen wird nun Rechnung getragen, ohne dass der Client das überhaupt mitbekommt. Sie erinnern sich, dass Sie beim Observer Pattern gesehen haben, dass Iteratoren anfällig sind für Probleme, die aus Nebenläufigkeit resultieren. Da Sie mehrere Iteratoren erzeugen können, ist es gar nicht so unwahrscheinlich, dass während der Iteration ein Element gelöscht wird. Sie stehen dann schnell vor der Situation, dass ein Iterator auf ein Element zugreifen möchte, das es gar nicht mehr gibt. Die Sammlungsklassen der Klassenbibliothek werfen in solchen Fällen eine `ConcurrentModificationException`.

9.4 Das Interface „Iterable“

Eine while-Schleife ist mit der for-Schleife verwandt. Anstelle der while-Schleife

```
while(iterator.hasNext())
{
    // ... Aktion
}
```

könnten Sie auch eine for-Schleife verwenden:

```
for(Iterator iterator = myList.iterator(); iterator.hasNext(); ;)
{
    // ... Aktion
}
```

Seit Java 5 haben Sie die for-each-Schleife. Iterieren wird sehr viel einfacher:

```
for (String tempString : liste)
    System.out.println(tempString);
```

Wie können Sie Ihre Sammlungen `MyList` und `MyArray` so vorbereiten, dass Sie sie in einer for-each-Schleife verwenden können? Sie müssen lediglich das Interface `Iterable` implementieren. Dieses Interface schreibt die Methode `iterator()` vor, deren Rückgabewert der Iterator der Sammlung ist.

Listing 9.12 Rahmen der Klasse „MyArray“ im Projekt „Sammlungen_3“

```
public class MyArray<E> implements Iterable<E>
{
    @Override
    public Iterator<E> iterator()
    {
        // ... wie vorher
    }
    // ... gekürzt
}
```

Jetzt können Sie die Klasse MyArray in einer erweiterten for-Schleife einsetzen:

```
MyArray<String> myArray = new MyArray<String>();
myArray.add("String 1");
// ...
myArray.add("String 6");

for(String tempString : myArray)
   System.out.println(tempString);
```

Bei der MyList funktioniert das entsprechend.

Suchen Sie in der API-Doku nach dem Interface `Iterable`. Ein Subinterface hiervon ist das Interface `Collection`. Dieses Interface wird von allen gängigen Sammlungen wie List und Set und von vielen weiteren implementiert. Daher dürfen Sie darauf vertrauen, dass alle Sammlungen die Methode `iterator()` definieren, die ein Iterator-Objekt zurückgibt.

Bei einer Map ist das Thema etwas vertrackter. Nehmen Sie als Beispiel eine HashMap, die aus drei Sammlungen besteht: einem KeySet für die Schlüssel, einer Collection für die Werte und einem EntrySet für die Verbindung zwischen beiden Sammlungen. Niemand kann im Voraus wissen, ob der Anwender über die Schlüssel oder über die Werte iterieren möchte; daher kann die HashMap keinen „Standard"-Iterator entwerfen. ■

Die for-each-Schleife ist für den Programmierer ein sehr nützliches Sprachkonstrukt. Doch obwohl dem Programmierer viel Arbeit abgenommen wird, hat der Compiler verhältnismäßig wenig Arbeit damit. Er schreibt die for-each-Schleife vor dem Übersetzen in eine while-Schleife um (Code-Rewriting) und lässt sich den Iterator geben. Wenn Sie mit der for-each-Schleife über ein Array iterieren, wird die Schleife in eine herkömmliche for-next-Schleife umgeschrieben und dann übersetzt.

Sie sehen an diesem Beispiel, wie Patterns Einzug in die Klassenbibliothek gefunden haben. Nicht nur der Name, sondern auch die Realisierung des Patterns entspricht der Beschreibung der GoF. ■

9.5 Zusammenfassung

Gehen Sie das Kapitel noch mal stichwortartig durch.

- Sammlungen sind intern unterschiedlich aufgebaut.
- Iteratoren sind Lesezeichen, die von einem Element zum nächsten verschoben werden.
- Sie ermöglichen es, ohne Kenntnis der internen Struktur über die Sammlung zu iterieren.

- Interne Iteratoren sind für das Voranschreiten des Iterators selbst verantwortlich.
- Bei externen Iteratoren ist der Client für das Voranschreiten verantwortlich.
- Ein Iterator hat, wenn er sich an der Java-Spezifikation orientiert, drei Methoden:
  - `remove()` löscht ein Element aus der Sammlung – die Methode muss nicht überschrieben werden.
  - `hasNext()` gibt `true` zurück, wenn die Sammlung weitere Elemente hat.
  - `next()` liefert das nächste Element der Sammlung zurück; gibt es kein Element, wird eine `NoSuchElementException` geworfen.
- Der Iterator wird von der Methode `iterator()` zurückgegeben.
- Die Definition des Iterators ist Aufgabe des Programmierers.
- Es kann mehrere Iterator-Klassen und mehrere Iterator-Instanzen geben.
- Während mindestens ein Iterator aktiv ist, darf die Datenbasis nicht geändert werden.
- Wenn eine Sammlung das Interface `Iterable` implementiert, kann mit der for-each-Schleife über sie iteriert werden.

Zweckbeschreibung:

Die Gang of Four beschreibt den Zweck des Patterns wie folgt:

„Bietet eine Möglichkeit, um auf die Elemente eines zusammengesetzten Objekts sequenziell zugreifen zu können, ohne die zugrunde liegende Repräsentation offenzulegen."

10 Objektorientierte Entwurfsprinzipien

Sie haben jetzt fast die Hälfte der Entwurfsmuster kennengelernt. Sie verfügen über einige Erfahrung im Umgang mit Patterns. Ich denke, dass jetzt der beste Zeitpunkt ist, um kurz stehenzubleiben und die Materie aus der Vogelperspektive zu betrachten.

10.1 Gegen Schnittstellen programmieren

Im Kapitel über das Observer Pattern habe ich auf die Notwendigkeit hingewiesen, gegen Schnittstellen zu programmieren. Was ist dadurch gewonnen? Was genau ist mit *Schnittstelle* gemeint? Die Rückfrage nach dem Begriff *Schnittstelle* ist geboten, weil es mir wichtig erscheint, ihn deutlich vom Begriff *Interface* abzugrenzen.

Die Objektorientierung verlangt, dass Sie die Attribute eines Objekts, den Zustand eines Objektes, kapseln. Ein Zugriff von außen soll nicht möglich sein. Auf die Attribute darf nur indirekt über Methoden zugegriffen werden. Jede Methode hat einen Bezeichner, eine Parameterliste und einen Rückgabewert – das ist die *Signatur* einer Methode. Alle öffentlichen Methoden zusammen bilden die *Schnittstelle eines Objekts*. Der *Typ* ist der Name für diese Schnittstelle.

Methoden müssen nicht zwingend definiert sein, es genügt, dass sie nur die Signatur deklarieren; sie sind dann abstrakt. Es ist Aufgabe der abgeleiteten Klassen, diese Methoden zu überschreiben. Abgeleitete Klassen sind der *Subtyp* der abstrakten Klasse, die in einer Vererbungshierarchie den *Supertyp* darstellt. Klassen mit abstrakten Methoden sind selbst abstrakt. Abstrakte Klassen können jedoch neben abstrakten Methoden auch nichtabstrakte Methoden definieren. Sie können sogar alle Methode definieren, so dass eine abstrakte Klasse gar keine abstrakten Methoden deklariert. Wenn eine Klasse ausschließlich abstrakte Methoden deklariert, können Sie als Java-Programmierer sie als *Interface* anlegen. Da Java keine Mehrfachvererbung erlaubt, ist die Einführung von Interfaces ein wichtiges Sprachelement. Sie können beliebig viele Interfaces implementieren, so dass ein Objekt vielen Schnittstellen entsprechen – oder auch „viele Rollen einnehmen“ kann. Auch wenn wir Java-Programmierer aus diesem Grund in der Regel Interfaces meinen, wenn wir von Schnittstellen sprechen, müssen Sie sich im Patterns-Umfeld immer vor Augen halten, dass Schnittstellen entweder Interfaces oder abstrakte Klassen sein können.

Seit Java 8 können in Interfaces statische und nichtstatische Methoden definiert werden. Es ist also möglich, von einem Interface Verhalten zu „erben". Der Unterschied zwischen abstrakter Klasse und Interface wird unschärfer - auch vor diesem Hintergrund ist es wichtig, den Begriff der Schnittstelle im Kontext Design Patterns weit auszulegen.

Der Unterschied zwischen abstrakter Klasse und Interface ist, dass Interfaces Rollen definieren, während abstrakte Klassen die Aufgabe haben, eine Vererbungshierarchie zu begründen. Interfaces sind im Gegensatz zu abstrakten Klassen stateless und wenn Sie in einem Interface eine Methode definieren, dann geben Sie der implementierenden Klasse ein Default-Verhalten mit. Sinnvoll ist das, wenn Sie ein Interface erweitern, aber nicht alle implementierenden Klassen anpassen wollen oder können.

Es ist in der Programmierung immer sehr unangenehm, wenn ein Interface erweitert wird; alle Klassen, die dieses Interface implementieren, müssen angepasst werden. Mit den Default-Methoden ist es deutlich einfacher geworden. Ich blende diesen Aspekt jedoch bewusst aus, um dieses Buch möglichst sprach- und versionsunabhängig zu halten. ■

Beim Observer Pattern und auch beim Mediator Pattern hatten Sie eine beliebig große Anzahl von Objekten, die miteinander in Beziehung standen. Erinnern Sie sich an die Weinhandels-Simulation? Sie können dort die Consumer genauso austauschen wie die Producer. Für den Mediator war es lediglich wichtig, dass er es mit Objekten vom Typ `ConsumerIF` oder `ProducerIF` zu tun hat. Welche konkrete Klasse sich dahinter verbirgt, ob ein privater Kunde oder ein Tante-Emma-Laden, spielt keine Rolle. Die Objekte sind lose gekoppelt und lose Kopplung spricht genau wie hohe Kohäsion für ein gutes Design.

Beim Observer Pattern konnten Sie sowohl Studenten als auch Angestellte in die Rolle `Beobachter` bringen. Für die Eventquellen war es lediglich wichtig, dass sie mit Objekten kommunizieren, die der erwarteten Schnittstelle `JobObserver` entsprechen und die Methode `update()` definieren. Sowohl die Anzahl als auch die Art der konkreten Implementierung der Beteiligten konnten in beiden Projekten variieren. Kann ich Sie davon überzeugen, dass Ihre Implementierung dadurch, dass Sie gegen eine Schnittstelle programmiert haben, wesentlich an Unabhängigkeit und Flexibilität gewonnen hat?

Falls nein, möchte ich als letztes Beispiel auf das letzte Kapitel verweisen. Sie haben sich mit Listen beschäftigt. Es gibt eine Vielzahl von Listen: `ArrayList`, `LinkedList` und viele weitere aus der Klassenbibliothek sowie natürlich die Listen, die Sie selbst programmieren. Alle diese Listen implementieren das Interface `List`. Wenn eine Methode nun eine Liste - allgemein gesprochen ein Objekt vom Typ `List` - zurückgibt, müssen Sie sich keine Gedanken über die dahinterstehende Implementierung machen. Die Methode `getList()` im unten stehenden Beispiel gibt irgendeine Liste zurück, deren Klasse Sie nicht kennen. Die Methode `testeListe()` ruft die Methode `getList()` auf und lässt sich eine Liste zurückgeben. Danach wird auf dem zurückgegebenen Objekt die Methode `size()` aufgerufen, die in der Schnittstelle `List` vorgeschrieben ist. An keiner Stelle innerhalb der Test-Methode ist es relevant, ob Sie sich die Größe einer `ArrayList`, einer `LinkedList` oder einer sonstigen anderen Liste zurückgeben lassen.

```
List liste;

void testeListe()
{
    liste = getList();
    System.out.println("Anzahl Elemente: " + liste.size() );
}

List getList()
{
    // ... gibt irgendein Objekt vom Typ „List" zurück
}
```

Sie entwickeln guten Code, wenn Sie sich an das Prinzip halten, das die GoF formuliert hat: *Programmiere auf eine Schnittstelle hin, nicht auf eine Implementierung.*

10.2 Single Responsibility Principle (SRP)

Ein Prinzip der objektorientierten Programmierung sagt, dass eine Klasse nur für eine einzige Sache zuständig sein soll - nicht mehr, aber auch nicht weniger. Dieses Prinzip nennt sich *Single Responsibility Principle* (Prinzip der einzigen Verantwortung). Dieses Prinzip geht zurück auf Robert Cecil Martin („Uncle Bob"), der das so formuliert hat: *„There should never be more than one reason for a class to change"*. Wenn Sie mit der Suchmaschine Ihres Vertrauens nach „Robert Martin" und „Single Responsibility" suchen, werden Sie folgenden Link finden:

http://www.objectmentor.com/resources/articles/srp.pdf

Sie haben das Single Responsibility Principle bereits in der Praxis kennengelernt. Erinnern Sie sich, dass ich, als ich das Singleton Pattern vorgestellt habe, darauf hingewiesen habe, dass dieses Pattern von manchen Programmierern als Antipattern betrachtet wird? Einer der Gründe ist, dass Singleton genau gegen dieses Prinzip verstößt: Da gibt es eine Klasse, die sowohl für die Erzeugung ihrer einzigen Instanz verantwortlich ist als auch für ihre eigentliche Geschäftslogik. Auch die Chain of Responsibility verstößt gegen dieses Prinzip. Die Aufgabe eines Händlers ist es, Produkte einzukaufen und zu verkaufen. Seine Aufgabe ist es nicht, den nächsten Händler über eine Kaufanfrage zu informieren. Aber warum konnten Sie in diesen Beispielen so einfach hinnehmen, dass gegen das Prinzip verstoßen wurde?

Auf der einen Seite werden Sie das SRP schätzen, weil es verhindert, dass in einem System eine God-Class entsteht. Wenn Zuständigkeiten getrennt sind, werden Ihnen Wartung und Test erleichtert. Auf der anderen Seite sagt niemand, dass Single Responsibility eine heilige Kuh ist, die niemals geschlachtet werden darf. Singleton und die Chain wären ohne großen Aufwand nicht zu realisieren gewesen, wenn Sie gegen das Prinzip nicht verstoßen hätten. Auch unabhängig von der Diskussion über Patterns ist es in der Praxis kaum durchführbar, einer Klasse wirklich nur eine einzige Aufgabe zuzuschreiben. Wenn Sie wissen, dass Sie gegen das Prinzip verstoßen und gute Gründe dafür haben, können Sie es auch gern verletzen. Streben Sie danach, Single Responsibility zu erreichen, aber haben Sie im Hinterkopf, dass das Prinzip keinen Selbstzweck hat. Es soll Ihnen helfen, die Kohäsion zu erhöhen und die Koppelung zu lockern. Es soll Sie aber keinesfalls dazu zwingen, ein umständliches Design zu wählen.

10.3 Inheritance may be evil

Code hat meistens Bestandteile, die sich nie oder selten ändern. Meistens gibt es aber auch Bestandteile, die sich ändern oder ändern können. **Identifizieren Sie die variablen Code-Teile und kapseln Sie diese.** Erinnern Sie sich an das Strategy Pattern? Sie hatten dort eine Vielzahl von unterschiedlichen Strategien zur Auswahl, um ein Array zu sortieren. Sie hatten in der allerersten Version eine Vielzahl von if-Anweisungen oder eine switch-Anweisung, die für die konkrete Situation die passende Strategie ermittelt haben. Dieser Ansatz war aus verschiedenen Gründen unbefriedigend: Sie haben in einer Klasse Code mitgeschleppt, den Sie im Zweifel niemals brauchen werden. Wenn Sie eine neue Strategie implementieren wollen, müssen Sie bestehenden, bereits getesteten Code ändern. Wenn eine Strategie geändert werden muss, beträfe diese Änderung den kompletten Code. Fehler werden sich garantiert einschleichen, wenn Sie an mehreren Stellen den Code ändern müssen. Beim State Pattern hatten Sie das gleiche Problem. In der Folge haben Sie in beiden Fällen variable Code-Anteile in einer eigenen Klasse definiert. Vergegenwärtigen Sie sich auch das Template Method Pattern. Hier mussten Teile des Algorithmus in Subklassen definiert werden. Oder denken Sie auch an das Command Pattern – Sie haben Befehle in eigenen Command-Klassen gekapselt. Möchten Sie noch mehr Beispiele? Denken Sie an den Iterator! Sie konnten keinen „Universaliterator" schreiben, weil Sie niemals alle Objekte vom Typ `List` kennen werden. Also haben Sie die Verantwortung dorthin abgegeben, wo sie hingehört, nämlich in die entsprechende Unterklasse. Anders formuliert: Sie kapseln den Zugriff auf ein Aggregat. Was ist da passiert? Sie haben in allen Mustern, die Sie bisher kennengelernt haben, variable Code-Teile identifiziert und gekapselt. In den meisten Fällen, Strategy und State zum Beispiel, haben Sie die betreffenden Code-Teile in neuen Klassen definiert. In einem anderen Fall – Template Method Pattern – wurde der variable Code-Teil in eine Unterklasse verschoben.

Generell ist es sinnvoll, Vererbung sehr zurückhaltend einzusetzen. In der Einleitung – Kapitel 1 – habe ich Ihnen am Beispiel einer Zoo-Software gezeigt, dass Vererbung Sie unter Umständen in ein nicht überschaubares System führen kann. Als Alternative habe ich Ihnen Komposition vorgeschlagen. Das Vorgehen entsprach genau dem, was Sie beim Strategy Pattern und beim State Pattern schon gesehen haben. Und tatsächlich greifen die meisten Patterns auf Komposition anstelle auf Vererbung zurück. Die GoF hat den Grundsatz aufgestellt: *„Ziehe Objektkomposition der Klassenvererbung vor."* Ihre Argumentation ist, dass *„Ihre Klassen und Ihre Klassenhierarchien [klein bleiben] und [...] sich mit geringerer Wahrscheinlichkeit zu unkontrollierbaren Monstern aus[wachsen]."*

Im Zusammenhang mit der Vererbung muss noch ein weiteres Prinzip angesprochen werden: das *Liskov Substitution Principle (LSP)*. Es besagt, dass sich Subtypen wie ihre Basistypen verhalten müssen: Der Basistyp muss durch den Subtyp ersetzt werden können. Dieses Prinzip klingt zunächst banal, doch seine Bedeutung darf nicht unterschätzt werden. Denken Sie an den Fall, dass eine Methode des Basistyps keine Exception wirft, die überschriebene Methode in der Subklasse schon. Wann kann diese Situation zum Problem werden? Ein Client wurde auf den Basistyp hin programmiert; er rechnet nicht damit, dass eine Exception geworfen werden könnte. Folglich kann er die Exception der Subklasse unter Umständen gar nicht sinnvoll verarbeiten. Oder - anderes Beispiel: Ein Punkt in einem dreidimensionalen Raum beschreibt seine Koordinaten anders als ein Punkt in einem zweidimensionalen Raum. Es ist daher nicht zulässig, hier eine Vererbungshierarchie zu bilden. Das LSP zwingt uns, jede Vererbungshierarchie genau zu überdenken und jede Subklasse darauf zu überprüfen, ob sie tatsächlich ein Subtyp der Basisklasse ist: Ein Programmierer **IST EIN** Mensch. Aber: Ein Rechteck **IST KEIN** Quadrat. Das LSP erinnert uns daher auch wieder daran, dass wir mit Vererbung zurückhaltend umgehen müssen.

10.4 Open/Closed Principle (OCP)

Das Offen-Geschlossen-Prinzip geht auf Bertrand Meyer zurück[1], der fordert, dass Module sowohl offen als auch geschlossen sind. Offen müssen sie sein, um die Funktionalität zu erweitern. Geschlossen müssen sie in der Hinsicht sein, dass Code nicht mehr geändert werden darf, um neue Funktionen zu implementieren. Meyer hat dieses Prinzip vor zwanzig Jahren beschrieben und dafür verschiedene Lösungsansätze entwickelt. Er entwirft in seinem Buch einige Lösungsansätze, verwirft sie und bietet als Lösung schließlich Vererbung an. Aus heutiger Sicht wird man Vererbung jedoch niemals als Lösung schlechthin betrachten. Wenn Sie heute Systeme entwickeln, die sowohl offen als auch geschlossen sind, greifen Sie auf Komposition und Entwurfsmuster zurück: Sie programmieren gegen Schnittstellen und ziehen Komposition der Vererbung vor. Vor allem beschäftigen Sie sich mit Design Patterns, denn deren heiligste Aufgabe ist es, Ihnen Wege aufzuzeigen, dass Ihre Systeme dem OCP entsprechen.

Ich möchte Ihnen zwei Beispiele zeigen, wie Patterns Ihnen helfen, Systeme zu entwickeln, die sowohl offen als auch geschlossen sind. Beim Template Method Pattern hatten Sie einen Algorithmus definiert, der so sensibel ist, dass er nicht mehr geändert werden darf. Ihr Produktmanager würde Bauchschmerzen bekommen, wenn Sie den Code noch mal anfassen wollten. Die Klasse ist vielleicht sogar schon getestet und an die Kunden ausgeliefert. Kurz gesagt: Niemals nicht und unter keinen Umständen werden Sie den Code mehr ändern wollen. Er ist geschlossen für Veränderung. Andererseits mussten Sie es Ihrem Kunden ermöglichen, Teile des Algorithmus neu zu definieren. Um das bestehende System zu erweitern, wird er eine Klasse schreiben, die von Ihrer Klasse erbt.

Vererbung ist aber nur ein Weg, um Systeme „offen und geschlossen" zu halten. Beim Strategy Pattern haben Sie das System so angelegt, dass jede Strategy in einer Klasse gekapselt

[1] Object-Oriented Software Construction, 2. Auflage, Prentice Hall.

ist. Wenn das System um einen neuen Sortieralgorithmus erweitert werden muss, reicht es, dass Sie eine weitere Klasse definieren, die den gewünschten Algorithmus ausführt. Der Anwender kann den Algorithmus verwenden, ohne bestehenden Code zu ändern.

10.5 Prinzip des rechten Augenmaßes

Im ersten Kapitel habe ich empfohlen, Patterns mit Bedacht einzusetzen, weil diese - wie Sie mittlerweile gesehen haben - fast immer voraussetzen, dass Sie zusätzliche Klassen oder Schnittstellen definieren müssen. Es sollte aber das Ziel von Programmierern sein, unspektakulären übersichtlichen Code zu produzieren. Sie werden regelmäßig entscheiden müssen, ob Sie ein Pattern einsetzen oder nicht. Bei dieser Entscheidung müssen Sie auf Ihre Erfahrung setzen. Es ist immer eine gute Idee, sich kritisch mit dem eigenen Code und dem Code anderer Programmierer zu beschäftigen und sich Gedanken darüber zu machen.

Der Einsatz von Mustern ist meist dadurch motiviert, dass Sie künftige Änderungen berücksichtigen möchten. Änderungen sind die Konstante der Softwareentwicklung. Dass Ihr Code wachsen wird, ist ein Naturgesetz. In der Literatur finden Sie daher oft den Rat, dass Sie Ihre Systeme immer mit Patterns spicken und zu allen Seiten offen halten sollen, um für alle möglicherweise in der Zukunft auftretenden Eventualitäten gerüstet zu sein. Diesen Ansatz unterstütze ich nicht. Wenn ich meine Software für alle Änderungen vorbereiten möchte, ist das erste Release sicher weit davon entfernt, sich auf einfach wartbaren unspektakulären Code zu stützen. Schreiben Sie hier und jetzt gute Programme, die hier und jetzt eingesetzt werden. Produzieren Sie schlanken Code, der im Bedarfsfall schnell überblickt und geändert werden kann: *so einfach wie möglich, so komplex wie nötig.*

Probieren Sie's aus:

Sie könnten, wenn Sie ein wenig Zeit investieren möchten, die Patterns, die Sie bisher kennengelernt haben, noch mal daraufhin überprüfen, ob Sie die Entwurfsprinzipien wiederfinden.

Recherchieren Sie im Internet nach weiteren Entwurfsprinzipien - es gibt sehr viel mehr als die, die ich Ihnen vorgestellt habe. Werfen Sie mal einen Blick auf die Seite *http://www.clean-code-developer.de.*

Weiter hinten im Buch lernen Sie im Kontext Facade Pattern ein weiteres Entwurfsprinzip kennen.

11 Abstract Factory Pattern

Erinnern Sie sich an das Singleton Pattern? Sie haben dort ein Objekt erzeugt, ohne den new-Operator zu verwenden. Stattdessen konnte der Client sich mit einer statischen Zugriffsmethode die Instanz der Klasse holen. Die abstrakte Fabrik wird den Prozess der Objekterzeugung ebenfalls an eine Methode delegieren, so dass Sie auch hier auf `new` verzichten können. Ich möchte Ihnen in diesem Kapitel zwei Beispiele anbieten, anhand derer Sie die Abstract Factory nachvollziehen können. Das erste Projekt soll zum Einstieg sehr einfach gehalten sein – Sie werden einen schönen Garten anlegen. Das zweite Projekt geht auf das Beispiel der GoF zurück: Sie werden in einem alten Haus mit vielen Zimmern Gespenster jagen.

11.1 Gärten anlegen

In diesem Abschnitt werden Sie Gärten anlegen. Es gibt verschiedene Arten von Gärten; da gibt es einmal Klostergärten, in denen Kräuter angepflanzt werden. Da gibt es aber auch Ziergärten, in denen Rosen wachsen. Die Einfriedung wird sicher jeweils eine andere sein. Der Klostergarten ist von einer alten Steinmauer umgeben, während der Ziergarten von einer schön geschnittenen Hecke eingefasst wird. Der Boden soll auch ein anderer sein. Im Klostergarten laufen Sie auf Steinplatten, im Ziergarten auf frischem Gras. Kloster- und Ziergarten sind zwei unterschiedliche *Produktfamilien*. Jede Produktfamilie hat gleiche Merkmale (Pflanzen, Einfriedung und Boden), die aber unterschiedlich ausgestaltet sind; die Merkmale werden in der Sprache der abstrakten Fabrik *Produkte* genannt.

11.1.1 Der erste Ansatz

Der erste Ansatz könnte sein, dass Sie eine Klasse `Garten` definieren, in der der Garten angelegt und gepflegt wird.

Listing 11.1 Erster Ansatz einer Implementierung

```
public class Garten
{
    private enum Garten
    {
        Klostergarten, Ziergarten
    };
    private Garten garten = Garten.Klostergarten;

    public void bodenLegen()
    {
        switch (garten)
        {
            case Klostergarten:
                // alte Steinplatte legen
                break;
            default:
                // Gras säen
        }
    }

    public void pflaenzeSetzen()
    {
        switch (garten)
        {
            case Klostergarten:
                // Kräuter pflanzen
                break;
            default:
                // Rosen pflanzen
        }
    }

    public void einfrieden()
    {
        // ... wie die beiden vorigen Methoden
    }
}
```

Sie ahnen, dass dieser Ansatz sehr schlecht ist. Aber warum stören Sie sich daran? Sie haben drei Methoden, in denen eine switch-Abfrage gebraucht wird. Wenn Sie einen weiteren Garten anlegen wollen – beispielsweise einen Nutzgarten mit Tomaten – müssen Sie in drei Methoden eine switch-Abfrage ändern. Das ist wenig wartungsfreundlich, aber dafür umso fehleranfälliger.

Der Garten muss sicher auch bewirtschaftet werden: Die Pflanzen wollen gegossen und geschnitten werden; außerdem müssen Sie regelmäßig das Unkraut jäten. Die Methoden zum Bewirtschaften des Gartens werden hier nicht abgedruckt. Sie haben hier allerdings einen Verstoß gegen das Single Responsibility Principle. Ich hatte zwar geschrieben, dass man ruhig dagegen verstoßen darf, wenn man sich darüber bewusst ist und einen guten Grund hat. Aber genau an diesem guten Grund fehlt es hier. Der Verstoß gegen SRP könnte aber problematisch werden, weil sowohl das Anlegen als auch das Bewirtschaften des Gartens sehr aufwendig sind; diese zwei Aufgaben sollten besser nicht vermischt werden. Der Ansatz oben implementiert also in einer einzigen Klasse sehr viel Code, der im Zweifel gar nicht gebraucht wird. Wenn Sie eine Zuständigkeit neu definieren, müssen beide Zuständigkeiten erneut getestet werden. Keine der Zuständigkeiten kann wiederverwendet werden. Hier ist die Kohäsion ausgesprochen schwach und das ist ein Indiz für ein unangemessenes Design.

11.1.2 Der zweite Ansatz – Vererbung

Vielleicht wäre das Problem gelöst, wenn Sie Vererbung einsetzen? Definieren Sie eine abstrakte Klasse `AbstrakterGarten`, von dem die Unterklassen `Klostergarten`, `Nutzgarten` oder `Ziergarten` erben. Der Garten wird im Konstruktor der Unterklasse angelegt.

Listing 11.2 Garten im Konstruktor der Unterklasse anlegen

```
public class Klostergarten extends AbstrakterGarten
{
    Klostergarten()
    {
        super.bodenLegen(new AlteSteinPlatte());
        super.pflanzenSetzen(new Kraeutermischung());
        super.einfrieden(new Steinmauer());
    }
}
```

Diese Lösung sieht zwar sauberer aus, tatsächlich ist dadurch das Problem der doppelten Zuständigkeit nicht gelöst: Sie haben immer noch ein Objekt, das den Garten aufwendig anlegt und ihn bewirtschaftet. Darüber hinaus verstößt dieser Ansatz gegen ein Prinzip, das ich sehr viel mehr als das SRP als heilige Kuh betrachte: *Ziehe Komposition der Vererbung vor.* Lassen Sie uns also eine Alternative finden!

11.1.3 Der dritte Ansatz – die abstrakte Fabrik

Sie haben unterschiedliche Gärten (**Produktfamilien**) mit jeweils unterschiedlichen **Produkten,** also unterschiedlichen Arten von Pflanzen, Bodenarten und Einfriedungen. Die Produkte variieren und werden jetzt gekapselt. Weiter vorne habe ich angesprochen, dass es sinnvoll ist, gegen Schnittstellen zu programmieren. Sie erhalten sich hierdurch größtmögliche Flexibilität. Wie lassen sich die Produkte abstrahieren? Sowohl Kräuter als auch Rosen sind Pflanzen; sowohl die Steinmauer als auch die Hecke sind Einfriedungen; sowohl die Steinplatten als auch der Rasen sind Boden. Entwerfen Sie also die Schnittstellen, die unterschiedlichen *abstrakten Produkte*, und die Implementierungen, die unterschiedlichen *konkreten Produkte*. Als Beispiel sollen die Pflanzen dargestellt werden.

Listing 11.3 Interface „Pflanze" (abstraktes Produkt) im Projekt „AbstrakterGarten"

```
public interface Pflanze
{

}
```

Es gibt mindestens zwei Implementierungen.

Listing 11.4 Klasse „Rose" (konkretes Produkt) im Projekt „AbstrakterGarten"

```
public class Rose implements Pflanze
{

}
```

Listing 11.5 Klasse „Heilkraut" (konkretes Produkt) im Projekt „AbstrakterGarten"

```
public class Heilkraut implements Pflanze
{

}
```

Um die unterschiedlichen Gärten anzulegen, definieren Sie eine Fabrik. Für einen Klostergarten implementieren Sie eine `KlostergartenFabrik` und für den Ziergarten eine `ZiergartenFabrik`. Von beiden Fabriken erwarten Sie, dass sie die gleichen Methoden anbieten und die gleichen Produkte erstellen. Um dies zu gewährleisten, definieren Sie eine Schnittstelle (abstrakte Klasse oder Interface), die *abstrakte Fabrik*, von der die *konkreten Fabriken* erben.

Listing 11.6 Abstrakte Fabrik im Projekt „AbstrakterGarten"

```
public interface AbstrakteGartenfabrik
{
    Pflanze pflanzeSetzen();

    Boden bodenLegen();

    Einfriedung einfrieden();
}
```

Die `KlostergartenFabrik` liefert die für einen Klostergarten typischen Elemente zurück.

Listing 11.7 Konkrete Fabrik „KlostergartenFabrik" im Projekt „AbstrakterGarten"

```
public class KlostergartenFabrik implements AbstrakteGartenfabrik
{
    @Override
    public Pflanze pflanzeSetzen()
    {
        return new Heilkraut();
    }

    @Override
    public Boden bodenLegen()
    {
        return new Steinplatte();
    }

    @Override
    public Einfriedung einfrieden()
    {
        return new Steinmauer();
    }
}
```

Wie kann der Client nun damit umgehen? Er erzeugt eine Instanz der gewünschten `GartenFabrik` und lässt sich hiervon die einzelnen Elemente geben. Im folgenden Beispiel sollen die Elemente für einen Klostergarten erstellt werden.

Listing 11.8 Client der Fabrik im Projekt „AbstrakterGarten"

```
public class Gartenbau
{
    Gartenbau()
    {
        AbstrakteGartenfabrik fabrik = new KlostergartenFabrik();
        Boden boden = fabrik.bodenLegen();
        Einfriedung einfriedung = fabrik.einfrieden();
        Pflanze pflanze = fabrik.pflanzeSetzen();
    }
}
```

Was durch diesen Ansatz gewonnen ist, erfahren Sie im nächsten Abschnitt.

11.1.4 Vorteil der abstrakten Fabrik

Das folgende Klassendiagramm zeigt zur besseren Übersicht das Projekt nur gekürzt – der Boden bleibt außen vor. Die abstrakte Gartenfabrik kennt die abstrakte Deklaration der einzelnen Produkte, also die Schnittstellen `Einfriedung` und `Pflanze`. Der Client legt sich eine Variable vom Typ der abstrakten Fabrik an, die eine Instanz einer konkreten Fabrik referenziert: `AbstrakteGartenfabrik fabrik = new ZiergartenFabrik()`. Die konkrete Fabrik kennt ihre speziellen Produkte: Im Beispiel kennt der Ziergarten nur Rose und Hecke – er hat keinen Bezug zum Heilkraut und zur Steinmauer. Wenn der Client Pflanzen und Einfriedung anfordert, ist die Fabrik in der Lage, ihre speziellen Produkte zurückzugeben. Da der Client sich auf Abstraktionen stützt, also die Schnittstellen, hat er keine Ahnung, welche konkreten Produkte er erhält – und dank der Polymorphie muss er sich auch keine Gedanken über den Laufzeittyp des Objekts machen.

Der Client ist frei, eine andere Fabrik zu instanziieren und sich so ganz andere Produkte geben zu lassen. Eine einzige Zeile Code ändert die Art des Gartens:

```
AbstrakteGartenfabrik fabrik = new ZiergartenFabrik();
fabrik = new KlostergartenFabrik();
```

Der Client ist unabhängig von Änderungen bestehender Fabriken. Wenn im Ziergarten anstelle von Rosen Lilien angepflanzt werden, kann diese Änderung in der `ZiergartenFabrik` vorgenommen werden; der Client wird diese Änderung gar nicht bemerken, er muss nicht erneut getestet werden.

Sie stellen mit dieser Lösung sicher, dass der Garten *konsistent* ist. Sie beziehen die einzelnen Produkte von einer bestimmten Fabrik. Die Fabrik liefert einheitlich nur Produkte **entweder** für einen Klostergarten **oder** für einen Ziergarten. Die Gärten sind nun konsistent; es ist sichergestellt, dass im Klostergarten keine Lilien wachsen und im Ziergarten kein Heilkraut angepflanzt wird.

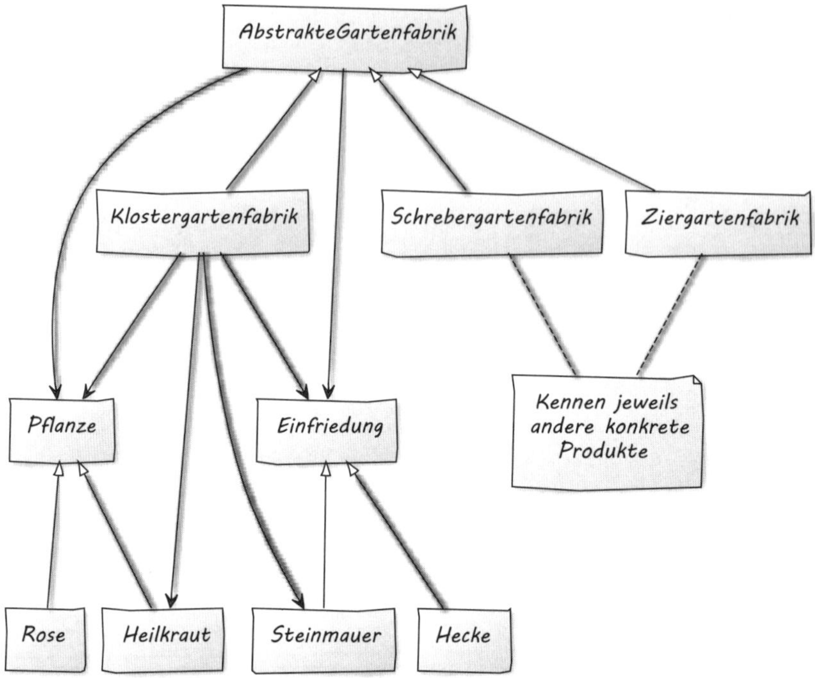

Bild 11.1 Gekürztes Klassendiagramm des Projekts

11.1.5 Einen neuen Garten definieren

Sie haben eine zusammengehörende Familie aus Produkten und Sie können sehr leicht neue Familien hinzufügen. Was müsste passieren, wenn Sie einen neuen Garten, beispielsweise einen Schrebergarten, erstellen wollten? Zunächst brauchen Sie eine neue konkrete Fabrik, die das Interface `AbstrakteGartenFabrik` implementiert.

Listing 11.9 Neuer Garten im Projekt „Schrebergarten“

```
public class SchrebergartenFabrik implements  AbstrakteGartenfabrik
{
    @Override
    public Pflanze pflanzeSetzen()
    {
        return new Tomate();
    }

    @Override
    public Boden bodenLegen()
    {
        return new Betonboden();
    }

    @Override
    public Einfriedung einfrieden()
```

```
        {
            return new Maschendrahtzaun();
        }
    }
```

Sie erstellen nun noch die konkreten Produkte, die Klassen `Tomate`, `Betonboden` und `Maschendrahtzaun`, die den Schnittstellen der abstrakten Produkte, `Boden`, `Einfriedung` und `Pflanze`, entsprechen müssen.

> Warum wird das Pattern „Abstract Factory“ genannt? Weil sowohl die Fabriken als auch die Produkte sich auf Abstraktionen stützen.

11.2 Diskussion des Patterns und Praxis

Sie werden die abstrakte Fabrik immer dann einsetzen, wenn Sie eine Menge einzelner Produkte benötigen, die alle einer bestimmten Art entsprechen. Die Produkte bilden die Produktfamilie. Im vorigen Beispiel haben Sie die Produktfamilien der Gärten kennengelernt. Denkbar wäre aber auch folgendes Beispiel gewesen: Sie programmieren eine Adressverwaltung. Wenn Sie die Postleitzahl codieren, planen Sie für Deutschland fünf Ziffern ein. Der Aufbau einer Postleitzahl wird aber in Amerika oder in Russland ein anderer sein. Genauso variiert die Länge der Telefonnummer von Land zu Land. Vielleicht gibt es ja sogar einen unterschiedlichen Aufbau oder ein bestimmtes Muster dafür? Wenn Sie also einen Kontakt instanziieren, brauchen Sie für jedes Land einheitlich eine Menge von Produkten: eine länderspezifische Postleitzahl und eine länderspezifische Telefonnummer. Die `AmerikaFabrik` wird genauso wie die `RusslandFabrik` diese Produkte liefern, aber eben abgestimmt auf das betreffende Land. Der Kontakt, der von der Fabrik erzeugt wird, ist, wenn die Fabrik richtig programmiert wurde, konsistent. Darüber hinaus kann der Client so allgemein geschrieben werden, dass sein Code für alle erdenklichen Produktfamilien gültig ist.

Wo finden Sie in der Praxis die abstrakte Fabrik wieder? Denken Sie an die unterschiedlichen Look and Feels, die Java zur Verfügung stellt. Sie können ein bestimmtes Aussehen einstellen und zur Laufzeit ändern. Jede Komponente wird einheitlich mit dem gewählten Look and Feel gezeichnet. Drittanbieter können ihre eigenen Look and Feels entwickeln.

Eine Klippe muss angesprochen werden: Wenn Sie die Produkte bestimmt haben, sollten Sie daran festhalten. Stellen Sie sich vor, Sie wollen in Ihrem Garten auch einen Teich anlegen. Die Schnittstelle `AbstrakteGartenfabrik` muss eine entsprechende Fabrikmethode `getTeich()` vorschreiben. Anschließend müssen alle konkreten Fabriken eine Methode definieren, die ein Teich-Objekt zurückgibt. In unserem kleinen Beispiel ist das sicher kein Problem. Wenn Sie aber ein großes Framework erstellt haben, für das Ihre Kunden schon eigene Gartenfabriken erstellt haben, dann kann diese Änderung sehr wartungsintensiv und damit auch sehr kostspielig werden.

11.3 Gespenster jagen

Sie sind Programmierer und bekommen den Auftrag, ein Spiel zu erstellen, mit dem in einem alten Haus Gespenster gejagt und magische Türen geöffnet werden.

11.3.1 Die erste Version

Die erste Version, die Sie erstellen, soll ganz simpel sein. Sie lassen sich ein Haus erzeugen und erforschen es mit ein paar einfachen Befehlen. Die Befehle, die Sie eingeben, werden mit dem Größer-Zeichen markiert.

Du befindest Dich in der Diele.

Du siehst

- in nördlicher Richtung: eine geschlossene Tür.
- in südlicher Richtung: eine Wand.
- in westlicher Richtung: eine geschlossene Tür.
- in östlicher Richtung: eine Wand.

>open door west

Die Tür wird geöffnet.

>enter door west

Du bist jetzt im Badezimmer.

>look

Du befindest Dich im Badezimmer.

Du siehst

- in nördlicher Richtung: eine Wand.
- in südlicher Richtung: eine Wand.
- in westlicher Richtung: eine Wand.
- in östlicher Richtung: eine offene Tür.

>exit

Die erste Version hat mit Fabriken noch gar nichts zu tun. Sie soll Ihnen die Logik des Spiels und die Herangehensweise der Programmierung vorstellen.

11.3.1.1 Der Spieler

Die Klasse `Spieler` hat die Aufgabe, die aktuelle Position des Spielers zu speichern.

Wenn der Spieler einen anderen Raum betritt, wird das Datenfeld geändert.

Listing 11.10 Klasse „Spieler" im Projekt „Haus_1"

```
public class Spieler
{
    private Raum aktuellerRaum;

    public void setAktuellerRaum(Raum raum)
    {
        aktuellerRaum = raum;
    }

    public Raum getAktuellerRaum()
    {
        return aktuellerRaum;
    }
}
```

11.3.1.2 Die vier Himmelsrichtungen

Sie haben in dem kurzen Auszug oben gesehen, dass die vier Himmelsrichtungen eine wesentliche Rolle spielen. Sie müssen immer explizit angeben, welche von vier möglichen Türen Sie betreten oder öffnen möchten. Die Himmelsrichtungen werden in einer Enumeration gespeichert. Den Quelltext drucke ich nur gekürzt ab – Sie finden unter *www.patternsBuch.de* im Projekt „Haus_1" einige Erweiterungen. Beispielsweise spielt die Gegenrichtung eine wichtige Rolle: Wenn Sie in einem Raum eine Tür in nördlicher Richtung finden und diese Tür durchqueren, muss die Tür im neuen Raum zwangsläufig in südlicher Richtung sein. Außerdem gibt es eine statische Methode, die die eingegebenen Strings des Anwenders auf ein Objekt der Enumeration abbildet. Ich bitte Sie aber, diese Details selbst zu erkunden.

Listing 11.11 Gekürzter Quelltext der Himmelsrichtungen im Projekt „Haus_1"

```
public enum Richtung
{
    NORDEN("in nördlicher Richtung"),
    SUEDEN("in südlicher Richtung"),
    WESTEN("in westlicher Richtung"),
    OSTEN("in östlicher Richtung"),
    UNBEKANNT("unbekannte Richtung");
    private final String BESCHREIBUNG;

    private Richtung(String beschreibung)
    {
        this.BESCHREIBUNG = beschreibung;
    }

    @Override
    public String toString()
    {
        return BESCHREIBUNG;
    }
}
```

11.3.1.3 Die Bauteile des Hauses

Ein Haus besteht aus Türen und Wänden und bildet damit Räume. Die Klasse `Bauteil` beschreibt die Bauteile. Bitte beachten Sie, dass diese Klasse **kein** abstraktes Produkt ist und auch in den späteren Versionen keines werden wird. Der einzige Zweck dieser gemeinsamen Klasse ist es, die Methoden `betreten()` und `beschreiben()` zu deklarieren.

Listing 11.12 Gemeinsame Oberklasse der Bauteile im Projekt „Haus_1"

```
public abstract class Bauteil
{
    protected abstract void betreten(Spieler spieler);

    protected abstract String beschreiben();
}
```

Eine Wand kann – jedenfalls in meiner Version – nicht betreten werden; aber vielleicht möchten Sie das Projekt ja weiter ausarbeiten und Wände erstellen, die sich verschieben lassen und den Weg zu einem geheimnisvollen Gang freimachen. Für meine Version kann die Wand sich darauf beschränken, eine Fehlermeldung auszugeben, wenn die Methode `betreten()` aufgerufen wird. Allerdings muss sie in der Lage sein, sich selbst zu beschreiben.

Listing 11.13 Die Klasse „Wand" im Projekt „Haus_1"

```
public class Wand extends Bauteil
{
    @Override
    public void betreten(Spieler spieler)
    {
        System.out.println("Die Wand ist zu hart zum Durchgehen.");
    }

    @Override
    protected String beschreiben()
    {
        return " eine Wand.";
    }
}
```

Eine Tür erhält im Konstruktor die Referenzen auf die zwei Räume, die sie verbindet. Wenn die Tür offen ist, kann sie auch betreten werden, sprich der Anwender geht durch sie hindurch.

Listing 11.14 Gekürzter Quelltext der Klasse „Tuer" im Projekt „Haus_1"

```
public class Tuer extends Bauteil
{
    private boolean istOffen = false;
    private final Raum RAUM_1;
    private final Raum RAUM_2;

    Tuer(Raum raum_1, Raum raum_2)
    {
        this.RAUM_1 = raum_1;
        this.RAUM_2 = raum_2;
    }
```

```
    void oeffnen()
    {
        System.out.println("Die Tür wird geöffnet");
        istOffen = true;
    }

    @Override
    public void betreten(Spieler spieler)
    {
        if (istOffen)
        {
            Raum aktuellerRaum = spieler.getAktuellerRaum();
            Raum neuerRaum =
                          aktuellerRaum == RAUM_1 ? RAUM_2 : RAUM_1;
            neuerRaum.betreten(spieler);
        }
        else
            System.out.println("Du kannst da nicht durch.");
    }

    @Override
    protected String beschreiben()
    {
        return istOffen ?
                    " eine offene Tür" : " eine geschlossene Tür.";
    }
}
```

Die Klasse Raum erwartet im Konstruktor einen Namen und eine Beschreibung. Beide werden gebraucht, um eine sinnvolle Textausgabe zu generieren. In einer EnumMap werden die Richtungen als Schlüssel gespeichert; die Values sind Bauteile, die an einer Seite angebracht sind: Türen oder Wände. Die überladene Methode bauteilEinfuegen() erlaubt es, an einer Seite des Raums eine Tür oder eine Wand einzufügen. Wenn ein Raum angelegt wird, werden alle Seiten zunächst mit Wänden vorbelegt.

Listing 11.15 Gekürzter Quelltext der Klasse „Raum“ im Projekt „Haus_1“

```
public class Raum extends Bauteil
{
    private final String BESCHREIBUNG;
    private final String NAME;
    private EnumMap<Richtung, Bauteil> richtungen =
                                  new EnumMap<>(Richtung.class);

    void bauteilEinfuegen(Richtung richtung, Wand wand)
    {
        if (richtungen.get(richtung) == null)
            richtungen.put(richtung, wand);
        else
            System.out.println("Hier kannst Du keine Wand setzen.");
    }

    void bauteilEinfuegen(Richtung richtung, Tuer tuer)
    {
        Richtung gegenrichtung = richtung.getGegenrichtung();
        Raum nachbar = tuer.getNachbar(this);
```

```
        Bauteil meineSeite = richtungen.get(richtung);
        Bauteil gegenSeite = nachbar.richtungen.get(gegenrichtung);
        if (gegenSeite instanceof Wand &&
                                        meineSeite instanceof Wand)
        {
            richtungen.put(richtung, tuer);
            nachbar.richtungen.put(gegenrichtung, tuer);
        }
        else
            System.out.println("Hier kannst Du keine Tür setzen.");
    }
}
```

Selbstverständlich können Sie einen Raum auch betreten. Die Methode gibt eine Beschreibung des aktuellen Raums aus und informiert den Spieler über seine aktuelle Position.

```
@Override
public void betreten(Spieler spieler)
{
    System.out.println("Du bist jetzt " + BESCHREIBUNG);
    spieler.setAktuellerRaum(this);
}
```

Die weiteren Methoden der Klasse beschreiben den Raum. Wenn Sie das Projekt weiter ausbauen möchten, können Sie entsprechend diesem Vorgehen Falltüren oder eine Treppe oder auch einen Kamin vorsehen, durch die der Raum gewechselt werden kann.

11.3.1.4 Die Klasse „Haus“ steuert das Spiel

Die Klasse `Haus` steuert das Spiel. Die Methode `betreten()` fragt in einer while-Schleife Ihre Eingaben ab und reagiert darauf. Mit dem Befehl *look* schauen Sie sich um. Der Befehl *exit* beendet das Spiel. Um eine Tür zu öffnen, geben Sie *open door* und die Richtung, in der die Tür sich befindet, ein, also beispielsweise *open door north*. Um in einen anderen Raum zu gehen, betreten Sie die Tür mit *enter door north*. Sie können selbstverständlich nur eine geöffnete Tür durchqueren.

Die main-Methode erzeugt eine Instanz der Klasse `Haus` und ruft deren Konstruktor auf. Der Konstruktor ruft die Methode `erzeugeHaus()` auf. In dieser Methode werden Räume, Wände und Türen erzeugt. Anschließend werden die Bauteile zusammengestellt und die Diele als Einstiegspunkt definiert. Wenn die Bauarbeiten abgeschlossen sind, ruft die main-Methode die Methode `betreten()` auf, die das Spiel startet. Der Spieler sieht sich zunächst um und die Diele wird beschrieben. Danach werden in einer while-Schleife die Befehle des Spielers gelesen und verarbeitet.

Bei der Verarbeitung der Befehle greifen Sie auf das Command-Pattern zurück. Es gibt das Interface `Command`, das die Methoden `matches()` und `handle()` vorschreibt. Der Methode `matches()` wird die eingegebene Zeile übergeben; die Methode prüft, ob der eingegebene String dem Command-Objekt entspricht. Der eingegebene Befehl wird durch die statische innere Klasse `CmdLine` repräsentiert, die intern den Befehl in Tokens zerlegt.

Listing 11.16 Quelltext der Klasse „CmdLine" im Geisterhaus-Projekt

```
public static class CmdLine
{
    private String[] tokens;

    public CmdLine(String nextLine)
    {
        this.tokens = nextLine.split(" ");
    }

    public boolean startsWith(String... tokens)
    {
        if (this.tokens.length < tokens.length)
            return false;
        for (int i = 0; i < tokens.length; i++)
            if (!this.tokens[i].equalsIgnoreCase(tokens[i]))
                return false;
        return true;
    }

    public Richtung getAsRichtung(int index)
    {
        return Richtung.getRichtung(tokens[index]);
    }
}
```

Die Methode `handle()` des Interface `Command` beschreibt die durchzuführende Aktion des Commands. Exemplarisch drucke ich den Quelltext des Exit-Commands ab.

Listing 11.17 Quelltext des Exit-Commands im Geisterhaus-Projekt

```
public class Exit implements Command
{
    @Override
    public boolean matches(CmdLine cmdLine)
    {
        return cmdLine.startsWith("exit");
    }

    @Override
    public void handle(CmdLine cmdLine, Spieler spieler)
    {
        System.exit(0);
    }
}
```

Die oben erwähnte while-Schleife übergibt den jeweils eingegebenen Befehl an ein Objekt der Klasse `CmdLine`. Anschließend werden in einer for-each-Schleife alle Befehle darauf geprüft, ob sie dem eingegebenen Befehl entsprechen. Falls ja, wird dieser ausgeführt.

Listing 11.18 Quelltext der Methode „betreten()" im Geisterhaus-Projekt

```
private void betreten()
{
    System.out.println(eingang.beschreiben());
    Spieler spieler = new Spieler();
```

```
        eingang.betreten(spieler);

        Scanner scanner = new Scanner(System.in);
        String befehl;
        System.out.print(">");
        while (!((befehl = scanner.nextLine()) == null))
        {
            CmdLine cmdLine = new CmdLine(befehl);
            for (Command cmd : commands)
                if (cmd.matches(cmdLine))
                {
                    cmd.handle(cmdLine, spieler);
                    break;
                }
            System.out.print(">");
        }
    }
```

Bitte analysieren Sie unbedingt den Quelltext der Klasse *Haus* im Projekt „Haus_1", den Sie unter *www.patternsBuch.de* finden.

11.3.2 Die zweite Version des Projekts

Die zweite Version des Projekts soll in erster Linie die Komplexität der Klasse `Haus` der ersten Version auflösen. Die Klasse hat drei Aufgaben: Sie muss sich die Bestandteile des Hauses beschaffen, sie muss die Bauteile zusammensetzen und sie muss die Spielsteuerung übernehmen. Die Vielzahl von Aufgaben verstößt gegen SRP! Tatsächlich sollte es genügen, wenn die Klasse wüsste, in welchem Raum der Spieler sich gerade befindet, um auf ihm den aktuell eingegebenen Befehl anzuwenden.

Um die Komplexität zu brechen, wird in dieser Programmversion der Konstruktionsprozess ausgelagert. Es gibt eine Klasse `BauteilFabrik`, deren Aufgabe es ist, aus den Bauteilen Räume, neue Wände und neue Türen zu erzeugen.

Listing 11.19 Gekürzter Quelltext der Klasse „BauteilFabrik" im Projekt „Haus_2"

```
public class BauteilFabrik
{
    Raum erzeugeRaum(String name, String beschreibung)
    {
        return new Raum(name, beschreibung);
    }

    // Türen und Wände entsprechend
}
```

Außerdem gibt es in dieser Programmversion die neue Klasse `Architekt`, deren Aufgabe es ist, das Haus zu konstruieren und aus den einzelnen Bestandteilen zusammenzusetzen. Wenn der Grundriss in einer Datei hinterlegt ist, die gelesen und geparst werden muss, kann die Klasse `Architekt` ziemlich komplex werden. Der Architekt bekommt im Konstruktor eine Referenz auf eine `BauteilFabrik` übergeben. Von dieser Fabrik lässt er sich die Bauteile geben und setzt sie zusammen. Danach gibt er den Raum, den Sie als Einstiegspunkt definiert haben, zurück.

Listing 11.20 Gekürzter Quelltext der Architekten-Klasse im Projekt „Haus_2“

```
public class Architekt
{
    private final BauteilFabrik FABRIK;

    Architekt(BauteilFabrik fabrik)
    {
        this.FABRIK = fabrik;
    }

    Raum erzeugeHaus()
    {
        Raum diele = FABRIK.erzeugeRaum("Diele", "in der Diele");
        Raum kueche = FABRIK.erzeugeRaum("Kueche", "in der Kueche");
        // ... gekürzt

        for (Richtung richtung : Richtung.values())
        {
            diele.bauteilEinfuegen(richtung, FABRIK.erzeugeWand());
            // ... gekürzt
        }

        Tuer[] tuer = new Tuer[7];
        tuer[0] = FABRIK.erzeugeTuer(diele, flur);
        // ... gekürzt
        tuer[6] = FABRIK.erzeugeTuer(wohnzimmer, arbeitszimmer);

        diele.bauteilEinfuegen(Richtung.NORDEN, tuer[0]);
        // ... gekürzt
        wohnzimmer.bauteilEinfuegen(Richtung.NORDEN, tuer[6]);

        return diele;
    }}
```

Die Klasse `Haus` ist jetzt sehr schlank geworden. Sie kann sich bei der Konstruktion darauf beschränken, einen Architekten zu erzeugen, ihn mit einer `BauteilFabrik` zu parametrisieren und von ihm ein Haus bauen zu lassen. Die Klasse `Haus` muss nur den Eingang kennen und den nennt ihr der Architekt.

Listing 11.21 Gekürzter Quelltext der Klasse „Haus“ im Projekt „Haus_2“

```
public class Haus
{
    private Raum eingang;
    private Architekt architekt;

    private Haus()
    {
        architekt = new Architekt(new BauteilFabrik());
        eingang = architekt.erzeugeHaus();
    }

    private void hausBetreten()
    {
        System.out.println(eingang.beschreiben());
        Spieler spieler = new Spieler();
```

```
        eingang.betreten(spieler);

        Scanner scanner = new Scanner(System.in);
        String befehl;
        System.out.print(">");
        while (!((befehl = scanner.nextLine()) == null))
        {
            // ... gekürzt
        }
    }
}
```

In dieser Version haben Sie eine Fabrik eingeführt; im folgenden Abschnitt erstellen Sie eine zweite Fabrik.

11.3.3 Version 3 – Einführung einer weiteren Fabrik

In der dritten Version werden Sie das Prinzip des Abstract Factory Pattern wiederfinden. Allerdings ist die abstrakte Fabrik gar nicht so abstrakt, wie Sie gleich sehen werden.

11.3.3.1 Erweiterung in dieser Programmversion

Neu in dieser Version ist eine Klasse, die eine Tür definiert, die nur mit einem Zauberspruch geöffnet werden kann. Wenn Sie versuchen, eine Tür zu öffnen, wird diese Ihnen eine Frage stellen. Beispielsweise kann es vorkommen, dass Sie eine Tür öffnen wollen und diese Ihnen sagt: „SPRICH FREUND UND TRITT EIN". Wenn Sie mit der einschlägigen Literatur vertraut sind, werden Sie natürlich wissen, dass Sie „mellon" eingeben müssen. Die Frage und Ihre Antwort werden in der statischen inneren Klasse `Frage` gespeichert.

Listing 11.22 Die Klasse „Frage" im Projekt „Haus_3"

```
public static class Frage
{
    public final String FRAGE;
    public final String ANTWORT;

    private Frage(String frage, String antwort)
    {
        this.FRAGE = frage;
        this.ANTWORT = antwort;
    }
}
```

11.3.3.2 Die neue Fabrik „TuerMitZauberspruchFabrik"

Die Klasse `TuerMitZauberspruchFabrik` erbt von der Klasse `BauteilFabrik` und überschreibt **nur** die Methode `erzeugeTuer()`. Diese Methode entscheidet zufallsgesteuert, ob eine Tür einen Zauberspruch benötigt. Außerdem hat die Fabrik die Aufgabe, eine Liste mit Fragen zu generieren. Wenn eine Tür mit einem Zauberspruch erzeugt werden soll, wird aus dieser Liste ein Passwort ausgewählt.

Listing 11.23 Quelltext der Klasse „TuerMitZauberspruchFabrik" in „Haus_3"

```
public class TuerMitZauberspruchFabrik extends BauteilFabrik
{
    public static class Frage
    {
        // s. voriger Quelltext
    }
    private List<Frage> fragen = new ArrayList<Frage>();

    // Initialisierer
    {
        fragen.add(new Frage("SPRICH FREUND UND TRITT EIN ",
                                                        "MELLON"));
        //weitere
    }

    @Override
    Tuer erzeugeTuer(Raum raum_1, Raum raum_2)
    {
        int zahl = (int) (Math.random() * 10);
        if (zahl > (fragen.size() - 1))
            return new Tuer(raum_1, raum_2);
        else
            return new TuerMitZauberspruch(raum_1, raum_2,
                                                fragen.get(zahl));
    }
}
```

Die Fabrik-Klasse ist also sehr unspektakulär. Lassen Sie uns jetzt die Tür mit Zauberspruch betrachten.

11.3.3.3 Das neue Bauteil „TuerMitZauberspruch"

Die Klasse `TuerMitZauberspruch` erbt von der Klasse `Tuer` und überschreibt die Methode `oeffnen()`. An den Konstruktor übergeben Sie sowohl die betroffenen Räume als auch die Frage. Die Räume werden an die Superklasse übergeben, die Frage wird in einem Datenfeld gespeichert.

Listing 11.24 Quelltext der Klasse „TuerMitZauberspruch" im Projekt „Haus_3"

```
public class TuerMitZauberspruch extends Tuer
{
    private final Frage FRAGE;

    TuerMitZauberspruch(Raum raum_1, Raum raum_2, Frage frage)
    {
        super(raum_1, raum_2);
        FRAGE = frage;
    }

    @Override
    void oeffnen()
    {
        if (super.istOffen())
            System.out.println("Die Tür ist schon offen");
```

```
        else
        {
            Scanner scanner = new Scanner(System.in);
            System.out.print(FRAGE.FRAGE + " >>   ");
            String eingabe = scanner.nextLine();
            if (eingabe.equalsIgnoreCase(FRAGE.ANTWORT))
                super.oeffnen();
            else
                System.out.println("Die Tür bleibt zu. ");
        }
    }}
```

In der nächsten Version werden Sie eine weitere Fabrik einführen, mit der Räume generiert werden, in denen Sie Geister antreffen werden.

11.3.4 Version 4 – das Geisterhaus

Unser Ziel ist es, ein Geisterhaus zu programmieren. Dort gibt es Türen, die mit einem Zauberspruch geöffnet werden müssen. Außerdem gibt es einige Räume, in denen sich Geister aufhalten. Um die letzte Version zu programmieren, erstellen Sie also die Klasse `GeisterhausFabrik`, die von der Klasse `TuerMitZauberspruchFabrik` erbt. Das heißt, dass zufallsgesteuert Türen mit Zaubersprüchen erstellt werden. Die gleiche Logik wenden Sie erneut an, um Räume zu erstellen, in denen zufallsgesteuert Geister auftauchen können. In einem statischen Datenfeld wird gespeichert, wie die Erscheinungen sich bemerkbar machen.

Listing 11.25 Die neue „GeisterhausFabrik" im Projekt „Haus_4"

```
public class GeisterhausFabrik extends TuerMitZauberspruchFabrik
{
    @Override
    Raum erzeugeRaum(String name, String beschreibung)
    {
        int zahl = (int) (Math.random() * 10);
        if (zahl > 5)
            return new Raum(name, beschreibung);
        else
            return new RaumMitGeist(name, beschreibung);
    }
}
```

Die Fabrik soll in der Lage sein, einen Raum mit Geist zu erzeugen. Die Klasse `RaumMitGeist` erweitert die Klasse `Raum`. Wenn Sie den Raum betreten, wird zufallsgesteuert entschieden, ob der Geist erscheint oder nicht. In einem statischen Datenfeld wird gespeichert.

Listing 11.26 Gekürzter Quelltext der Klasse „RaumMitGeist" im Projekt „Haus_4"

```
public class RaumMitGeist extends Raum
{
    private static List<String> geister = new ArrayList<String>();

    static
    {
```

```
        geister.add("Ein Geist huscht durch die Tür.");
        geister.add("Was war das?");
    }

    RaumMitGeist(String name, String beschreibung)
    {
        super(name, beschreibung);
    }

    @Override
    public void betreten(Spieler spieler)
    {
        super.betreten(spieler);
        int zufallszahl = (int) (Math.random()
                                    * (geister.size() * 2));
        if (zufallszahl < geister.size() - 1)
        {
            System.out.println("\t*****************");
            System.out.println("\t" + geister.get(zufallszahl));
            System.out.println("\t*****************\n");
        }
    }}
```

Zum Abschluss des Projekts möchte ich auf einen Unterschied zum Garten-Projekt eingehen. Dort gab es abstrakte Produkte, die Interfaces Pflanze, Boden und `Einfriedung`. Im Geisterhaus-Projekt sind die abstrakten Produkte, die Klassen `Tuer`, `Raum` und `Wand`, auch gleichzeitig konkrete Produkte. Weitere konkrete Produkte werden von diesen Produkten abgeleitet.

Genauso ist auch die `BauteilFabrik` eine abstrakte und gleichzeitig eine konkrete Fabrik - neue Fabriken werden von dieser Fabrik abgeleitet. Auch das ist eine mögliche Implementierung des Abstract Factory Patterns.

Vererbung setze ich statt Komposition ein, weil hier tatsächlich Verhalten einer bestehenden Klasse erweitert wird. Ein `RaumMitGeist` **ist** ein Raum.

11.4 Zusammenfassung

Gehen Sie das Kapitel noch mal stichwortartig durch!

- Mit der abstrakten Fabrik erstellen Sie eine Produktfamilie, die aus verschiedenen einzelnen Produkten besteht.
- Die Produkte bilden zusammen eine Einheit, z. B. ein einheitliches Look and Feel.
- Bei der Implementierung wird eine Schnittstelle für eine Fabrik angelegt: die abstrakte Fabrik.
- Der Client programmiert gegen Abstraktionen von Produkten, also gegen abstrakte Produkte.

- Die Abstraktionen können abstrakte Klassen oder Schnittstellen sein.
- Eine konkrete Fabrik erzeugt die konkreten Produkte, die zu einer bestimmten Familie gehören.
- Die Bindung zwischen den Produkten und dem Client wird gelockert.
- Das hat zur Folge:
  - Eine ganze Produktfamilie kann ausgetauscht werden, ohne dass der Client-Code betroffen ist.
  - Ein konkretes Produkt kann geändert werden, ohne dass der Client-Code hiervon betroffen wäre.
  - Neue Produktfamilien können hinzugefügt werden.
  - Produkte können wiederverwendet werden, z. B. in anderen Produktfamilien.
- Nachteil ist, dass eine Produktfamilie nur schwer um weitere Mitglieder erweitert werden kann.

Zweckbeschreibung:

Die Gang of Four beschreibt den Zweck des Patterns wie folgt:

„Biete eine Schnittstelle zum Erzeugen von Familien verwandter oder voneinander abhängiger Objekte, ohne ihre konkreten Klassen zu benennen."

12 Factory Method Pattern

Im letzten Kapitel haben Sie die abstrakte Fabrik kennengelernt. Wenn Sie nun das Factory Method Pattern bearbeiten, können Sie viele Strukturen und Argumente hierher übernehmen. Während es bei beiden Patterns darum geht, Objekte zu erzeugen, unterscheiden sie sich in der Zielrichtung; die abstrakte Fabrik erstellt einheitliche Produktfamilien, die Factory Method erzeugt nur ein einzelnes Produkt. Sie unterscheiden sich auch in der Struktur - die Abstract Factory basiert auf Objektkomposition, die Factory Methode beruht, wie Sie gleich sehen werden, auf Vererbung.

12.1 Ein erstes Beispiel

Für das erste, einleitende Beispiel sollen Mahlzeiten zubereitet werden. Da im Moment noch alles sehr einfach gehalten ist, gibt es nur die Klassen `Doener` und `Pizza`. Beide implementieren das Interface `Mahlzeit`. Passend dazu gibt es eine `Pizzeria` und eine `Doenerei`. Beide erben von der abstrakten Klasse `Restaurant`. Die abstrakte Klasse definiert die Methode `bestellen()`, die vorschreibt, dass der Gast erst nach seinem Wunsch gefragt werden soll, dann die gewünschte Mahlzeit zubereitet und diese schließlich serviert wird. Diese Methode ruft der Gast auf, wenn er eine Mahlzeit bestellen möchte. Die Methode `mahlzeitZubereiten()` ist eine *Fabrikmethode*. Ihre Aufgabe ist es, ein bestimmtes Produkt zu erstellen. Die konkrete Ausführung wird an Subklassen, also `Doenerei` und `Pizzeria`, delegiert. Bitte beachten Sie, dass zwar die Methode `bestellungAufnehmen()` ebenfalls von den Subklassen definiert wird, dies aber für die Diskussion des Patterns irrelevant ist; ich wollte mit dieser Codierung erreichen, dass der Gast in der Pizzeria nach seinen Pizza-Wünschen und in der Dönerei nach seinem Döner-Wunsch gefragt wird.

Listing 12.1 Abstrakte Klasse „Restaurant" im Projekt „Mahlzeit"

```
public abstract class Restaurant
{
    protected abstract String bestellungAufnehmen();

    protected abstract Mahlzeit mahlzeitZubereiten();
```

```
    private void mahlzeitServieren(Mahlzeit mahlzeit)
    {
        System.out.println("Essen ist fertig! Es gibt " + mahlzeit);
    }

    public final Mahlzeit bestellen()
    {
        String bestellung = bestellungAufnehmen();
        Mahlzeit mahlzeit = mahlzeitZubereiten();
        mahlzeitServieren(mahlzeit);
        return mahlzeit
    }
}
```

Dönerei und Pizzeria erstellen entweder einen Döner oder eine Pizza - jeweils nach Kundenwünschen variiert. Sämtliche Mahlzeiten implementieren die gleiche Schnittstelle. Der Gast - im Beispiel die Testklasse - erzeugt die Instanz einer Unterklasse der Klasse `Restaurant` und ruft auf dieser die Methode `bestellen()` auf.

```
public static void main(String[] args)
{
    Restaurant mammaMia = new Pizzeria();
    mammaMia.bestellen();

    Restaurant istanbul = new Doenerei();
    istanbul.bestellen();
}
```

Auf der Konsole wird folgender Text ausgegeben:

Essen ist fertig! Es gibt Pizza Margherita

Essen ist fertig! Es gibt Döner mit allem

> Wenn der Gast eine Pizza essen möchte, erzeugt er sich eine Instanz der Klasse `Pizzeria`, sonst eine Instanz der Klasse `Doenerei`. An keiner Stelle gibt es eine if-Abfrage. Allein durch die Auswahl der „richtigen" Unterklasse wird das gewünschte Produkt erzeugt.

Bild 12.1 zeigt Ihnen das Klassendiagramm des Projekts.

In der Begrifflichkeit des Patterns ist das Interface `Mahlzeit` ein *Produkt*. Die abgeleiteten Klassen `Doener` und `Pizza` sind *konkrete Produkte*. Die Schnittstelle `Restaurant` ist ein *Erzeuger* und die konkreten Lokalitäten (Pizzeria und Dönerei) sind *konkrete Erzeuger*.

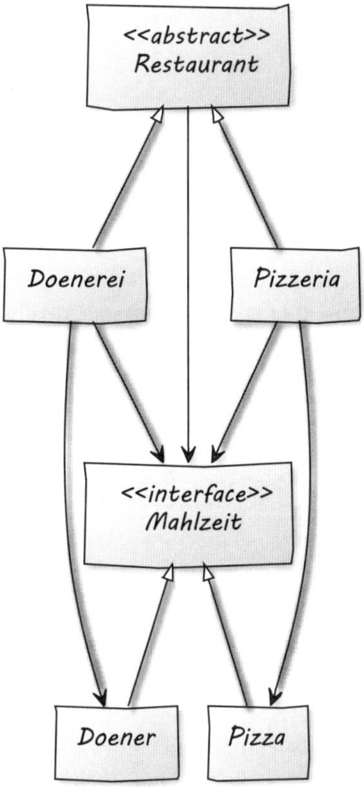

Bild 12.1
Klassendiagramm des Projekts „Mahlzeit"

12.2 Variationen des Beispiels

Die Factory Method kann optional parametrisiert werden. Das Projekt ist schon auf diese Variation vorbereitet. Die Methode `bestellungAufnehmen()` gibt einen String mit der Bestellung zurück. Die vorige Projektversion ignoriert den Kundenwunsch, was nicht sehr freundlich ist. In der neuen Version wird die Bestellung an die Factory Method als Parameter übergeben, die dann die gewünschte Mahlzeit erstellt. Das Beispiel der Pizza demonstriert dieses Vorgehen. Der nachfolgende Code zeigt die parametrisierte Fabrikmethode der Pizzeria.

Listing 12.2 Parametrisierte Fabrikmethode

```
protected Mahlzeit mahlzeitZubereiten(String bestellung)
{
    if(bestellung == null || bestellung.isEmpty())
        return new Pizza();
    else
        switch(bestellung)
        {
```

```
            case "Calzone"  : return new Calzone();
            case "Hawai"    : return new Hawai();
            default :   System.out.println("Diese Pizza haben wir leider nicht
im Angebot");
                        return null;
        }
}
```

Mit einer parametrisierten Fabrikmethode können Sie leicht neue Produkte einführen. Ohne Parameter wären Sie darauf angewiesen, für jedes neue konkrete Produkt einen neuen konkreten Erzeuger zu erstellen. Da jedoch der Produktionsaufwand für die unterschiedlichen Pizzen ähnlich ist und die `Calzone` sogar von `Pizza` erbt, bietet es sich an, die Fabrikmethode zu parametrisieren.

12.3 Praktische Anwendung des Patterns

Sie haben das Pattern bereits im praktischen Einsatz gesehen.

12.3.1 Rückgriff auf das Iterator Pattern

Im neunten Kapitel haben Sie Iteratoren angelegt. Um eine Sammlung in einer erweiterten for-each-Schleife verwenden zu können, muss sie das Interface `Iterable` implementieren. Das Interface schreibt die Methode `iterator()` vor, die ein Objekt vom Typ `Iterator` zurückgibt. Das `Iterable` wird beispielsweise von der Klasse `ArrayList` implementiert, aber auch die zwei Sammlungen, die Sie im neunten Kapitel erstellt haben, haben dieses Interface implementiert. Alle diese Klassen müssen ein *Produkt*, ein Objekt vom Typ `Iterator` zurückgeben können; der Iterator schreibt drei Methoden vor, mit denen Sie elementweise durch die Sammlung iterieren können. In den meisten Fällen dürfte es sich anbieten, den Iterator als anonyme Klasse zu definieren, also `return new Iterator{ ... }`. Die nachfolgende Grafik zeigt dieses Zusammenspiel.

Sie definieren eine Schnittstelle, das Interface `Iterable`, das eine Methode zum Erzeugen von Objekten vorschreibt: `iterator()`. Diese Methode ist die *Fabrikmethode*. Ein Objekt vom Typ der Schnittstelle `Iterable` muss ein Objekt vom Typ `Iterator` zurückgeben, das mit der eigenen Spezifikation zusammenarbeitet. Auf dem vorstehenden Diagramm habe ich dieses Objekt hilfsweise `MyIterator` genannt.

Wenn die Methode `iterator()` eine Fabrikmethode ist, weil sie ein Objekt zurückgibt, könnte man doch im Umkehrschluss sagen, dass jede Methode, die ein Objekt zurückgibt, eine Fabrikmethode ist – was in der Objektorientierten Programmierung gar nicht so selten ist. Eine Fabrikmethode zeichnet sich dadurch aus, dass Unterklassen über die genaue Ausprägung des Objekts entscheiden. Der Client weiß nicht, aus welcher Klasse das Objekt, das er erhält, erzeugt wurde.

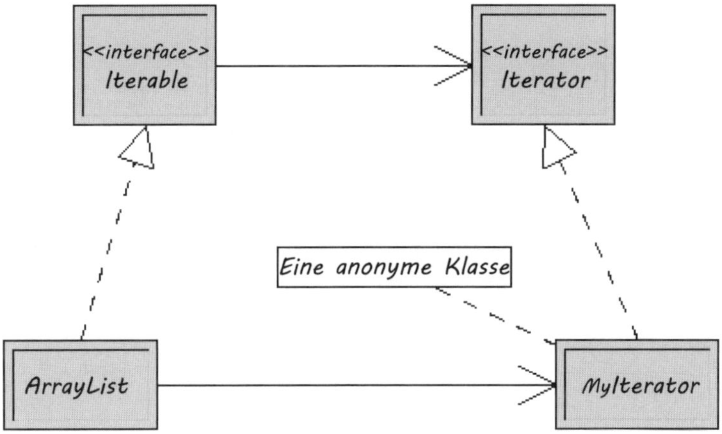

Bild 12.2 Klassendiagramm Factory Method Pattern

Sinnvoll ist das Factory Method Pattern, wenn Sie allgemeingültigen Code schreiben wollen. Eine for-each-Schleife, die ich im letzten Beispiel angesprochen habe, hat keine Idee davon, von welcher Klasse das Objekt vom Typ `Iterable` instanziiert wurde – sie benötigt dieses Wissen auch gar nicht. Genauso wenig ist es für die for-each-Schleife interessant, mit welchem konkreten Produkt sie arbeitet. Da die Bindung des konkreten Iterator-Objektes zur for-each-Schleife sehr lose ist, können Sie beliebige Sammlungsklassen definieren und in der for-each-Schleife einsetzen. Der konkrete Erzeuger ist verantwortlich für die Erzeugung eines passenden konkreten Produkts.

Wenn Sie ein neues Objekt mit dem new-Operator erzeugen, müssen Sie immer einen Konstruktor der Klasse aufrufen. Wenn Sie eine Fabrikmethode definieren, können Sie den Bezeichner hingegen beliebig wählen. Betrachten Sie beispielsweise das Vorgehen der Klasse `Color`. Hier gibt es zahlreiche statische Methoden, deren einzige Aufgabe es ist, aus bestimmten Parametern ein Color-Objekt zu erzeugen. Dabei gibt es beispielsweise die Methode `getHSBColor()`, die sehr viel prägnanter ihren Zweck beschreibt.

> Wenn Sie das Factory Method Pattern bis hierher mit der Abstract Factory vergleichen, fällt Ihnen sicher auf, dass die Abstract Factory sehr viel komplexer ist. Tatsächlich beginnen viele Projekte mit der Factory Method und enden schließlich bei der Abstract Factory. ■

12.3.2 Bei der Abstract Factory

Im letzten Kapitel, als Sie das Geisterhaus programmiert haben, haben Sie mehrfach auf die Factory Method zurückgegriffen. Da gab es den Erzeuger, die Klasse `BauteilFabrik`. In dieser Klasse gibt es die Methoden `erzeugeRaum()`, `erzeugeTuer()` und `erzeugeWand()`, die alle Türen, Räume und Wände erzeugen, die keinerlei Besonderheit, also weder einen Geist noch einen Zauberspruch, haben. Diese Klasse ist die Schnittstelle und nichts spricht dagegen, die Schnittstelle so zu definieren, dass sie ein Default-Verhalten mitbringt. Daher wurden von dieser Klasse weitere Klassen, sogenannte konkrete Erzeuger, abgeleitet; die eine Klasse erzeugt Türen mit Zauberspruch. Die andere Klasse erzeugt Türen mit Zauberspruch und Räume mit Geistern. Die abgeleiteten Klassen überschreiben bestimmte erzeuge-Methoden der Oberklasse. Bei den Produkten sah es ähnlich aus. Produkte waren die Klassen `Tuer`, `Raum` und `Wand`. Davon wurden weitere konkrete Produkte abgeleitet: Türen mit Zaubersprüchen und Räume mit Geistern.

12.4 Ein größeres Beispiel - ein Framework

Praktische Anwendung findet die Factory Method beim Erstellen von Frameworks.

12.4.1 Das Projekt, das erstellt werden wird

Sie erstellen ein Framework, das Termine und Kontakte verwaltet. Auf der folgenden Grafik sehen Sie, dass ich verschiedene Kontakte erstellt habe. Außerdem habe ich einen Termin mit meiner Lektorin am 24. April 2014 - den darf ich keinesfalls vergessen!

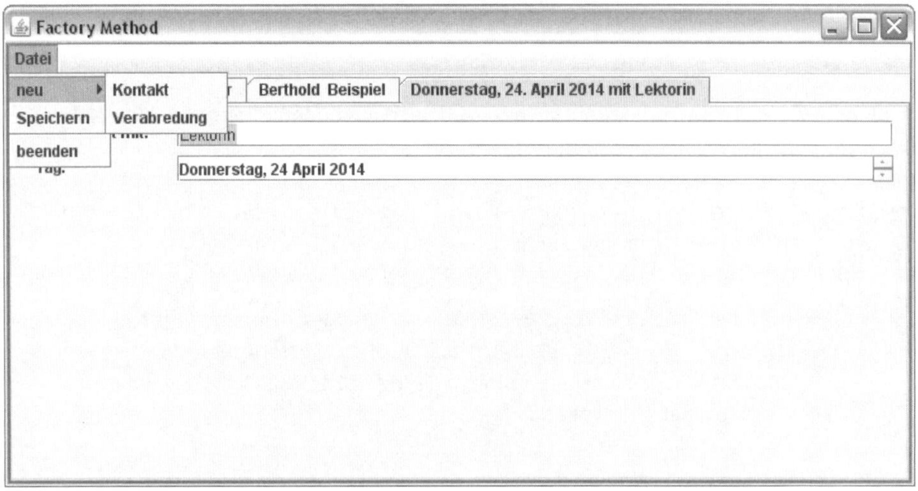

Bild 12.3 Ansicht des fertigen Projekts

Der Rahmen des Programms stellt eine leere Oberfläche und das Menü zur Verfügung. Sie können Einträge (Verabredungen und Kontakte) erfassen. Wenn Sie einen neuen Eintrag erstellt haben, wird dieser auf einem neuen Karteireiter angezeigt. Das Programm soll flexibel bleiben, um in einer weiteren Ausbaustufe neue Einträge wie E-Mails oder ganze Adressbücher anzeigen zu können. Sie ahnen, dass die Reise dahin geht, dass der Rahmen und die Einträge voneinander getrennt sind und nur über lose Schnittstellen verfügen.

Lassen Sie uns die Verbindung von Rahmen und Eintrag genauer betrachten. Die Einträge sind für ihre Daten sicher selbst verantwortlich. Ein Kontakt besteht aus Vor- und Nachname und einem Geburtsdatum. Ein Termin besteht aus dem Namen des anderen Teilnehmers und dem Tag der Verabredung. Die Frage ist nun, welche Einheit die Steuerelemente für die jeweiligen Daten zusammensetzen. Wenn Sie diese Aufgabe an den Rahmen delegieren, setzt dies voraus, dass der Rahmen alle Daten aller denkbaren Einträge kennt. Sie schränken sich insofern ein, als ein bestehender Eintrag keine zusätzlichen Daten bekommen darf, weil der Rahmen sonst modifiziert werden müsste. Auch die Implementierung neuer Einträge wäre ausgesprochen aufwendig, weil die neuen Steuerelemente im Rahmen codiert werden müssten. Der Rahmen wurde jedoch schon ausgiebig getestet und an den Kunden ausgeliefert - Sie werden ihn unter keinen Umständen jemals erneut anfassen wollen. Also muss die Verantwortung für die Gestaltung des Editors an die Klasse delegiert werden, die am besten die benötigen Steuerelemente kennt: den Eintrag selbst.

12.4.2 Die Schnittstellen für Einträge und deren Editoren

Die Einträge implementieren das Interface `Eintrag`. Es schreibt zwei Methoden vor; die eine fordert beim Eintrag eine textuelle Beschreibung an, die andere ruft ein Objekt vom Typ `EintragsPanel` ab. Der zurückgegebene `EintragsPanel` kann entweder für eine Verabredung oder für einen Kontakt optimiert sein - das ist so wie beim Iterator, der von jeder beliebigen Liste mit seinen eigenen Spezifika zurückgegeben wird.

Listing 12.3 Interface „Eintrag" im Projekt „Adressbuch"

```
public interface Eintrag
{
    String getBeschreibung();
    EintragsPanel getEintragsPanel();
}
```

Der Editor eines Eintrags ist vom Typ der Schnittstelle `EintragsPanel`. Diese Schnittstelle schreibt auch wieder zwei Methoden vor. Eine Methode fordert den Editor auf, den Eintrag zu speichern. Die andere Methode gibt ein JPanel zurück, auf dem die Steuerelemente angeordnet sind.

Listing 12.4 Interface „EintragsPanel" im Projekt „Adressbuch"

```
public interface EintragsPanel
{
    void speichern();
    JPanel getEditor();
}
```

Wie diese Schnittstellen realisiert werden, zeigt der folgende Absatz

12.4.3 Die Klasse „Kontakt" als Beispiel für einen Eintrag

Ich möchte folgend die Klasse `Kontakt` als Beispiel für einen möglichen Eintrag vorstellen. Die Klasse speichert in ihren Datenfeldern den Vornamen, den Nachnamen und das Geburtsdatum. Außerdem erstellt die Klasse ein Objekt vom Typ `EintragsPanel`. Dieses Objekt ist eine Instanz einer inneren Klasse, die weiter unten beschrieben wird.

Listing 12.5 Gekürzter Quelltext der Klasse „Kontakt" im Projekt „Adressbuch"

```
public class Kontakt implements Eintrag
{
    private String vorname = "<Vorname>";
    private String nachname = "<Nachname>";
    private Date geburtstag = new Date();
    private final EintragsPanel EINTRAGS_PANEL = new MyEditor();

    @Override
    public EintragsPanel getEintragsPanel()
    {
        return EINTRAGS_PANEL;
    }

    @Override
    public String getBeschreibung()
    {
        return vorname + " " + nachname;
    }

    private class MyEditor implements EintragsPanel
    {
        // … nicht abgedruckt
    }
}
```

Im Konstruktor der inneren Klasse wird das Editor-Panel zusammengesetzt. Ich verwende hier das `ZweiSpaltenLayout`, das Sie im Kapitel über das Strategy Pattern entwickelt haben. Ferner habe ich den Eingabefeldern einen FocusListener spendiert, der den gesamten Text markiert, wenn Sie in das Feld klicken. Und schließlich bekommt der JSpinner, in dem das Geburtsdatum eingetragen wird, einen eigenen Datumseditor und ein Datumsmodel. Bitte analysieren Sie den Code des Projekts.

Die Eingabefelder werden als Datenfelder gespeichert. Wenn der Anwender den Befehl zum Speichern der Daten gibt, überträgt der Editor die Werte aus den Eingabefeldern und aus dem JSpinner in die Datenfelder der äußeren Klasse. Wenn Sie das Projekt weiter ausbauen, könnten Sie beispielsweise vorsehen, dass die Klasse serialisiert wird. Die Methode `getEditor()` gibt das im Konstruktor aufgebaute Panel zurück.

Listing 12.6 Quelltext der inneren Klasse „MyEditor" im Projekt „Adressbuch"

```
private class MyEditor implements EintragsPanel
{
    private final JPanel PNL_EINGABE = new JPanel();
    private final JTextField EDT_VORNAME = new JTextField();
    private final JTextField EDT_NACHNAME = new JTextField();
    private final JSpinner SPN_GEBURTSTAG = new JSpinner();
```

```
    MyEditor()
    {
        // ... gekürzt
    }

    @Override
    public void speichern()
    {
        vorname = EDT_VORNAME.getText();
        nachname = EDT_NACHNAME.getText();
        geburtstag = (Date) SPN_GEBURTSTAG.getValue();
    }

    @Override
    public JPanel getEditor()
    {
        return PNL_EINGABE;
    }
}
```

Wie geht der Client mit diesen Klassen um?

12.4.4 Die Klasse „FactoryMethod" als Client

In dieser Klasse gibt es eine Liste, in der alle Einträge gespeichert werden. Jeder neue Eintrag bekommt einen eigenen Reiter in einer JTabbedPane auf der GUI. Wenn der Anwender im Menü auf **Speichern** klickt, vergleicht ein Objekt vom Typ `Action` jeden Eintrag in die Liste mit jedem Eintrag mit den Komponenten der JTabbedPane. Von der gerade selektierten Komponente wird der Editor ermittelt und darauf die Methode `speichern()` aufgerufen. Der Konstruktor setzt die Steuerelemente zusammen und zeigt die GUI auf dem Bildschirm an.

Listing 12.7 Gekürzter Quelltext des Clients im Projekt „Adressbuch"

```
public class FactoryMethod implements ActionListener
{
    private final List<Eintrag> LISTE_EINTRAEGE = new ArrayList<>();
    // ... gekürzt
    private JMenuItem mnBeenden = new JMenuItem();
    private Action speichernAction = new AbstractAction("Speichern")
    {
        @Override
        public void actionPerformed(ActionEvent e)
        {
            for (Eintrag tempEintrag : LISTE_EINTRAEGE)
            {
                Object selectedPanel =
                                     tbbMain.getSelectedComponent();
                if (tempEintrag.getEintragsPanel().getEditor() ==
                                                   selectedPanel)
                {
                    tempEintrag.getEintragsPanel().speichern();
                    // ... gekürzt ...
                }
```

```
            }
        }
    };
}
```

Die meisten kniffligen Punkte in dieser Klasse liegen im Bereich der Swing-Programmierung. Für das Factory Method Pattern wichtig ist, dass die Kopplung des Clients an die Einträge lose ist, was es Ihnen erlaubt, sehr einfach weitere Einträge zu entwickeln.

Sie sehen an diesem Beispiel die Stärke der Factory Method: Der Client muss keine Kenntnis darüber haben, von welcher Klasse das Objekt vom Typ `EintragsPanel` instanziiert wurde. Es genügt, dass er auf dem Objekt vom Typ `Eintrag` die Fabrikmethode `getEintragsPanel()` aufruft. Da Interfaces Klassen mit ausschließlich abstrakten Methoden sind, können Sie sagen, dass der Eintrag (Kontakt oder Vererbung) die Verantwortung für die Erzeugung des EintragsPanels an eine Unterklasse hat.

12.5 Unterschied zur Abstract Factory

Lassen Sie uns abschließend die Unterschiede zur Abstract Factory ansehen. Auf den ersten Blick scheint der Unterschied verhältnismäßig klar zu sein: Die abstrakte Fabrik erstellt eine Produktfamilie; denken Sie an ein einheitliches Look and Feel oder einen bestimmten Garten. Mit der Fabrikmethode wird ein einzelnes Produkt erstellt. Da nirgendwo steht, dass eine Familie zwingend aus zwei oder mehr Produkten bestehen muss, darf der Unterschied nicht allein daran festgemacht werden.

Der meines Erachtens wichtigere Unterschied ist der, dass die Abstract Factory objektbasiert ist, die Factory Method klassenbasiert. Objektbasierte Muster beruhen auf dem Zusammenspiel von Objekten, die vom Client ausgewählt werden. Klassenbasierte Muster beziehen Vererbung mit ein; die Oberklasse ruft die „richtige“ Methode auf.

Ich habe Ihnen im ersten Kapitel gesagt, dass die Patterns in drei Kategorien unterteilt sind: Erzeugungsmuster, Verhaltensmuster und Strukturmuster. Die GoF hat innerhalb dieser drei Kategorien aber noch zwei weitere Unterschiede getroffen: nach dem Gültigkeitsbereich.

Klassenbasierte Muster sind das Template Method und der Interpreter. Beim Adapter gibt es zwei Ausprägungen - einen objektbasierten und einen klassenbasierten. Alle anderen Pattern sind objektbasiert - die GoF folgt also ihrem eigenen Postulat, dass Komposition der Vererbung vorzuziehen ist. Einen Überblick über die Musterkategorien finden Sie auf meiner Homepage *www.patternsBuch.de*

12.6 Zusammenfassung

Gehen Sie das Kapitel noch mal stichwortartig durch!

- Die Factory Method unterstützt SRP: Objekterstellung und Objektgebrauch werden getrennt.
- Die Objekterstellung wird in eine eigene Klasse ausgelagert.
- Der Erzeuger delegiert die Objekterstellung an eine Unterklasse.
- Er ruft dazu die namensgebende Factory Method auf: z.B. `createCar()`.
- Die Unterklasse muss diese Methode auf ihre eigene für sie typische Art und Weise definieren.
- Die Unterklasse entscheidet, welches konkrete Produkt – Objekt – erstellt wird.
- Erzeuger und Produkte stützen sich auf Abstraktionen und sind daher für den Client austauschbar.
- Drei Variationen sind denkbar:
  - Der Erzeuger kann neben der Factory Method weitere Methoden definieren, die auf alle erzeugten Produkte angewendet werden, bevor diese zurückgegeben werden.
  - Der Erzeuger kann in der Factory Method eine Default-Implementierung vorsehen.
  - Die Fabrikmethode kann parametrisiert sein.

Zweckbeschreibung:

Die Gang of Four beschreibt den Zweck des Patterns wie folgt:

„Definiere eine Klassenschnittstelle mit Operationen zum Erzeugen eines Objekts, aber lasse Unterklassen entscheiden, von welcher Klasse das zu erzeugende Objekt ist. Fabrikmethoden ermöglichen es einer Klasse, die Erzeugung von Objekten an Unterklassen zu delegieren.“

13 Prototype Pattern

Das Prototype Pattern gehört zur Kategorie der Erzeugungsmuster. Sie haben eine bestimmte Anzahl von Produkten, die sich nicht wesentlich unterscheidet. Sie erstellen von einem Produkt einen Prototyp. Wenn Variationen angefordert werden, klonen Sie den Prototyp und variieren ihn. Beispiel: Sie bieten verschiedene Arten Pizzen an. Um mit der Menge an Bestellungen fertig zu werden, fertigen Sie von einer Pizza Margherita einen Prototyp an. Wenn eine Pizza Hawai bestellt wird, klonen Sie den Prototyp, belegen ihn mit Schinken und Ananas und servieren die fertige Pizza. Damit ist das Pattern eigentlich auch schon erklärt. In diesem Kapitel stelle ich Ihnen weitere Details vor und gehe auf die Frage ein, wie man Objekte in Java klont.

13.1 Objekte klonen

Das Prototype Pattern ist nicht wirklich schwer zu verstehen – das Problem liegt eher in der Frage, **wie** ein Objekt geklont werden kann. Unter *www.patternsBuch.de* finden Sie das Projekt „Auto“. Dort gibt es die Klasse `Motor` mit den Attributen `kennung`, `ps`, `hubraum` und den jeweiligen Zugriffsmethoden. Die Klasse `Auto` hält eine Referenz auf eine Motor-Instanz, `Auto` speichert die Anzahl der Sitze und schließlich die Sonderedition des Autos. Die Klasse implementiert ferner das Interface `Cloneable` und überschreibt die Methode `clone()` von `Object`.

Listing 13.1 Gekürzter Quelltext der Klasse „Auto“ im Projekt „Autofabrik“

```
public class Auto implements Cloneable
{
    private Motor motor;
    private Edition edition;
    private int anzahlSitze;

    Auto(Motor motor, Edition edition, int anzahlSitze)
    {
        this.motor = motor;
        this.edition = edition;
        this.anzahlSitze = anzahlSitze;
```

```
    }

    @Override
    public Object clone() throws CloneNotSupportedException
    {
        return super.clone();
    }
}
```

Die main-Methode der Test-Klasse führt die Verwendung des Projekts vor. Zuerst wird ein Motor erzeugt und in das als Prototyp konzipierte Auto eingebaut. Der Prototyp soll in der Edition TINY erstellt werden.

```
Motor motor = new Motor("General Motors", 100, 1.6);
Auto prototyp = new Auto(motor, Edition.TINY, 4);
System.out.println("Prototyp: " + prototyp);
Auto neuesAuto = (Auto) prototyp.clone();
System.out.println("Neues Auto: " + neuesAuto);
```

Auf der Konsole wird folgender Text ausgegeben:

Prototyp: 4-Sitzer PKW, Edition TINY, Motorisierung: General Motors mit 100 PS und 1.6 Hubraum

Neues Auto: 4-Sitzer PKW, Edition TINY, Motorisierung: General Motors mit 100 PS und 1.6 Hubraum

Sie haben also einen Klon vom Prototyp erzeugt.

13.1.1 Kritik an der Realisierung

Die Lösung funktioniert zwar, aber unproblematisch ist sie nicht. Betrachten Sie den ersten Ansatz kritisch.

13.1.1.1 Das Interface „Cloneable"

Die Methode `clone()` der Klasse `Object` hat die Sichtbarkeit `protected`. Sie muss also von einer Subklasse erst `public` gemacht werden. Welche Rolle spielt das Interface `Cloneable`? Bitte kommentieren Sie testweise im Projekt das Interface aus:

```
public class Auto // implements Cloneable
{
    // ... gekürzt ...

    @Override
    public Object clone() throws CloneNotSupportedException
    {
        return super.clone();
    }
}
```

Rufen Sie die Testmethode erneut auf. Sie werden sehen, dass eine `CloneNotSupported Exception` geworfen wird. Die Default-Implementierung der Methode `clone()` prüft zunächst, ob das zu klonende Objekt vom Typ `Cloneable` ist. Das Interface ist ein reines Marker-Interface – es schreibt keine Methode vor. Wenn das zu klonende Objekt nicht von diesem Typ ist, wirft die Standardimplementierung die Exception. Wenn das zu klonende Objekt vom Typ `Cloneable` ist, wird eine bitweise Kopie hiervon erstellt und zurückgegeben. Der Typ des Klons ist gleich dem Typ des Originals.

Die Dokumentation empfiehlt, dass das ursprüngliche Objekt und der Klon folgende Beziehungen haben:

- Die Objekte haben unterschiedliche Referenzen `prototyp != klon`.
- Die Objekte sind gleich im Sinne von `equals()`.
- Die Klassen sind identisch: `prototyp.getClass() == klon.getClass()`.

Die main-Methode der Testklasse testet diese Bedingungen:

```
System.out.println("Teste auf Referenzidentitaet (==): " +
                                        (neuesAuto == prototyp));
System.out.println("Teste auf Gleichheit (equals): " +
                                     neuesAuto.equals(prototyp));
System.out.println("Klasse Prototyp: " + prototyp.getClass());
System.out.println("Klasse neues Auto: " + neuesAuto.getClass());
```

Auf der Konsole wird ausgegeben:

Teste auf Referenzidentitaet (==): false

Teste auf Gleichheit (equals): true

Klasse Prototyp: class Auto

Klasse neues Auto: class Auto

Die Standardimplementierung der equals-Methode in `Object` prüft die Referenzgleichheit der zu vergleichenden Objekte (`prototyp == klon`). Da Prototyp und Klon jedoch unterschiedliche Referenzen haben, werden Sie, wenn Sie `clone()` überschreiben, auch `equals()` überschreiben. Wenn Sie `equals()` überschreiben, sollten Sie auch `hashCode()` überschreiben. Die Dokumentation von `equals()` sagt:

„The equals method for class Object implements the most discriminating possible equivalence relation on objects; that is, for any non-null reference values x and y, this method returns true if and only if x and y refer to the same object (x == y has the value true).

Note that it is generally necessary to override the hashCode method whenever this method is overridden, so as to maintain the general contract for the hashCode method, which states that equal objects must have equal hash codes.“

13.1.1.2 Das Problem gleicher Referenzen

Die main-Methode lässt sich folgend den Motor den Prototypen zurückgeben und setzt dort eine andere Kennung. Erneut lassen Sie sich die Daten der Fahrzeuge auf der Konsole ausgeben.

```
motor = prototyp.getMotor();
motor.setKennung("Marshall Motors");
System.out.println("Prototyp: " + prototyp);
System.out.println("Neues Auto: " + neuesAuto);
```

Auf der Konsole wird nun (gekürzt) ausgegeben:

Prototyp: (...) Motorisierung: Marshall Motors mit 100 PS und 1.6 Hubraum

Neues Auto: (...) Motorisierung: Marshall Motors mit 100 PS und 1.6 Hubraum

Eine Änderung, die Sie am Prototypen vorgenommen haben, schlägt bis zum Klon durch. Sie müssen kritisch hinterfragen, ob das gewollt ist. Alle Arbeitnehmer einer Firma – die Prototypen und die Klone – haben den gleichen Arbeitgeber, und wenn er heute „Dr. Z" und morgen „Dr. Q" heißt, betrifft das alle Arbeitnehmer. Hier ist eine Änderung an einem referenzierten Objekt eines Prototyps sicher für alle Klone wichtig. Es ist aber auch der umgekehrte Fall denkbar: Dolly und das Prototyp-Schaf dürfen die gleiche DNA haben. Es darf aber keinesfalls passieren, dass Sie Dolly scheren und das Ursprungsschaf dann ebenfalls nackig auf der Wiese steht. Änderungen am Klon oder am Prototypen dürfen in diesem Fall auf das jeweils andere Exemplar keinen Einfluss haben. Aber lassen Sie uns zunächst betrachten, warum der Motor bei beiden Autos derselbe ist.

13.1.1.3 Was passiert beim Klonen?

Das Klonen habe ich im oberen Beispiel an die Standardimplementierung der Methode `clone()` delegiert:

```
public Object clone() throws CloneNotSupportedException
{
    return super.clone();
}
```

Diese Standardimplementierung kopiert das zu klonende Objekt bitweise. Dabei werden die Inhalte der Variablen unverändert mitkopiert. Was passiert dann bei einer Variablen mit primitivem Datentyp? An der Stelle, wo Sie zum Beispiel eine int-Variable anlegen, wird nach einer Zuweisung der Wert der Zahl abgelegt. Die Variable erleichtert Ihnen lediglich den Zugriff auf die Speicherstelle innerhalb des Objekts. Wenn Sie der Variablen einen neuen Wert zuweisen, wird die Speicherstelle innerhalb des Objekts überschrieben. Auf den Klon, der seinen eigenen Speicherbereich hat, hat diese Zuweisung keinen Einfluss. Wenn Sie eine Variable mit einem komplexen Datentyp haben, wird an der Stelle der Variablen eine Referenz auf das zugewiesene Objekt hinterlegt. Das Objekt wird auf dem Heap gespeichert. Und diese Referenz wird genauso kopiert wie der Wert der primitiven Variablen. Also halten zwei Objekte unabhängig voneinander eine Referenz auf das gleiche Objekt. Unkritisch ist das, wenn Sie immutable Objekte referenzieren. Wenn Klon und Prototyp auf das gleiche String-Objekt verweisen und Sie diesen String entweder auf dem Klon oder auf dem Prototyp ändern, wird dort ein neues String-Objekt angelegt und referenziert. Das Vorgehen der bitweisen Kopie wird *shallow copy* oder *flache Kopie* genannt. Wenn Sie Arrays oder Collections klonen, erhalten Sie immer eine flache Kopie. Unter *www.patternsBuch.de* habe ich das Projekt „Test_Sammlungen" hinterlegt, das Ihnen die flache Kopie demonstriert.

Das kann wie im Beispiel des gemeinsamen Arbeitgebers gewünscht sein. Es kann aber auch sein, dass Sie keine zwei geschorenen Schafe auf der Wiese stehen haben möchten. Einen Motor können Sie nur in ein einziges Auto einbauen. Es bietet sich also an, die Tiefe der Kopie zu ändern und eine *deep copy*, eine *tiefe Kopie* zu erstellen. Dazu verfolgen Sie rekursiv alle referenzierten Objekte und erstellen Kopien von ihnen.

Die Klasse `Object` definiert die `protected` Methode `clone()` mit. Unterklassen machen diese Methode `public`, sie überschreiben die Methode mit `super.clone()`. Die Standardimplementierung der Methode in `Object` fordert Speicherplatz für den Laufzeittyp des Objekts an. Anschließend wird das Objekt bitweise kopiert. Wenn das zu klonende Objekt nicht vom Typ `Cloneable` ist, wirft die Standardimplementierung eine Exception.

Sie als Programmierer sind dafür verantwortlich, die Methode `clone()` sinnvoll zu überschreiben. Das bedeutet insbesondere auch, dass Sie entscheiden müssen, ob Sie tiefe oder flache Kopien erstellen. Der Aufrufer der von Ihnen überschriebenen clone-Methode kann nicht erkennen, ob Sie tief oder flach kopieren. **Sie müssen also Ihr Vorgehen in jedem Fall in der JavaDoc dokumentieren.**

13.1.2 In Vererbungshierarchien klonen

Es ist einzig und allein Ihnen überlassen, wie Sie die clone-Methode implementieren. Denkbar sind daher auch die folgend dargestellten Lösungen. Die clone-Methode der Klasse `Auto` könnte mit dem new-Operator ein neues Auto-Objekt erzeugen. Die Anzahl Sitze und die Referenz auf die Enum werden kopiert; ein neuer Motor wird angelegt.

```
@Override
public Object clone() throws CloneNotSupportedException
{
    Motor neuerMotor = new Motor("Bishop Motors", 80, 1.4);
    Auto auto = new Auto(neuerMotor, Edition.TINY, 4);
    return auto;
}
```

Einen ähnlichen Effekt erreichen Sie mit dem *CopyConstructor*. Auch hierbei wird eine neue Auto-Instanz erzeugt; der Prototyp übergibt sich als Argument an den privaten Konstruktor.

```
public class Auto implements Cloneable
{
    private Motor motor;
    private Edition edition;
    private int anzahlSitze;

    Auto(Motor motor, Edition edition, int anzahlSitze)
    {
        this.motor = motor;
        this.edition = edition;
        this.anzahlSitze = anzahlSitze;
    }

    private Auto(Auto auto)
    {
        this.motor = new Motor("Bishop Motors", 80, 1.4);
        this.anzahlSitze = auto.anzahlSitze;
        this.edition = auto.edition;
    }
```

```
    @Override
    public Object clone() throws CloneNotSupportedException
    {
        return new Auto(this);
    }
    // ... gekürzt ...
}
```

Bitte betrachten Sie diese beiden Ansätze sehr skeptisch – sie sind nicht unproblematisch. Gehen Sie davon aus, dass Sie irgendwann mit Vererbung zu tun haben – Auto soll Superklasse für Roadster sein. Wie werden die Sub-Klassen geklont? Der Roadster könnte versuchen, mit super.clone() einen Klon anzufordern – so, wie er es in der vorigen Version auch gemacht hat. Die clone-Methode von Auto würde ein Objekt vom dynamischen Typ Auto zurückliefern, und das kann nicht in einen Subtyp, beispielsweise Roadster, gecastet werden; ein entsprechender Cast würde eine ClassCastException auslösen.

Denkbar wäre, den dynamischen Typ abzufragen und den entsprechenden Konstruktor aufzurufen:

```
@Override
public Object clone() throws CloneNotSupportedException
{
    if(auto.getClass == Roadster.class)
       return new Roadster(this);
    else
       return new Auto(this);
}
```

Jede neue Subklasse von Auto wird einen neuen if-Zweig bekommen – das ist Horror! Es muss aber sichergestellt sein, dass der Klon dem Typ der Subklasse entspricht, da ein Klon die Bedingung prototyp.getClass() == klon.getClass() erfüllen soll. Wenn eine Klasse möglicherweise Subklassen hat, sie also nicht final ist, muss sie die clone-Methode also anders implementieren. Da eine Superklasse niemals alle Subklassen kennen kann, darf es nicht ihre Aufgabe sein, den Laufzeittyp des zu klonenden Objektes zu ermitteln. Den Laufzeittyp kann nur die Standardimplementierung von Object.clone() berücksichtigen. Eine Klasse, die nicht final ist, sollte also das zurückzugebende Objekt mit super.clone() anfordern.

Möglich ist natürlich, dass eine Superklasse private Datenfelder ändern muss, bevor der Klon zurückgegeben wird. Im Projekt „Autofabrik_Superklasse" erbt die Klasse Roadster von Auto. Zusätzlich wollen Sie erreichen, dass der Roadster beim Klonen einen neuen eigenen Motor bekommt. Wie erreichen Sie dieses Ziel? In dieser Projektversion habe ich die setMotor-Methode entfernt. Also kann ein neues Auto nur auf drei Wegen einen neuen Motor bekommen: Entweder der Konstruktor wird entsprechend parametrisiert, ein anderes Auto-Objekt ändert den Motor oder das Objekt ändert seinen Motor selbst. Einen Konstruktor werden Sie nicht aufrufen. Also muss es eine andere Lösung geben.

Der Client ruft die clone-Methode der Klasse Roadster auf, die ihrerseits die clone-Methode der Superklasse aufruft:

Listing 13.2 „clone()“ der Klasse „Roadster“ im Projekt „Autofabrik_Superklasse“

```
@Override
public Object clone() throws CloneNotSupportedException
{
    return super.clone();
}
```

Die clone-Methode von Auto ruft zuerst die clone-Methode von Object auf. Sie erhält ein Objekt vom dynamischen Typ Roadster zurück - Sie erinnern sich: Object.clone() liefert den Laufzeittyp zurück. Dieses Objekt wird auf den Typ Auto gecastet; das ist nach dem Liskov'schen Substitutionsprinzip erlaubt - eine Subklasse soll ihre Basisklasse ersetzen können. Jetzt hat die Auto-Instanz Zugriff auf das private Datenfeld motor und weist einen neuen Motor zu. Danach wird das geklonte Objekt zurückgegeben. Der Client erhält ein Objekt vom dynamischen Typ Roadster mit einem nagelneuen Motor.

Listing 13.3 „clone()“ der Klasse „Auto“ im Projekt „Autofabrik_Superklasse“

```
@Override
public Object clone() throws CloneNotSupportedException
{
    Object klon = super.clone();
    Auto autoKlon = (Auto) klon;
    Motor neuerMotor = new Motor("Roadster Star", 80, 1.4);
    autoKlon.motor = neuerMotor;
    return autoKlon;
}
```

Wie wird das in Praxis gemacht? In der Praxis ist es sinnvoll, wenn Klassen, von denen andere Klassen abgeleitet werden, die clone-Methode nur protected überschreiben und das Interface Cloneable nicht implementieren. Unterklassen sind dann frei, Klonen zu unterstützen oder nicht.

Bisher war die clone-Methode entsprechend der Signatur der Klasse Object implementiert: Der Rückgabewert ist vom Typ Object; außerdem wird die CloneNotSupportedException propagiert. Lassen Sie uns diese beiden Punkte noch genauer betrachten.

Wenn eine Methode ein Objekt von einem bestimmten Typ zurückgibt, muss der Client sie zuerst auf den erwarteten Typ casten. Seit Java 5 sind *kovariante Rückgabetypen* erlaubt; die clone-Methode darf also ein Auto-Objekt zurückgeben, wie der folgende Code-Schnipsel zeigt.

```
@Override
public Auto clone() throws CloneNotSupportedException
{
    Object klon = super.clone();
    Auto autoKlon = (Auto) klon;
    Motor neuerMotor = new Motor("Roadster Star", 80, 1.4);
    autoKlon.motor = neuerMotor;
    return autoKlon;
}
```

Über das andere Thema, die CloneNotSupportedException wird in den Foren leidenschaftlich gestritten; die herrschende Meinung in der Literatur ist über diese Exception nicht glücklich. Auf der einen Seite gibt es eine Methode clone(), die von der Klasse überschrieben wird; auf der anderen Seite sagt genau diese Methode, dass sie Klonen eventuell gar nicht unterstützt. Geworfen wird die CloneNotSupportedException, wenn die Standardimplementierung der Klasse clone() feststellt, dass das zu klonende Objekt nicht vom Typ Clonable ist. Relevant ist dieser Fall jedoch nur, wenn in einer Vererbungshierarchie keine der Superklassen das Interface Cloneable implementiert. Dieser Fehler ist jedoch zur Compile-Zeit zu erkennen und heilbar; es ist daher unverhältnismäßig, eine checked Exception zu propagieren. Für die Praxis bietet es sich daher an, die Exception innerhalb der clone-Methode zu fangen und stattdessen einen AssertionError zu werfen:

```
@Override
public Auto clone()
{
    try
    {
        Object klon = super.clone();
        Auto autoKlon = (Auto) klon;
        Motor neuerMotor = new Motor("Roadster Star", 80, 1.4);
        autoKlon.motor = neuerMotor;
        return (Auto) autoKlon;
    }
    catch(CloneNotSupportedException exc)
    {
        throw new AssertionError();
    }
}
```

Im folgenden Abschnitt entwerfen Sie ein größeres Projekt, das auf Prototypen aufbaut.

13.2 Ein größeres Projekt

Sie zeichnen verschiedenfarbige Kreise und verbinden diese mit Linien. Sowohl Kreise als auch Linien sind *Grafiken*. Sie können sowohl Kreise als auch Linien löschen. Linien, die nach dem Löschen keine zwei Grafiken mehr verbinden, werden ebenfalls gelöscht. Auf Bild 13.1 sehen Sie das Programm in Aktion.

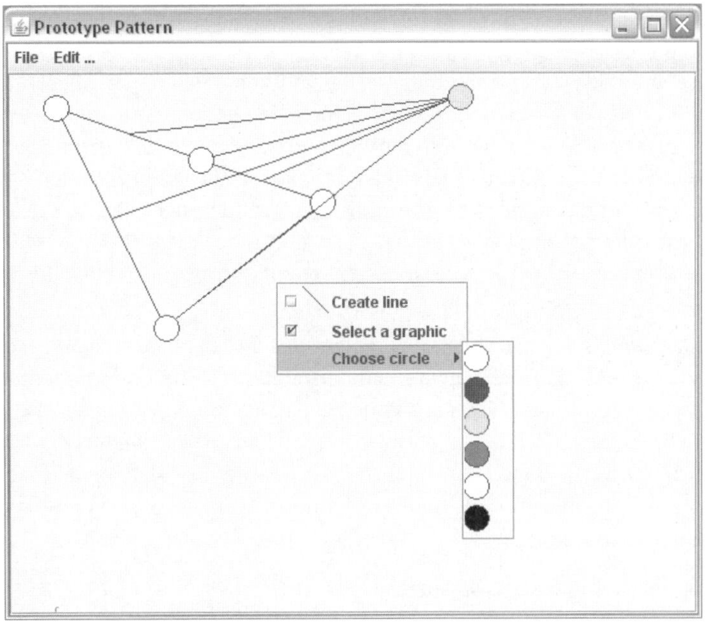

Bild 13.1 Beispielprogramm „GraphEditor“

13.2.1 Besprechung der ersten Version

Mit einem rechten Mausklick öffnen Sie das Kontextmenü und wählen, ob Sie entweder eine Linie zeichnen oder einen Kreis hinzufügen oder eine Grafik auswählen möchten. Ihnen stehen verschiedene Kreise zur Verfügung: rote, blaue, grüne und so weiter. Wenn Sie auswählen, dass Sie eine Linie zeichnen möchten, klicken Sie entweder auf einen Kreis oder eine Linie und ziehen eine Linie zur Zielgrafik, die auch entweder eine Linie oder ein Kreis sein kann. Wenn Sie die Option **Select a graphic** auswählen, können Sie entweder einen Kreis oder eine Linie auswählen. Wenn Sie eine Auswahl getroffen haben, wählen Sie im Hauptmenü **Edit** und **Delete selected**. Die gewählte Grafik wird dann gelöscht, wobei alle betroffenen Verbindungen - Linien - ebenfalls gelöscht werden. Wenn Sie einen Kreis ausgewählt haben, können Sie diesen auch verschieben.

Sie können mit dieser Version des Grafikeditors das Autobahnnetz von Deutschland, den Metroplan von Paris oder was auch immer modellieren. Die Abbildung oben zeigt übrigens das Molekül von ChlorBromIodidAlkohol. In weiteren Ausbaustufen könnten Sie neben Kreisen auch Kästen hinzufügen und das Framework zu einem kleinen UML-Editor umbauen. Bevor ich Ihnen die wesentlichen Klassen des Projekts zeige, öffnen Sie es am besten mit NetBeans und machen sich mit der Handhabung vertraut.

Das Programm wird mit der main-Methode in der Klasse `ApplStart` gestartet. Diese Methode erzeugt ein JFrame und fügt dort das Hauptmenü und die Zeichenfläche, eine Instanz der Klasse `PanelCanvas`, hinzu. Die Klasse `PrototypeManager` erzeugt die Prototypen der zu zeichnende Kreise. In der Praxis kann diese Klasse beliebig groß werden; umfangreiche Initialisierungsroutinen zum Erstellen der Prototypen werden dorthin ausgelagert. Die

Klasse Diagram ist das Datenmodell des Editors. Hier werden die Grafiken in einer List gespeichert und verwaltet. Das Interface GraphicIF definiert Methoden, die von allen Grafiken (Kreise und Linien) implementiert werden müssen. Das hiervon abgeleitete Interface RelationIF beschreibt Methoden, die nur Linien implementieren müssen. Die Klassen Circle und Relation implementieren diese Schnittstellen und definieren die vorgeschriebenen Methoden. Jede Grafik muss beispielsweise das sie umschließende Rechteck beschreiben können und eine bestimmte Farbe und ihre Position speichern. Am wichtigsten ist vielleicht, dass eine Grafik sich selbst zeichnen und vor allem sich klonen können muss. Linien verbinden immer zwei andere Grafiken; sie müssen also zusätzlich die Anfangs- und die Endgrafik speichern und zurückgeben können.

Auf der PanelCanvas wird das Diagramm gezeichnet. Der MouseAdapter überschreibt einige EventHandler. Das PanelCanvas definiert außerdem einige Aktionen: Die Create_Line_Action setzt ein Flag, dass eine Linie gezeichnet werden soll. Die Aktion Select_Action legt fest, dass eine Grafik ausgewählt werden kann. Die Aktionen werden an JCheckBoxMenuItem-Instanzen übergeben und in das Kontextmenü des Panels eingehängt. Die Aktionen werden in eine ButtonGroup zusammengefasst, so dass immer nur eine ausgewählt werden kann.

```
ButtonGroup group = new ButtonGroup();
group.add(mnCreateLine);
group.add(mnSelect);
```

Im Konstruktor werden außerdem die Prototypkreise als Menüpunkte angelegt. Zuerst werden vom Prototypenverwalter alle Prototypen abgefragt. Dann wird iterativ für jeden Prototyp ein eigener Menüpunkt angelegt; beim Aufruf wird der Prototyp an das Datenfeld nextGraphic übergeben.

```
for (final GraphicIF TEMP_GRAPHIC :
                        PrototypeManager.getPrototypes())
{
    final Action SET_PROTOTYPE_ACTION = new AbstractAction()
    {
        @Override
        public void actionPerformed(ActionEvent event)
        {
            createLine = false;
            nextGraphic = TEMP_GRAPHIC;
        }
    };
    Icon icon = TEMP_GRAPHIC.getIcon();
    JCheckBoxMenuItem mnNewGraphic =
                new JCheckBoxMenuItem(SET_PROTOTYPE_ACTION);
    group.add(mnNewGraphic);
    mnDrawCircle.add(mnNewGraphic);
    mnNewGraphic.setIconTextGap(0);
    mnNewGraphic.setIcon(icon);
}
```

Wenn Sie einen Kreis ausgewählt haben und auf die Zeichenfläche klicken, wird der Eventhandler mouseClicked aufgerufen, der vom Datenfeld nextGraphic den Prototyp erfragt, ihn klont und den Klon im **Diagramm** speichert.

```
@Override
public void mouseClicked(MouseEvent event)
{
   mousePosition = event.getPoint();
    if (nextGraphic != null)
    {
        try
        {
            GraphicIF newGraphic = (GraphicIF) nextGraphic.clone();
            selected = newGraphic;
            DIAGRAM.add(newGraphic, mousePosition);
        }
        catch (CloneNotSupportedException ex)
        {
            new ErrorDialog(ex);
        }
    }
    else
        selected = DIAGRAM.findGraphic(mousePosition);
    repaint();
}
```

Das sind die wesentlichen Punkte des Programms. Alles Weitere sind Spielereien, die die Handhabung des Programms erleichtern. Bitte analysieren Sie selbst den Code des Programms.

13.2.2 Die zweite Version – deep Copy

In der zweiten Version (Projekt „GraphEditor_2") soll es möglich sein, das gesamte Diagramm zu klonen. Auf dem JFrame werden zwei Canvas-Instanzen platziert. Wenn Sie im Menüpunkt **File** auf **Clone Diagram** klicken, wird das Diagramm von der linken Seite auf die rechte kopiert. Sie können nun beide Diagramme unabhängig voneinander verändern. Bild 13.2 zeigt Ihnen die Oberfläche der neuen Version.

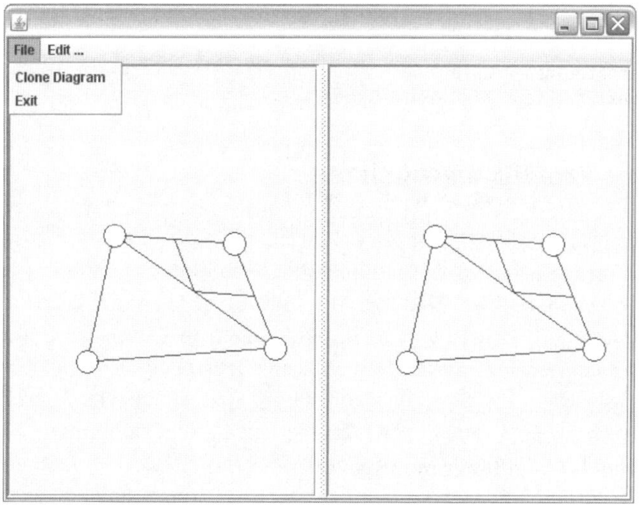

Bild 13.2 Geklontes Diagramm

Der Menüpunkt wird in der Klasse ApplStart definiert und im Menü eingehängt. Er fragt bei der linken Zeichenfläche das Diagramm ab und setzt es auf der rechten Seite ein. Die Klasse PanelCanvas definiert in dieser Version die Methode getDiagramAsClone(). Zuerst wird das ByteArrayOutputStream baos erzeugt und dem ObjectOutputStream oos übergeben. In das boas wird das Diagramm serialisiert. Anschließend erzeugen Sie den ByteArrayInputStream bais. Diesem werden die Daten des baos übergeben. Der bais wird dem ObjectInputStream ois übergeben, der das serialisierte Diagramm deserialisiert. Das so erzeugte Objekt wird auf ein Diagram gecastet und zurückgegeben. Serialisierung und Deserialisierung bewirken, dass die Objekte inklusive der von ihnen referenzierten Objekte unabhängig voneinander sind.

```
public Diagram getDiagramAsClone()
{
    Diagram clone = null;
    try
    {
        ByteArrayOutputStream baos = new ByteArrayOutputStream();
        ObjectOutputStream oos = new ObjectOutputStream(baos);
        oos.writeObject(diagram);
        ByteArrayInputStream bais =
                        new ByteArrayInputStream(baos.toByteArray());
        ObjectInputStream ois = new ObjectInputStream(bais);
        clone = (Diagram) ois.readObject();
        baos.close();
        oos.close();
        bais.close();
        ois.close();
    }
    catch (IOException ex)
    {
        new ErrorDialog(ex);
    }
    finally
    {
        return clone;
    }
}
```

In der letzten Version des Programms werden Sie eigene Prototypen entwerfen.

13.2.3 Eigene Prototypen definieren

Eine Besonderheit des Prototype Patterns ist, dass Sie eigene Prototypen zur Laufzeit entwickeln und hinzufügen können. Der „GraphEditor_3" beruht auf der ersten Projektversion. Es gibt im Menü **Edit** den neuen Menüpunkt **New Prototype**. Wenn Sie diesen Menüpunkt auswählen, erscheint ein Farbauswahldialog. Wählen Sie eine Farbe aus und klicken Sie auf **Ok**. Ein Kreis mit der gewünschten Farbe steht Ihnen jetzt als Prototyp im Kontextmenü zur Verfügung. In der Klasse ApplStart wird die Aktion NEW_PROTOTYPE_ACTION definiert, die auf der Zeichenfläche die Methode createPrototype() aufruft. Innerhalb der Methode wird ein JColorChooser aufgerufen. Mit dem Rückgabewert wird ein neuer Kreis erzeugt und als Prototyp sowohl beim Kontextmenü als auch im Prototypen-Manager eingehängt.

```
public void createPrototype()
{
    Color newColor = JColorChooser.showDialog(PanelCanvas.this,
                                    "New Circle", Color.cyan);
    if (newColor != null)
    {
        GraphicIF newPrototype = new Circle(newColor);
        addPrototype(newPrototype);
        PrototypeManager.add(newPrototype);
    }
}
```

13.3 Zusammenfassung

Gehen Sie das Kapitel noch mal stichwortartig durch!

- Prototype versteckt die Objekterzeugung vor dem Client.
- Sie möchten zur Laufzeit unterschiedliche Objekte (Produkte) haben.
- Von jedem Produkt wird ein Prototyp erstellt, der geklont wird, wenn ein neues Objekt angefordert wird.
- Die Prototypen werden vom Prototypen-Manager verwaltet.
- Jeder Prototyp muss die Methode `clone()` überschreiben.
- Die Methode `clone()` wird in `Object` mit der Sichtbarkeit `protected` definiert.
- Die Standardimplementierung dieser Methode führt zu einer flachen Kopie des Objekts, referenzierte Objekte werden nicht geklont.
- Sammlungen klonen standardmäßig ebenfalls als flache Kopie.
- Superklassen sollten `clone()` zumindest `protected` überschreiben, um Subklassen eine sinnvolle Implementierung zu ermöglichen.

Zweckbeschreibung:

Die Gang of Four beschreibt den Zweck des Patterns wie folgt:

„Bestimme die Arten zu erzeugender Objekte durch die Verwendung eines prototypischen Exemplars und erzeuge neue Objekte durch Kopieren dieses Prototyps.“

14 Composite Pattern

Bis jetzt haben Sie Verhaltens- und Erzeugungsmuster kennengelernt. Das Composite Pattern, das ich jetzt vorstellen werde, gehört zu den Strukturmustern. Es beschreibt, wie Objekte zusammengesetzt werden, um größere sinnvolle Einheiten zu bilden. Eine zusammengesetzte Struktur lässt sich prima in einem JTree anzeigen. Ich werde in diesem Kapitel daher auch beschreiben, wie Sie eigene Datenmodelle für einen JTree definieren.

14.1 Prinzip von Composite

Sie haben eine Struktur, die aus mehreren Einheiten besteht. Diese Einheiten können optional kleinere Einheiten enthalten. Sie möchten auf allen diesen Einheiten bestimmte Methoden aufrufen können, ohne sich darüber Gedanken machen zu müssen, ob die Einheit weitere Einheiten enthält oder nicht. Was ist damit gemeint?

Falls Sie Haushaltsbuch führen, notieren Sie die einzelnen Positionen Ihrer Einnahmen und Ausgaben. Zu den Einnahmen gehört Ihr Gehalt aus Ihrer Haupttätigkeit. Vielleicht haben Sie ja auch einen Nebenjob, dann wird der ebenfalls unter die Rubrik der Einnahmen geschrieben. Zu den Ausgaben gehört bestimmt Ihre Miete. Daneben haben Sie auch Positionen, die sich unterteilen lassen. Unter die Rubrik „Essen" fallen verschiedene Unterkategorien: Mittagessen, Essengehen mit Freundin usw. In diesen Unterkategorien stehen die einzelnen Positionen wie „Pizzeria 16,00 €" oder „Kantine 4,00 €". Sie können auf unterster Ebene fragen: „Was hat der Besuch in der Pizzeria gekostet?" Sie können aber auch aufsummieren, indem Sie fragen: „Was habe ich insgesamt für Lebensmittel bezahlt?" Und schließlich können Sie auf oberster Ebene fragen: „Was habe ich insgesamt eingenommen und ausgegeben?"

Oder denken Sie an ein Unternehmen, das aus verschiedenen Abteilungen besteht, die sich in mehrere Hierarchiestufen gliedern; wenn Sie dort einen Mitarbeiter nach den Personalkosten fragen, nennt er sein eigenes Gehalt. Wenn Sie einen Abteilungsleiter nach seinen Personalkosten fragen, wird er erst die Personalkosten seiner unterstellten Mitarbeiter ermitteln, sein eigenes Gehalt addieren und Ihnen die gesamte Summe zurückgeben. Wenn Sie den Firmeninhaber fragen, gibt er zusätzlich zu seinem auch die aufsummierten Personalkosten aller Abteilungen zurück.

Ganz praktisch: Das Dateisystem Ihres Rechners gibt sowohl die Größe eines Ordners als auch einer einzelnen Datei zurück.

Kurz gesagt: Das Composite Pattern hilft Ihnen, Baumstrukturen darzustellen. Lassen Sie uns einige Begriffe klären! Jedes Element in einer Baumstruktur ist ein *Knoten*. Ein Knoten, der keine Unterknoten hat, ist ein *Blatt* (oder auch: *leaf*); das ist beispielsweise die einzelne Position „Pizzeria 16,00 €". Ein Knoten, der Unterknoten hat, heißt *Kompositum* (oder auch: *Composite*); das ist zum Beispiel die Rubrik „Lebensmittel". Der Knoten an der Spitze des Baums (der Firmeninhaber) ist die *Wurzel* (im Fachjargon auch: *Root*).

Es gibt zwei unterschiedliche Ansätze, das Composite Pattern zu realisieren.

14.2 Umsetzung 1: Sicherheit

Leafs und Composites müssen unterschiedliches Verhalten haben; sie sind folglich in unterschiedlichen Klassen zu definieren. Composites können jedoch sowohl andere Composites als auch Leafs als Knoten speichern; daher müssen Composites und Leafs eine gemeinsame Schnittstelle haben.

Im Projekt „Haushaltsbuch_1" finden Sie einen ersten Entwurf. Die Klasse `Knoten` ist die gemeinsame Schnittstelle für Blätter und Komposita. Sie definiert ein Datenfeld, das die Einnahmen- bzw. Ausgabenposition beschreibt; dieses Feld wird sowohl bei Blättern als auch bei Komposita gebraucht. Und schließlich wird die Methode `print()` vorgeschrieben.

Listing 14.1 Klasse „Knoten" im Projekt „Haushaltsbuch_1"

```
public abstract class Knoten
{
    protected final String BESCHREIBUNG;

    // ... gekürzt ...

    public abstract void print(int einrueckung);
}
```

Die Klasse `Blatt` erweitert die Klasse `Knoten`. Sie definiert zusätzlich ein Feld, in dem gespeichert wird, ob die Position erforderlich ist oder ob sie Luxus ist. Bei Einnahmen spielt dieses Flag sicher keine Rolle. Allerdings werden Sie sicher darüber nachdenken, ob eine Ausgabe notwendig war oder nicht. Außerdem definiert sie ein Datenfeld, das den Betrag der Position speichert. Die print-Methode nimmt einen integer-Wert entgegen, der die Anzahl von Einrückungen beschreibt; entsprechend dieser Anzahl werden Tabulatoren eingefügt, bevor der Wert des Objekts ausgedruckt wird. Positionen, die erforderlich sind, wird ein Pluszeichen vorangestellt; Ausgaben, die nicht unbedingt erforderlich sind, werden mit einem Minus markiert.

Listing 14.2 Klasse „Blatt" im Projekt „Haushaltsbuch_1"

```
public class Blatt extends Knoten
{
    private final boolean ERFORDERLICH;
    private double betrag = 0.0;

    // ... gekürzt ...

    @Override
    public void print(int einrueckung)
    {
        for (int i = 0; i < einrueckung; i++)
            System.out.print("\t");
        System.out.println(this);
    }

    @Override
    public String toString()
    {
        String prefix = ERFORDERLICH ? "(+) " : "(-) ";
        String tempBetrag =
                 NumberFormat.getCurrencyInstance().format(betrag);
        return prefix + BESCHREIBUNG + ": " + tempBetrag;    }}
```

Die Klasse `Kompositum` definiert eine Liste, in der die Kindknoten gespeichert werden, und die erforderlichen Zugriffsmethoden. Dazu gehört beispielsweise eine Methode, die die Anzahl Kindknoten zurückgibt, und eine Methode, die das Kind an einer bestimmten Stelle returniert. Die print-Methode wird so überschrieben, dass entsprechend der Einrückung erst der Wert der toString-Methode ausgegeben wird und danach rekursiv alle Kindknoten.

Listing 14.3 Klasse „Kompositum" im Projekt „Haushaltsbuch_1"

```
public class Kompositum extends Knoten
{
    private List<Knoten> kinder = new ArrayList<>();

    // ... gekürzt ...

    public Knoten getIndex(int index)
    {
        return kinder.get(index);
    }

    public int getAnzahlKindKnoten()
    {
        return kinder.size();
    }

    @Override
    public void print(int einrueckung)
    {
        for (int i = 0; i < einrueckung; i++)
            System.out.print("\t");
        System.out.println(this);
        for (Knoten knoten : kinder)
            knoten.print(einrueckung+1);
    }
```

```
    @Override
    public String toString()
    {
        return BESCHREIBUNG;
    }
}
```

Der Client legt Variablen für die Wurzel und verschiedene Ausgabenkategorien an, also beispielsweise Einnahmen und Ausgaben. Bei den Ausgaben gibt es unter anderem die Kategorie Bücher, wo zwei Bücher eingestellt werden. Das Listing drucke ich nur gekürzt ab.

```
final Kompositum ROOT = new Kompositum("Haushaltsbuch");
final Kompositum JANUAR = new Kompositum("Januar");
final Kompositum EINNAHMEN = new Kompositum("Einnahmen");
final Kompositum AUSGABEN = new Kompositum("Ausgaben");
final Kompositum BUECHER = new Kompositum("Bücher");

ROOT.add(JANUAR);
JANUAR.add(EINNAHMEN);
JANUAR.add(AUSGABEN);

EINNAHMEN.add(new Blatt("Hauptjob", 1900.00, true));
EINNAHMEN.add(new Blatt("Nebenjob", 200.00, true));

AUSGABEN.add(new Blatt("Miete", -600.00, true));
AUSGABEN.add(BUECHER);
BUECHER.add(new Blatt("Patternsbuch", -29.9, true));
BUECHER.add(new Blatt("Schundroman", -9.99, false));

        ROOT.print(0);
        System.out.println("\n\nNur die Ausgaben: ");
        AUSGABEN.print(0);
```

Der Client kann sich nun darauf beschränken, `ROOT.print(0)` aufzurufen. Dann werden die Einnahmen und Ausgaben für Januar übersichtlich auf der Konsole ausgegeben.

Haushaltsbuch

Januar

Einnahmen

(+) Hauptjob: 1 900,00 €

(+) Nebenjob: 200,00 €

Ausgaben

Versicherungen

(+) KfZ: −50,00 €

(+) BU: −100,00 €

Bücher

(+) Patternsbuch: −29,90 €

(−) Schundroman: −9,99 €

(+) Miete: −600,00 €

Es ist möglich, dass Sie sich nur die Ausgaben im Januar ausdrucken lassen; rufen Sie dazu den print-Befehl auf dem Kompositum `AUSGABEN` auf: `AUSGABEN.print(0)`. Diese Lösung funktioniert tadellos. Sie erweist sich jedoch an bestimmten Stellen als zu unflexibel - und das werden Sie im folgenden Abschnitt sehen und korrigieren.

14.3 Umsetzung 2: Transparenz

Der Client-Code verstößt gegen den Grundsatz, dass man gegen Schnittstellen und nicht gegen Implementierungen programmieren soll: `final Kompositum ROOT = new Kompositum("Haushalt")`. Das war unumgänglich, weil die Schnittstelle `Knoten` lediglich die Methoden deklariert, die auch wirklich sowohl von Blättern als auch von Komposita benötigt werden. Zu diesem „kleinsten gemeinsamen Nenner" gehört `add()` nicht. Und hier beginnt ein gewaltiges Problem zu reifen - das Programm aus dem vorigen Ansatz konnte nur mit einem kleinen „Trick" zum Laufen gebracht werden. Die print-Methode ruft sich rekursiv auf allen Objekten auf. Würden Sie allerdings mit einem externen Iterator auf die Liste zugreifen wollen oder sich ein einzelnes Element zurückgeben lassen, müssten Sie mit zahlreichen Vergleichen (`instanceof Kompositum`) und Downcasts arbeiten. Downcasts sind jedoch die Brechstange des Programmierers; wenn möglich sollte darauf verzichtet werden.

Um das Problem zu demonstrieren, möchte ich die Liste erneut auf der Konsole ausgeben, diesmal aber mit einem *externen Iterator*. Ich lösche im Projekt „Haushalt_2" die print-Methode. Jetzt muss der Client selbst für die Iteration sorgen. Die wichtigste Änderung in diesem Projekt ist also im Bereich der Testroutine. Zunächst legen Sie wie im vorigen Beispiel einige Einnahmen und Ausgaben an. Dann rufen Sie innerhalb der Testklasse eine neu definierte print-Methode auf. In dieser Methode werden zuerst die benötigten Tabs ausgedruckt und dann das Objekt selbst. Anschließend wird geprüft, ob das auszugebende Element ein Kompositum ist. Wenn ja, wird das Knoten-Objekt auf ein Kompositum-Objekt downgecastet. Und schließlich fragen Sie das Kompositum nach der Anzahl seiner Kindknoten und geben jeden Kindknoten auf der Konsole aus.

```
public static void main(String[] args)
{
    final Kompositum ROOT = new Kompositum("Haushaltsbuch");
    final Kompositum JANUAR = new Kompositum("Januar");
    final Kompositum FEBRUAR = new Kompositum("Februar");
    // ... wie im vorigen Beispiel ...
    BUECHER.add(new Blatt("Patternsbuch", -29.9, true));
    BUECHER.add(new Blatt("Schundroman", -9.99, false));

    print(ROOT, 0);


private static void print(Knoten knoten, int einrueckung)
{
    for (int i = 0; i < einrueckung; i++)
        System.out.print("\t");
```

```
    System.out.println(knoten);
    if (knoten instanceof Kompositum)
    {
        Kompositum kompositum = (Kompositum) knoten;
        int anzahlKinder = kompositum.getAnzahlKindKnoten();
        for (int j = 0; j < anzahlKinder; j++)
        {
            Knoten kindKnoten = kompositum.getIndex(j);
            print(kindKnoten, einrueckung + 1);
        }
    }
}
```

Finden Sie, dass das Beispiel ein wenig konstruiert ist? Keineswegs! Sie werden gleich eine Implementierung der Schnittstelle TreeModel kennenlernen – dort wäre eine Realisierung mit einem *internen Treiber* schwierig.

Das Projekt „Haushalt_3" zeigt, wie Sie Allgemeingültigkeit herstellen. Sie definieren in der Klasse Knoten die folgenden zwei Methoden:

Listing 14.4 Klasse „Knoten" im Projekt „Haushalt_3"

```
public abstract class Knoten
{
    protected final String BESCHREIBUNG;

    public Knoten(String beschreibung)
    {
        this.BESCHREIBUNG = beschreibung;
    }

    public Knoten getIndex(int index)
    {
        throw new RuntimeException("... Fehlermeldung ...");
    }

    public int getAnzahlKindKnoten()
    {
        return 0;
    }
}
```

Die Klasse Kompositum überschreibt diese Methoden wie bisher. Neu in dieser Realisierung ist also, dass ein Blatt jetzt ebenfalls angeben kann, wie viele Kinder es hat – nämlich keines. Sofern ein Client dennoch versucht, ein Kind an einem bestimmen Index aufzurufen, fliegt ihm eine RuntimeException um die Ohren. Der Client muss sich also vergewissern, dass der auszugebene Knoten auch tatsächlich Kindknoten hat. Die print-Methode in der Testklasse wird allgemeingültiger formuliert.

```
private static void print(Knoten knoten, int einrueckung)
{
    for (int i = 0; i < einrueckung; i++)
        System.out.print("\t");
    System.out.println(knoten);

    for (int j = 0; j < knoten.getAnzahlKindKnoten(); j++)
```

```
    {
        Knoten kindKnoten = knoten.getIndex(j);
        print(kindKnoten, einrueckung + 1);
    }
}
```

Ein Blatt-Objekt gibt 0 als Anzahl Kinder zurück. Die Bedingung der For-Schleife ist daher nicht erfüllt, ein rekursiver Aufruf der print-Methode findet nicht statt.

14.4 Betrachtung der beiden Ansätze

Der erste Ansatz setzt auf eine schmale Schnittstelle. Ein Blatt kann nur, was es auch unbedingt können muss. Daher finden Sie Verwaltungsmethoden für die Liste der Kindknoten nur bei den Komposita. Die Sicherheit steht bei diesem Vorgehen im Vordergrund. Der Client muss zwar vergleichen und casten, er hat aber dafür die Gewähr, dass die Methoden, die er aufruft, auch sinnentsprechend ausgeführt werden. Das AWT beruht beispielsweise auf diesem Prinzip. Dort gibt es die abstrakte Klasse `Component`. In ihr werden Methoden definiert, die sowohl Blätter als auch Komposita verwenden: Registrieren von Listenern, Sichtbarkeit verändern usw. Von `Component` sind die verschiedenen Steuerelemente (`Button`, `Label`, `CheckBox` usw.) abgeleitet. Daneben erbt die Klasse `Container` von `Component`. Sie definiert Methoden, um Komponenten als Kindknoten zu verwalten. Von `Container` erben nur die Klassen, die in der Lage sein müssen, andere Komponenten aufzunehmen, also `Frame` und `Panel`.

Die Alternative ist der Weg über eine breite Schnittstelle: Blätter und Komposita können prinzipiell alles. Auf diesem Ansatz ist Swing aufgebaut. Es gibt dort die Klasse `JComponent`, die von `Container` erbt. Von `JComponent` erben alle Steuerelemente, also auch `JLabel`, `JButton` usw. Sie alle haben also die Methode `add()`, der Sie ein Component-Objekt übergeben können. In der Folge ist es möglich, ein JPanel in einem JLabel zu speichern, was Sie mit dem folgenden Code überprüfen können.

```
JPanel pnlTest = new JPanel();
JLabel lblTest = new JLabel();
lblTest.add(pnlTest);
int anzahl = lblTest.getComponentCount();
System.out.println("Anzahl Kinder im JLabel: " + anzahl);
System.out.println("Parent des JPanel: " + pnlTest.getParent());
```

Auf der Konsole wird – gekürzt – ausgegeben:

Anzahl Kinder im JLabel: 1

Parent des JPanel: javax.swing.JLabel

Das Zusammenspiel von AWT und Swing wird durch Bild 14.1 dargestellt. Ich habe das Diagramm bei Philipp Hauer „geklaut“. Philipp beschäftigt sich auf seiner Seite *www.PhilippHauer.de* unter anderem mit Design Patterns. Es lohnt sich auf jeden Fall, seine Seite zu besuchen.

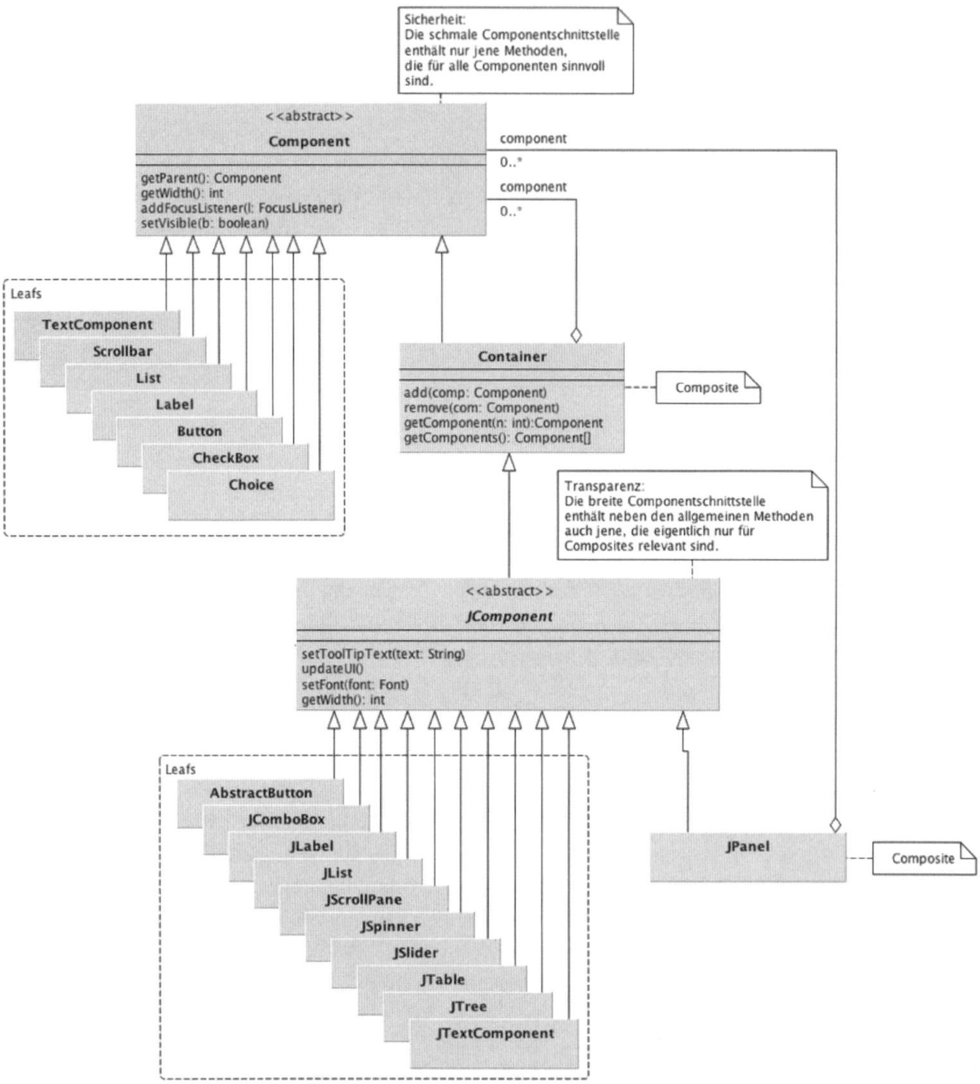

Bild 14.1 Klassendiagramm AWT- und Swing-Komponenten

Eine zu breite Schnittstelle ist problematisch. Nehmen Sie Projekt „Haushalt_3“ mal gedanklich als Grundlage. Sie definieren dort Methoden, die spezifisch für ein Kompositum sind, in der Schnittstelle, um Allgemeingültigkeit zu erhalten. In der Testklasse fragen Sie die Anzahl Kindknoten ab und lassen sich einen Kindknoten zurückgeben. Das ist sicher kein Problem. Aber – schwierig wird es, wenn Sie die Methode `addChild()` in die Schnittstelle aufnehmen müssen. Wie implementiert die Klasse `Blatt` diese Methode? Wie sieht die Default-Implementierung aus? Eine Lösung könnte sein, dass das Blatt einfach gar nichts macht `add(){}`. Eine leere Implementierung ist aber nicht unproblematisch – der Client möchte bestimmt wissen, dass sein Auftrag nicht ausgeführt werden kann. Der Client kommt also nicht umhin, im Vorfeld eine Fallunterscheidung zu treffen. Obwohl der Ansatz nicht unproblematisch ist, wird er in der Praxis favorisiert, und auch die GoF spricht sich hierfür aus.

14.5 Einen Schritt weitergehen

In diesem Abschnitt wird das ursprüngliche Projekt weiter ausgebaut.

14.5.1 Einen Cache anlegen

Es wäre doch eine sinnvolle Sache, wenn die Kategorien die einzelnen untergeordneten Positionen aufsummieren könnten, und das wird mit dem Projekt „Haushalt_4" realisiert. Hierfür legen Sie in den Komposita einen Cache an, der die Summe der Kindknoten speichert. In der Schnittstelle deklarieren Sie eine abstrakte Methode `calculateCache()`, die von Blättern genauso wie von Komposita überschrieben werden muss. Außerdem sollen sowohl Blätter als auch Komposita in der Lage sein, den intern gespeicherten Wert zurückzugeben.

```
public abstract class Knoten
{

    // ... gekürzt ...

    abstract double getValue();

    public abstract void calculateCache();

}
```

Die Definition in der Klasse `Blatt` ist recht einfach – ein Blatt muss keinen Cache anlegen, also kann die Methode leer überschrieben werden. Allerdings muss ein Blatt den gespeicherten Betrag nennen können:

```
public class Blatt extends Knoten
{
    private double betrag = 0.0;

    // ... gekürzt ...

    @Override
    public void calculateCache()
    {
    }

    @Override
    double getValue()
    {
        return betrag;
    }
}
```

Die Klasse Kompositum gibt den Cache zurück, wenn die Methode getValue() aufgerufen wird. Die Methode calculateCache() ist so definiert, dass der Cache zunächst geleert wird. Anschließend bekommen alle Kinder rekursiv die Anweisung, ihren Cache zu berechnen. Schließlich wird von allen Kindern der gespeicherte Betrag abgefragt und zum eigenen Cache addiert.

```
public class Kompositum extends Knoten
{
    private double cache = 0.0;

    // ... gekürzt ...

    @Override
    public void calculateCache()
    {
        cache = 0;
        for (Knoten knoten : kinder)
        {
            knoten.calculateCache();
            cache += knoten.getValue();
        }
    }

    @Override
    double getValue()
    {
        return cache;
    }

    @Override
    public String toString()
    {
        String tempCache =
                NumberFormat.getCurrencyInstance().format(cache);
        return BESCHREIBUNG + " (Summe: " + tempCache + ")";
    }
}
```

Der Test des Programms unterscheidet sich nur minimal von den vorigen Beispielen. Der Baum wird wie gehabt aufgebaut. Anschließend bekommt der Wurzelknoten die Anweisung, seinen Cache zu berechnen.

```
final Kompositum ROOT = new Kompositum("Haushaltsbuch");
// wie bisher
BUECHER.add(new Blatt("Patternsbuch", -29.9, true));
BUECHER.add(new Blatt("Schundroman", -9.99, false));

ROOT.calculateCache();
print(ROOT, 0);
```

Wenn Sie das Programm starten, erhalten Sie die Zwischensummen der Kategorien.

Haushaltsbuch (Summe: 1 310,11 €)
Januar (Summe: 1 310,11 €)
Einnahmen (Summe: 2 100,00 €)
(+) Hauptjob: 1 900,00 €
(+) Nebenjob: 200,00 €
Ausgaben (Summe: – 789,89 €)
Versicherungen (Summe: – 150,00 €)
(+) KfZ: – 50,00 €
(+) BU: – 100,00 €
Bücher (Summe: – 39,89 €)
(+) Patternsbuch: – 29,90 €
(–) Schundroman: – 9,99 €
(+) Miete: – 600,00 €

Da das Projekt sehr überschaubar ist, wäre es sicher vertretbar gewesen, dass die Kategorien den Cache jeweils neu berechnen, wenn `getValue()` aufgerufen wird. Ein Cache ist jedoch dann sinnvoll, wenn der Aufruf von `getValue()` im Blatt hohe Kosten verursacht.

14.5.2 Die Elternkomponenten referenzieren

Im folgenden Schritt wird die Struktur als doppelt verlinkte Liste angelegt – die Eltern kennen ihre Kinder, aber die Kinder kennen auch ihre Eltern. Sie kennen das sicher von Swing – Sie rufen auf einer Komponente die Methode `getParent()` auf; zurückgegeben wird der übergeordnete Knoten. Im Projekt „Haushalt_5" pflegen Sie neue Einnahmen oder Ausgaben ein; die übergeordnete Kategorie wird darüber informiert und kann ihren Cache aktualisieren. Fügen Sie in der Klasse `Knoten` das Feld `Kompositum vater` mit den entsprechenden Zugriffsmethoden ein.

```
public abstract class Knoten
{
    private Kompositum vater = null;

    // ... gekürzt ...

    protected void setParent(Kompositum vater)
    {
        this.vater = vater;
    }

    protected Kompositum getParent()
    {
        return this.vater;
    }
}
```

Die Methode add() der Klasse Kompositum wird erweitert. Ein Kompositum übergibt sich selbst als Parent an jeden neu eingefügten Kindknoten. Wenn das neu hinzuzufügende Kind bereits einen Vater hat, wird eine Exception geworfen – die Situation dürfte nämlich nicht vorkommen!

```
public class Kompositum extends Knoten
{
    // ... gekürzt ...

    public void add(Knoten kind)
    {
        kinder.add(kind);
        Kompositum parent = kind.getParent();
        if (parent == null) kind.setParent(this);
        else
            throw new RuntimeException("... gekürzt ... ");
    }
}
```

Die Einführung einer Referenz auf den Vaterknoten wirkt sich in dieser Projektversion noch nicht aus. Der Vaterknoten wird im Projekt „Haushalt_6“ genutzt, um den Cache neu zu berechnen. Wenn Sie ein neues Blatt einfügen bzw. den Wert einer Einnahmen- oder Ausgabenposition ändern, geben alle betroffenen Komposita diese Information so lange an den Vater weiter, bis die Nachricht bei der Wurzel angekommen ist. Der Wurzelknoten ruft dann wie im vorigen Projekt rekursiv die Methode calculateCache() auf allen untergeordneten Knoten auf.

Sie möchten, dass nur die Komposita ihre Caches neu berechnen, die betroffen sind. Sie führen in der Klasse Kompositum ein Flag ein, das angibt, ob der Cache neu berechnet werden muss. Wenn einem Kompositum ein neuer Knoten hinzugefügt wird, ist der Cache nicht mehr gültig. Also veranlasst add(), dass der eigene Cache und der Cache des Vaterknotens neu berechnet werden. Das Gleiche gilt, wenn ein Knoten entfernt wird. Wenn die Methode calculateCache() den Cache gerade neu berechnet hat, ist dieser sicher korrekt und das Flag darf auf true gesetzt werden. Interessant ist die neu eingefügte Methode setCacheIsValid(). Wenn ihr true übergeben wird, wird das Flag korrigiert. Wird ihr false übergeben, wird zusätzlich der Vaterknoten angewiesen, den Cache als invalid zu markieren. Wenn es keinen Vater gibt – das gilt nur für den Wurzelknoten – werden die Kindknoten angewiesen, ihren Cache neu zu berechnen. Diese berechnen den Cache allerdings nur dann neu, wenn das Flag isValid auf false steht.

```
public class Kompositum extends Knoten
{
    private boolean cacheIsValid = false;

    public void add(Knoten kind)
    {
        kinder.add(kind);
        Kompositum parent = kind.getParent();
        if (parent == null)
            kind.setParent(this);
        else
            throw new RuntimeException(... gekürzt ...);
        this.setCacheIsValid(false);
    }
```

```
    public void remove(Knoten kind)
    {
        kinder.remove(kind);
        this.setCacheIsValid(false);
    }


    void setCacheIsValid(boolean isValid)
    {
        this.cacheIsValid = isValid;
        if (!isValid)
        {
            Kompositum parent = this.getParent();
            if (parent == null)
            {
                this.calculateCache();
            }
            else
            {
                if (this != parent)
                {
                    parent.setCacheIsValid(isValid);
                }
            }
        }
    }
    @Override
    public void calculateCache()
    {
        if (!cacheIsValid)
        {
            cache = 0;
            for (Knoten knoten : kinder)
            {
                knoten.calculateCache();
                cache += knoten.getValue();
            }
            this.setCacheIsValid(true);
        }
    }
}
```

Ich nehme die gleiche Testroutine wie im vorigen Projekt. Auf `ROOT.calculateCache()` kann ich jetzt verzichten, weil die Struktur die Zwischenwerte „automatisch" berechnet, wenn neue Positionen eingetragen werden. Um die neuen Funktionen detaillierter zu testen, füge ich bei den Versicherungen eine Riester-Rente ein, die mit 1000,00 € zu Buche schlägt. Ich lasse mir das Haushaltsbuch erneut ausgeben und stelle fest, dass die Zahlen stimmen. Mir fällt auf, dass die Riester-Rente nicht monatlich mit 1000,00 € anfällt, sondern jährlich. Also lösche ich die Versicherung und lasse mir das Haushaltsbuch erneut ausgeben – die Zahlen stimmen wieder. Ich füge die Riester-Rente erneut ein, diesmal aber auf gleicher Ebene mit den Monaten, also direkt unterhalb der Wurzel. Und wieder werden die richtigen Werte ausgegeben.

```
final Kompositum ROOT = new Kompositum("Haushaltsbuch");
// wie im vorigen Projekt
print(ROOT, 0);
Blatt riester = new Blatt("Riester", -1000.00, true);
VERSICHERUNGEN.add(riester);
print(ROOT, 0);
VERSICHERUNGEN.remove(riester);
print(ROOT, 0);
ROOT.add(riester);
print(ROOT, 0);
```

Fanden Sie, dass es etwas umständlich war, wie ich die Riester-Rente verschoben habe? Ich auch – lassen Sie uns das im nächsten Abschnitt korrigieren.

14.5.3 Knoten verschieben

Das Projekt „Haushalt_7" beschäftigt sich mit der Frage, wie ein Knoten auf einen anderen Knoten verschoben wird. Da sowohl Blätter als auch Komposita verschoben werden müssen, wird in der Klasse `Knoten` die Methode `changeParent()` definiert, der Sie eine Referenz auf den neuen Vaterknoten übergeben. Die Methode lässt sich den aktuellen Vater zurückgeben und trägt sich dort als Kindknoten aus. Beim neuen Vater trägt der Knoten sich als Kindknoten ein. Da sowohl `add()` als auch `remove()` veranlassen, dass die Zwischenspeicher der Komposita neu berechnet werden, ist die gesamte Baumstruktur wieder aktuell und richtig berechnet.

```
public void changeParent(Kompositum neuerVater)
{
    Kompositum parent = this.getParent();
    parent.remove(this);
    neuerVater.add(this);
}
```

Haben Sie nun genug von Konsolenausgaben? Finden Sie, dass es jetzt endlich Zeit wird, ein richtiges grafisches Projekt aufzusetzen? Im nächsten Abschnitt werden Sie das `TreeModel` kennenlernen und Ihr Haushaltsbuch in einem `JTree` anzeigen.

■ 14.6 Realisierung eines TreeModel

Das Projekt „Haushalt_8" zeigt die Daten einer Baumstruktur in einem `JTree` an. Ein `JTree` nimmt jedes Objekt als Model an, das vom Typ `TreeModel` ist. Das Interface `TreeModel` schreibt Methoden vor, die ich Ihnen in diesem Abschnitt vorstellen möchte.

14.6.1 Die Methoden der Schnittstelle „TreeModel“

Am einfachsten zu verstehen sind die Methoden `addTreeModelListener()` und `removeTreeModelListener()`, die Objekte vom Typ `TreeModelListener` speichern, bzw. entfernen. Ein `TreeModelListener` möchte informiert werden, wenn Sie Knoten im Baum einfügen, entfernen oder verändern. Der JTree, dem Sie das Model übergeben, registriert sich als Listener. Bzw. wenn Sie exakt sein möchten, ist es nicht der JTree, sondern eine innere Klasse des JTree.

```
public class MyTreeModel implements TreeModel
{
    private final List<TreeModelListener> LISTENER =
                                                new LinkedList<>();

    // ... gekürzt ...

    @Override
    public void addTreeModelListener(TreeModelListener l)
    {
        LISTENER.add(l);
    }

    @Override
    public void removeTreeModelListener(TreeModelListener l)
    {
        LISTENER.remove(l);
    }
}
```

Die Methode `getRoot()` gibt die Wurzel des Baums zurück, die Sie dem Model über den Konstruktor mitgeben.

```
public class MyTreeModel implements TreeModel
{
    // ... gekürzt ...

    private final Kompositum ROOT;

    public MyTreeModel(Kompositum root)
    {
        this.ROOT = root;
    }

    @Override
    public Object getRoot()
    {
        return ROOT;
    }
}
```

Der JTree möchte abfragen können, ob ein Knoten ein Blatt ist; dafür definiert das Model die Methode `isLeaf()`:

```
public class MyTreeModel implements TreeModel
{
    // … gekürzt …

    @Override
    public boolean isLeaf(Object node)
    {
        return node instanceof Blatt;
    }
}
```

Die Methode `getChildCount()` fragt die Anzahl Kinder in einem bestimmten Knoten ab. Mit der Methode `getChild()` wird der Knoten einer bestimmten Stelle in der Sammlung zurückgegeben.

```
public class MyTreeModel implements TreeModel
{
    // ... gekürzt ...

    @Override
    public Object getChild(Object parent, int index)
    {
        Knoten kompositum = (Knoten) parent;
        return kompositum.getIndex(index);
    }

    @Override
    public int getChildCount(Object parent)
    {
        Knoten kompositum = (Knoten) parent;
        return kompositum.getAnzahlKindKnoten();
    }
}
```

Die Methode `getIndexOfChild()` ist die Umkehrung von `getChild()`. Hier fragen Sie nicht das Objekt an einer bestimmten Stelle ab, sondern den Index eines Objekts in seinem Vaterknoten. Dazu gehen Sie die Liste der Kindknoten durch und vergleichen das fragliche Objekt mit jedem Kindknoten.

```
public class MyTreeModel implements TreeModel
{
    // ... gekürzt ...

    @Override
    public int getIndexOfChild(Object parent, Object child)
    {
        Knoten tempParent = (Knoten) parent;
        for (int i = 0; i < tempParent.getAnzahlKindKnoten(); i++)
        {
            Knoten kindKnoten = tempParent.getIndex(i);
            if (kindKnoten == child) return i;
        }
        return -1;
    }
}
```

Die Methode `valueForPathChanged()` wird in dieser Version nicht gebraucht und kann leer bleiben. Die Testmethode erzeugt einen JFrame und übergibt dem Model den Knoten des Baums und anschließend das Model an das JTree. Wenn Sie das Programm starten, werden Ihnen die Einnahmen und Ausgaben in einer Baumstruktur angezeigt. Bild 14.2 zeigt Ihnen das Programm, wenn es ausgeführt wird.

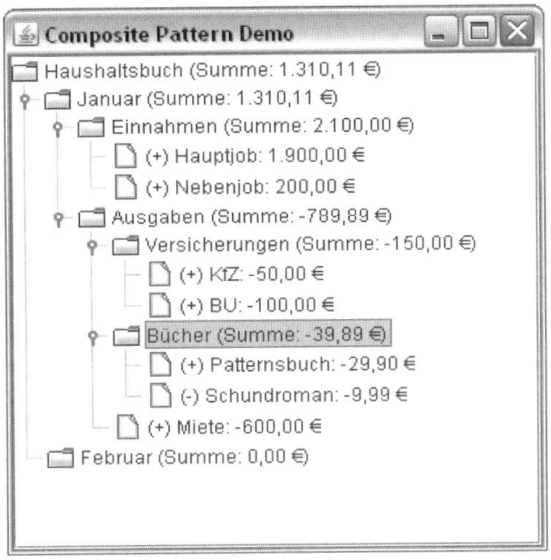

Bild 14.2
Das Haushaltsbuch als Swing-Applikation

14.6.2 Knoten rendern und editieren

Im letzten Abschnitt habe ich die Methode `valueForPathChanged()` zurückgestellt. Diese Methode wird benötigt, wenn Sie einen Knoten im JTree editieren. Um verstehen zu können, was beim Editieren passiert, ist es hilfreich, zu wissen, wie ein Knoten gerendert wird. Lassen Sie uns daher den Umweg über das Rendering machen.

14.6.2.1 Knoten rendern

Bisher haben Sie die Datenbasis erstellt und so aufbereitet, dass das JTree weiß, **was** angezeigt werden soll. Die standardmäßige Darstellung ist in Ordnung, eigentlich gäbe es da nichts zu korrigieren. Aber wäre es nicht schön, wenn die Ausgaben, die nicht unbedingt erforderlich sind, rot unterlegt würden? Dann könnten Sie auf einen Blick sehen, wo Sie Geld sparen können. Projekt „Haushalt_9" setzt diese Anforderung um. Um die Anzeige zu ändern, also das **Wie** der Darstellung, benötigen Sie ein Objekt vom Typ `TreeCellRenderer`, das Sie dem JTree übergeben:

```
JTree trvHaushaltsbuch = new JTree(trvModel);
trvHaushaltsbuch.setCellRenderer(new MyTreeCellRenderer());
```

Die Klasse `MyTreeCellRenderer` implementiert das Interface `TreeCellRenderer`, das eine einzige Methode vorschreibt. Bevor ich auf diese Methode eingehe, möchte ich kurz auf die Bedeutung des TreeCellRenderer eingehen. Der Renderer ist - vereinfacht gesagt - eine Vorschrift, die genau beschreibt, wie ein Knoten in einer bestimmten Situation angezeigt werden soll. Vergleichen Sie den Renderer am besten mit einer längeren Handlungsanweisung, einem Benutzerhandbuch zum Beispiel. Jeder Knoten bekommt den Renderer in die Hand gedrückt, in dem genau beschrieben ist, wie er gezeichnet werden soll. Die Analogie lässt folgende Schlüsse zu:

1. Wenn Sie das Handbuch für jeden Knoten neu erstellen, haben Sie mit steigender Anzahl Knoten rasch ein Performanceproblem. Es bietet sich daher an, ein einziges Handbuch zu erstellen, das an jeden Knoten weitergereicht wird.
2. Niemand möchte umfangreiche Handbücher lesen – auch der Knoten nicht. Und deshalb muss der Renderer kurz und bündig sein.
3. Das Handbuch beschreibt – genau wie der Renderer – allgemein und auf alle möglichen Situationen passend, was zu tun ist.
4. Das Handbuch wird niemals dafür genutzt, um Daten darin zu speichern – der Renderer auch nicht. Festplattenzugriffe, Icons und umfangreiche Berechnungen definieren Sie niemals in einem Renderer.

Das TreeModel beschreibt, **welche** Daten angezeigt werden, der Renderer beschreibt, **wie** sie angezeigt werden.

Einen Renderer definieren

Die Schnittstelle `TreeCellRenderer` schreibt folgende Methode vor:

```
public Component getTreeCellRendererComponent(JTree tree, Object value, boolean
selected, boolean expanded, boolean leaf, int row, boolean hasFocus)
```

Der Rückgabewert ist ein Objekt vom Typ `Component`. Sie können also eine beliebige Komponente zurückgeben. In der Praxis üblich – und für unsere Zwecke ausreichend – ist es, wenn Sie ein JLabel zurückgeben. Dieses JLabel wird außerhalb der Methode angelegt. Um den Hintergrund eines JLabel zu färben, müssen Sie auf ihm die Methode `setOpaque(true)` aufrufen – sonst würde die Farbe des Hintergrunds durchschimmern.

Im folgenden Code habe ich die Parameterliste gekürzt.

```
public class MyTreeCellRenderer implements TreeCellRenderer
{
    private final JLabel LBL_ANZEIGE = new JLabel();

    public MyTreeCellRenderer()
    {
        LBL_ANZEIGE.setOpaque(true);
    }

    @Override
    public Component getTreeCellRendererComponent(...)
    {
        return LBL_ANZEIGE;
    }
}
```

Jeder Knoten bekommt dieses JLabel als Grundlage für die Anzeige zugewiesen. Anhand der Parameter kann jeder Knoten seine eigenen Regeln definieren, wie sein Inhalt angezeigt werden soll. Der erste Parameter ist die JTree-Instanz, der der Renderer übergeben wird.

Der zweite Parameter ist der Knoten, der anzeigt werden soll. Sicher ist es sinnvoll, von dort den anzuzeigenden Text zu beziehen.

```
public class MyTreeCellRenderer implements TreeCellRenderer
{
    private final JLabel LBL_ANZEIGE = new JLabel();

    @Override
    public Component getTreeCellRendererComponent
                                           (... Object value, ...)
    {
        LBL_ANZEIGE.setText(value.toString());
        return LBL_ANZEIGE;
    }
}
```

Die Methode `ausgabeIstErforderlich()` habe ich in dieser Programmversion eingeführt; sie gibt den Wert des Flags `erforderlich` aus der Klasse `Blatt` zurück. Der anzuzeigende Text wird bei Komposita von der Methode `toString()` abgefragt. Bei Blättern fragen Sie die Beschreibung ab. Wenn die Ausgabe nicht erforderlich war, wird der Hintergrund des JLabel rot eingefärbt.

```
public class MyTreeCellRenderer implements TreeCellRenderer
{
    private final JLabel LBL_ANZEIGE = new JLabel();

    {

        LBL_ANZEIGE.setOpaque(true);
    }

    @Override
    public Component getTreeCellRendererComponent(...)
    {
        String anzeigeText = value.toString();
        LBL_ANZEIGE.setBackground(Color.WHITE);

        if (value.getClass() == Blatt.class)
        {
            Blatt blatt = (Blatt) value;
            anzeigeText = blatt.getDescription();
            if (!blatt.ausgabeIstErforderlich())
                LBL_ANZEIGE.setBackground(Color.RED);
        }

        LBL_ANZEIGE.setText(anzeigeText);
        return LBL_ANZEIGE;
    }
}
```

Die weiteren Parameter beschreibe ich nicht detaillierter. Sie geben beispielsweise an, ob der Knoten ein Blatt ist, ob er selektiert ist usw. Sie können beispielsweise vorsehen, dass selektierte Knoten gelb unterlegt sind. Wenn Sie das Programm starten, finden Sie den Eintrag mit der nicht erforderlichen Ausgabe rot markiert.

Was ist da passiert? Der Renderer gibt eine Komponente zurück, die den Wert des Knotens anzeigt – im Beispiel den String, den der Knoten über `toString()` zurückgibt. Diese Komponente ist für alle Knoten dieselbe. Sie bestimmen aber bezogen auf jeden Knoten die Parameter, wie die Komponente angezeigt wird – im Beispiel die Hintergrundfarbe des JLabel.

14.6.2.2 Knoten editieren

Mit dem Wissen, wie Knoten gerendert werden, ist es leicht zu verstehen, wie Knoten editiert werden. Öffnen Sie das Projekt „Haushalt_10" und verfolgen Sie meine Anmerkungen anhand des Quelltextes. Am Ende des Abschnitts werden Sie wissen, wofür die Methode `valueForPathChanged()` gebraucht wird. Im ersten Schritt wird die Testmethode erweitert. Der JTree muss editierbar sein und einen `CellEditor` bekommen. Der `CellEditor` ist eine Instanz der Klasse `MyTreeCellEditor`.

```
JTree trvHaushaltsbuch = new JTree(trvModel);
trvHaushaltsbuch.setCellRenderer(new MyTreeCellRenderer());
trvHaushaltsbuch.setEditable(true);
trvHaushaltsbuch.setCellEditor(new MyTreeCellEditor());
```

Ihr Ziel wird es sein, die Beschreibung eines Knotens zu ändern. Das Datenfeld ist in dieser Version daher nicht mehr final; außerdem spendieren Sie der Klasse `Knoten` einen Getter und einen Setter.

```
public abstract class Knoten
{
    protected String beschreibung;
    // ... gekürzt ...

    public Knoten(String beschreibung)
    {
        this.beschreibung = beschreibung;
    }

    public String getBeschreibung()
    {
        return beschreibung;
    }

    public void setBeschreibung(String beschreibung)
    {
        this.beschreibung = beschreibung;
    }
}
```

Dreh- und Angelpunkt ist die Klasse `MyTreeCellEditor`, die das Interface `TreeCellEditor` implementiert. Genau wie der Renderer beschreibt der Editor eine Komponente, die angezeigt wird, wenn ein Knoten editiert werden soll. Diese Komponente wird als Panel angelegt, das neben der Aufforderung, eine neue Beschreibung einzugeben, ein Textfeld beinhaltet. Wenn `getTreeCellEditorComponent()` aufgerufen wird, wird die Beschreibung des aktuellen Knotens in das Textfeld kopiert; anschließend wird die Komponente returniert.

Der Konstruktor setzt die Komponente zusammen. Das Eingabefeld bekommt einen ActionListener, der die Methode `stopCellEditing()` aufruft, wenn der Anwender seine Eingabe mit **Enter** bestätigt.

Listing 14.5 Gekürzter Rahmen des Editors, Projekt „Haushalt_10"

```
public class MyTreeCellEditor implements TreeCellEditor
{
    // ... gekürzt ...
    private JPanel pnlEditor = new JPanel();
    private JLabel lblHinweis = new JLabel("... gekürzt ...");
    private JTextField edtEingabe = new JTextField(15);
    public MyTreeCellEditor()
    {
        pnlEditor.add(lblHinweis);
        pnlEditor.add(edtEingabe);
        edtEingabe.addActionListener(new ActionListener()
        {
            @Override
            public void actionPerformed(ActionEvent e)
            {
                stopCellEditing();
            }
        });
    }

    @Override
    public Component getTreeCellEditorComponent(JTree tree,
                                   Object value ... gekürzt ...)
    {
        Knoten knoten = (Knoten) value;
        edtEingabe.setText(knoten.getBeschreibung());
        return pnlEditor;
    }
    // ... gekürzt ...
}
```

Ist der Editiervorgang beendet, wird der Wert des Editors von der Methode `getCellEditorValue()` zurückgegeben.

```
@Override
public Object getCellEditorValue()
{
    return edtEingabe.getText();
}
```

Wenn ein JTree über editierte Einträge informiert werden möchte, muss er sich als CellEditorListener anmelden. Hierfür sind die Methoden `addCellEditorListener()`, bzw. `removeCellEditorListener()` vorgesehen; sie verwalten eine Liste von Listenern. Den Quelltext drucke ich nicht ab. Die Methode `isCellEditable()` gibt zurück, unter welchen Voraussetzungen ein Knoten editierbar ist; im Beispiel soll der Anwender mit der Maus dreimal auf einen Knoten klicken, um ihn editierbar zu machen.

```
@Override
public boolean isCellEditable(EventObject anEvent)
{
    if (anEvent instanceof MouseEvent)
        return ((MouseEvent) anEvent).getClickCount() >= 3;
    else
        return false;
}
```

Die Methode `shouldSelectCell()` gibt zurück, ob der zu editierende Knoten selektiert werden soll; ich gebe standardmäßig `true` zurück.

```
public boolean shouldSelectCell(EventObject anEvent)
{
    return true;
}
```

Die Methode `stopCellEditing()` wird aufgerufen, wenn der Anwender seine Eingabe mit **Enter** bestätigt. Wenn der Anwender die Eingabe abbricht, wird `cancelCellEditing()` aufgerufen. Beide Methoden packen den Editor in ein `ChangeEvent` und übergeben dieses an die `CellEditorListener`.

```
public boolean stopCellEditing()
{
    ChangeEvent event = new ChangeEvent(this);

    for (CellEditorListener listener : LISTENER)
        listener.editingStopped(event);
    return true;
}

public void cancelCellEditing()
{
    ChangeEvent event = new ChangeEvent(this);

    for (CellEditorListener listener : LISTENER)
        listener.editingCanceled(event);
}
```

Das war's! Jetzt übergibt der JTree das Event an das Model. Er ruft die Methode `valueForPathChanged()` auf, die als Parameter einen `TreePath` und ein `Object` entgegennimmt. Nehmen Sie als Beispiel den Knoten *Einnahmen*, der über die übergeordneten Knoten *Haushaltsbuch : Januar : Einnahmen* erreicht werden kann. Den Weg von der Wurzel bis zum Knoten wird durch den TreePath beschrieben. Der gewünschte Knoten steht an letzter Stelle im TreePath. Sie rufen die Methode `getLastPathComponent()` auf, um den Knoten *Einnahmen* zu bekommen. Diesem übergeben Sie den neuen Wert.

Listing 14.6 Methode „valueForPathChanged()" aus dem Interface „TreeModel"

```
public void valueForPathChanged(TreePath path, Object newValue)
{
    Knoten lastPath = (Knoten) path.getLastPathComponent();
    lastPath.setBeschreibung(newValue.toString());
}
```

Die meisten Java-Einführungen beschreiben ausführlich die Arbeit mit `DefaultMutableTreeNode`. Aber darauf können Sie problemlos verzichten, wie Sie gerade gesehen haben. Wenn Sie sich Ihre TreeModelle selbst definieren, haben Sie eine wesentlich flexiblere und performantere Lösung zur Hand.

14.7 Zusammenfassung

Gehen Sie das Kapitel noch mal stichwortartig durch!

- Composite repräsentiert hierarchische Strukturen.
- Die Strukturen werden aus Knoten (Blättern und Komposita) gebildet.
- Der Knoten, der keinen Vaterknoten hat, wird Wurzel genannt.
- Knoten können beliebig tief geschachelt sein.
- Blätter und Komposita verhalten sich für den Client identisch.
- Blätter und Komposita erben von einer gemeinsamen Schnittstelle.
- Die Breite der Schnittstelle bringt entweder Sicherheit oder Transparenz.
- Eine zu breite Schnittstelle zieht zu allgemeine Entwürfe nach sich.
- Knoten können optional eine Referenz auf ihren Vaterknoten halten.
- Komposita können Werte ihrer Kindobjekte cachen.

Zweckbeschreibung:

Die Gang of Four beschreibt den Zweck des Patterns wie folgt:

„Füge Objekte zu Baumstrukturen zusammen, um Teil-Ganzes-Hierarchien zu repräsentieren. Das Kompositionsmuster ermöglicht es Klienten, sowohl einzelne Objekte als auch Kompositionen von Objekten einheitlich zu behandeln.“

15 Builder Pattern

Aus der Reihe der Erzeugungsmuster kennen Sie das Singleton Pattern, die zwei Fabriken und das Prototype Pattern. Das Builder Pattern ist das letzte Muster, mit dem Sie Objekte erzeugen, ohne den new-Operator zu verwenden. Beim Builder Pattern haben Sie ein Objekt, das komplex oder kompliziert zu konstruieren ist. Dieses Objekt kann nicht in einem Durchgang erzeugt werden, sondern durchläuft einen aufwendigen Konstruktionsprozess.

15.1 Ein Objekt erzeugt andere Objekte

Um in die Materie hineinzufinden, stelle ich Ihnen eine Realisierung des Builder Patterns vor, die bei Joshua Bloch[1] besprochen wird. Wenn Sie online eine Reise buchen, können Sie eine Vielzahl von Parametern vorgeben. Am wichtigsten dürfte wohl sein, in welchem Zeitraum und wie viele Tage Sie verreisen möchten. Außerdem ist interessant, mit wie vielen Personen Sie verreisen und wie viele Kinder (unter 14 Jahren) Sie mitnehmen. Sicher werden Sie auch angeben wollen, wie viele Sterne Ihre Unterkunft haben soll. Und wichtig sind die Bewertung der Unterkunft und die Weiterempfehlungsrate. Vielleicht wollen Sie auf Nummer Sicher gehen und möchten nur Hotels angezeigt bekommen, die bereits von mindestens x Gästen bewertet wurden. Alle diese Suchparameter speichern Sie in den Datenfeldern eines Reise-Objekts.

15.1.1 Umsetzung 1: Telescoping Constructor Pattern

Die Suchparameter übergeben Sie dem Konstruktor.

Listing 15.1 Klasse „Reise" – Telescoping Constructor Pattern

```
public class Reise
{
    public final Date VON_DATUM;
```

[1] Effective Java, Addison-Wesley, 2. Auflage.

```
    public final Date BIS_DATUM;
    public final int DAUER;
    public final int ANZAHL_PERSONEN;
    public final int ANZAHL_KINDER;
    public final int ANZAHL_STERNE_MINDESTENS;
    public final int WEITEREMPFEHLUNG_MINDESTENS;
    public final int BEWERTUNG;
    public final int ANZAHL_BEWERTUNGEN_MINDESTENS;


    Reise(Date vonDatum, Date bisDatum, int dauer,
          int anzahlPersonen, int anzahlKinder, int anzahlSterne,
          int weiterempfehlung, int bewertung, int anzBewertungen)
    {
        this.VON_DATUM = vonDatum;
        this.BIS_DATUM = bisDatum;
        this.DAUER = dauer;
        this.ANZAHL_PERSONEN = anzahlPersonen;
        this.ANZAHL_KINDER = anzahlKinder;
        this.ANZAHL_STERNE_MINDESTENS = anzahlSterne;
        this.WEITEREMPFEHLUNG_MINDESTENS = weiterempfehlung;
        this.BEWERTUNG = bewertung;
        this.ANZAHL_BEWERTUNGEN_MINDESTENS = anzahlBewertungen;
    }
}
```

Der Aufruf dieses Konstruktors ist blanker Horror! Die main-Methode der Klasse `ApplStart` demonstriert dies:

```
public static void main(String[] args)
{
    Reise reise =
       new Reise(new Date(), new Date(), 7, 2, 0, 3, 80, 5, 30);
}
```

Das Problem ist nicht nur, dass Sie sehr viele Parameter mitgeben müssen – diese sind darüber hinaus vom gleichen Typ. Sie werden ohne Dokumentation niemals herausfinden, wofür welcher Parameter steht. Fehler werden sich bei so einem Aufruf sehr zuverlässig einschleichen. Eine Lösung könnte sein, dass Sie den Konstruktor überladen. Wenn der Client keine Bewertung und auch keine Mindestanzahl von Bewertungen voraussetzt, soll er diese weglassen dürfen. Der neue Konstruktor ruft den eben vorgestellten mit `this()` auf und übergibt Standardwerte:

```
Reise(Date vonDatum, Date bisDatum, int dauer,
      int anzahlPersonen, int anzahlKinder, int anzahlSterne,
      int weiterempfehlung)
{
    this(vonDatum, bisDatum, dauer, anzahlPersonen,
            anzahlKinder, anzahlSterne, weiterempfehlung, 0, 0);
}
```

Der Client erzeugt ein Reise-Objekt jetzt mit einer etwas kürzeren Parameterliste:

```
public static void main(String[] args)
{
    Reise reise =
       new Reise(new Date(), new Date(), 7, 2, 0, 3, 80);
}
```

Ist dieser Aufruf ansprechender oder eindeutiger? Nein! Diese Lösung, die *Telescoping Constructor Pattern* heißt, hat Einzug in die Liste der Antipatterns gehalten. Es ist nie eine gute Idee, zu viele Parameter an eine Methode übergeben zu müssen – umso mehr, als sie vom gleichen Typ sind. Lassen Sie uns gleich eine andere Lösung betrachten.

15.1.2 Umsetzung 2: JavaBeans Pattern

In Java-Einführungen finden Sie, dass Datenfelder gekapselt werden müssen und nur über Getter und Setter ausgelesen und verändert werden dürfen – und daran orientiert sich die Projektversion „JavaBeans_Pattern“. Informationen, auf die bei der Suche nicht verzichtet werden kann, also Zeitrahmen, Dauer und Anzahl Reisender, werden in finalen Datenfeldern gespeichert, die vom Konstruktor initialisiert werden. Die restlichen Informationen werden mit Standardwerten vorbelegt und können mit Settern optional überschrieben werden.

Listing 15.2 Klasse „Reise“ im Projekt „JavaBeans_Pattern“

```
public class Reise
{
    public final Date VON_DATUM;
    public final Date BIS_DATUM;
    public final int DAUER;
    public final int ANZAHL_PERSONEN;
    private int anzahlKinder = 0;
    private int anzahlSterneMindestens = 0;
    private int weiterempfehlungMindestens = 0;
    private int bewertung = 0;
    private int anzahlBewertungenMindestens = 0;

    Reise(Date vonDatum, Date bisDatum, int dauer,
                                            int anzahlPersonen)
    {
        this.VON_DATUM = vonDatum;
        this.BIS_DATUM = bisDatum;
        this.DAUER = dauer;
        this.ANZAHL_PERSONEN = anzahlPersonen;
    }

    public void setAnzahlKinder(int anzahlKinder)
    {
        this.anzahlKinder = anzahlKinder;
    }

    // ... gekürzt ...
}
```

Der Client kann nun sehr viel übersichtlicher eine Instanz der Klasse `Reise` erzeugen.

```
public static void main(String[] args)
{
    Reise reise = new Reise(new Date(), new Date(), 14, 2);
    reise.setAnzahlSterneMindestens(3);
    reise.setWeiterempfehlungMindestens(80);
}
```

Der Code ist zwar jetzt sehr viel sprechender. Allerdings leidet diese Lösung darunter, dass sie nicht thread-sicher ist. Während ein Thread die erforderlichen Setter aufruft, kann der andere mit der Instanz bereits arbeiten. Das viel größere Problem dürfte jedoch sein, dass die Datenfelder nicht final sind und auch nicht final sein können. Die Vorgehensweise entspricht nicht ganz der JavaBeans-Spezifikation, sondern übernimmt nur das wesentliche Prinzip. Die JavaBeans-Spezifikation sieht vor, dass Sie immer einen Default-Konstruktor definieren. Übrigens werden Sie in der Literatur auch gelegentlich auf Meinungen treffen, die die JavaBeans-Spezifikation in das Reich der Antipatterns verschiebt - aus den eben angeführten genannten Gründen.

15.1.3 Umsetzung 3: Builder Pattern

Da der Werkzeugkasten der OOP keine befriedigende Lösung erlaubt, wird es Zeit für ein Pattern. Das Builder Pattern setzt ein Objekt voraus, dessen Aufgabe sich darauf beschränkt, ein anderes Objekt zu konstruieren. In der Projektversion „Builder Pattern" realisieren Sie die Reise-Klasse, indem Sie sämtliche Informationen in finalen Datenfeldern speichern. Der Konstruktor ist wie bei Singleton `private`, so dass ein Objekt nur innerhalb der Klasse erzeugt werden kann. Als Parameter erwartet der Konstruktor ein Objekt vom Typ `Builder`.

Listing 15.3 Klasse „Reise" im Projekt „Builder Pattern" (gekürzt)

```
public class Reise
{
    private final Date VON_DATUM;
    private final Date BIS_DATUM;
    public final String VON;
    public final String BIS;
    public final int DAUER;
    public final int ANZAHL_PERSONEN;
    public final int ANZAHL_KINDER;
    public final int ANZAHL_STERNE_MINDESTENS;
    public final int WEITEREMPFEHLUNG_MINDESTENS;
    public final int BEWERTUNG;
    public final int ANZAHL_BEWERTUNGEN_MINDESTENS;

    private Reise(Builder builder)
    {
        this.VON_DATUM = builder.vonDatum;
        this.BIS_DATUM = builder.bisDatum;
        DateFormat dateFormat = new SimpleDateFormat("dd.MM.yyyy");
        VON = dateFormat.format(VON_DATUM);
        BIS = dateFormat.format(BIS_DATUM);
        this.DAUER = builder.dauer;
        // ... gekürzt ...
    }
}
```

Der Typ `Builder` wird als statische innere Klasse von `Reise` definiert. Die Datenfelder von `Reise` werden hier ebenfalls deklariert. Die wichtigen Datenfelder werden im Konstruktor initialisiert, die übrigen bekommen Standardwerte. Für jedes Datenfeld gibt es einen Setter, der entgegen der Sprachkonvention nur den Namen des Felds wiederholt. Innerhalb des

Setters wird das entsprechende Datenfeld mit einem Wert belegt; schließlich gibt die Methode die Builder-Instanz zurück.

Listing 15.4 Datentyp „Builder" im Projekt „Builder Pattern" (gekürzt)

```
public static class Builder
{
    private Date vonDatum;
    private Date bisDatum;
    private int dauer;
    private int anzahlPersonen;
    private int anzahlKinder = 0;
    private int anzahlSterneMindestens = 0;
    private int weiterempfehlungMindestens = 0;
    private int bewertung = 0;
    private int anzahlBewertungenMindestens = 0;

    public Builder(Date vonDatum, Date bisDatum, int dauer,
                                          int anzahlPersonen)
    {
        this.vonDatum = vonDatum;
        // ... gekürzt ...
    }

    public Builder anzahlKinder(int anzahlKinder)
    {
        this.anzahlKinder = anzahlKinder;
        return this;
    }
    public Builder anzahlSterneMindestens(int anzahlSterne)
    {
        this.anzahlSterneMindestens = anzahlSterne;
        return this;
    }
// ... gekürzt ...
}
```

Die Methode `build()` erzeugt ein Reise-Objekt und übergibt das Builder-Objekt an dessen Konstruktor.

```
public Reise build()
{
    return new Reise(this);
}
```

Der Client erzeugt im ersten Schritt einen Builder, versorgt ihn – soweit gewünscht – mit den relevanten Daten und lässt sich erst dann ein Reise-Objekt zurückgeben.

```
public static void main(String[] args)
{
    Reise.Builder builder =
              new Reise.Builder(new Date(), new Date(), 15, 2);
    Reise reise = builder
                    .anzahlSterneMindestens(3)
                    .bewertung(5)
                    .anzahlKinder(2)
                    .build();
}
```

Diese erste Realisierung des Builder Patterns soll Ihnen ein Gefühl dafür vermitteln, dass es sinnvoll sein kann, Objekte zu haben, deren Funktionalität sich darauf beschränkt, andere Objekte zu erzeugen. Bitte wundern Sie sich nicht, dass ich aus Vereinfachungsgründen im Beispiel für das `vonDatum` wie für das `bisDatum` jeweils `new Date()` vorgegeben habe; in der Praxis ist es natürlich undurchführbar, in der Zeit „von heute bis heute" 15 Tage Urlaub zu machen.

15.2 Ein komplexerer Konstruktionsprozess

Sinn und Zweck des Builder Patterns ist es, den Konstruktionsprozess in eine eigene Klasse auszulagern. Sinn hat das immer dann, wenn die Konstruktion eines Objekts aufwendig ist oder ausgetauscht werden können soll. Ich möchte im folgenden Beispiel das Haushaltsbuch aus dem letzten Kapitel aufgreifen. In der Praxis möchten Sie die verschiedenen Positionen und Kategorien sicher nicht im Quelltext hinterlegen, so wie ich es im letzten Kapitel gezeigt habe. Sie wollen die Daten vielleicht aus einer XML-Datei lesen und in einem JTree anzeigen. Das Builder Pattern ist hierfür optimal geeignet, da ein Knoten im JTree nicht in einem Durchgang erzeugt werden kann; erst, wenn er keine weiteren Unterknoten hat, kann die Objekterstellung abgeschlossen werden.

Die XML-Datei sieht im Beispiel gekürzt so aus:

```
<?xml version="1.0" encoding="UTF-8"?>
<!DOCTYPE Haushaltsbuch
[
    <!ELEMENT Haushaltsbuch (Position*, Monat+)>
    <!ELEMENT Monat (Kategorie*)>
    <!ELEMENT Kategorie (Position| Kategorie)*>
    <!ELEMENT Position EMPTY>

    <!ATTLIST Haushaltsbuch beschreibung                        CDATA
#REQUIRED>
    <!ATTLIST Monat beschreibung                        CDATA #REQUIRED>
    <!ATTLIST Kategorie beschreibung                    CDATA #REQUIRED>
    <!ATTLIST Position  beschreibung                    CDATA #REQUIRED
                        betrag                          CDATA #REQUIRED
                        erforderlich (ja|nein)       "ja" >
]>
<Haushaltsbuch beschreibung = "Haushaltsbuch 2014">
    <Position beschreibung="Lebensversicherung"  betrag = "-1600" erforderlich
= "ja"/>
    <Monat beschreibung = "Januar">
        <Kategorie beschreibung = "Einnahmen">
            <Position beschreibung = "Hauptjob" betrag = "2000" erforderlich
= "ja"/>
            <Position beschreibung = "Vorträge" betrag = "5000" erforderlich
= "ja"/>
        </Kategorie>
        <Kategorie beschreibung = "Ausgaben">
            <Kategorie beschreibung = "Miete">
                <Position beschreibung = "Wohnung" betrag = "-700"/>
```

```
            <Position beschreibung = "Hobbyraum" betrag = "-150"
erforderlich = "nein"/>
          </Kategorie>
          <Kategorie beschreibung = "Versicherungen">
            <Position beschreibung = "KFZ" betrag = "-34.50"/>
          </Kategorie>
        </Kategorie>
    </Monat>                  <Position beschreibung = "Hobbyraum" betrag =
"-150"
                                        erforderlich = "nein"/>
          </Kategorie>
          <Kategorie beschreibung = "Versicherungen">
            <Position beschreibung = "KFZ" betrag = "-34.50"/>
          </Kategorie>
        </Kategorie>
    </Monat>
    ... usw.
```

Ihre Aufgabe wird es nun sein, aus dem XML-Dokument ein TreeModel zu machen und dieses in einem JTree anzuzeigen.

15.2.1 XML-Dateien in ein TreeModel konvertieren

Ich habe mir zunächst die letzte Projektversion des vorigen Kapitels genommen. Hierin habe ich ein neues Package `builder` angelegt, in dem Sie die abstrakte Klasse `Builder` finden. `Builder` erbt von `org.xml.sax.helpers.DefaultHandler` und zwingt ihre Subklassen, die Methode `startElement()` und `endElement()` zu definieren. Wenn ein Element des XML-Dokuments geöffnet bzw. geschlossen wird, wird eine dieser Methoden aufgerufen. Wenn die XML-Daten nicht valide sind, geben die Methoden `warning()`, `error()` oder `fatalError()` entsprechende Fehlermeldungen aus. Der Client lässt sich von einer Instanz vom Typ `Builder` zuerst ein Objekt erstellen und holt sich das fertige Produkt dann von dieser Instanz ab; jede Unterklasse muss also auch die Methode `getProduct()` anbieten.

Listing 15.5 Abstrakte Klasse „Builder" im Projekt „HaushaltsBuilder"

```
public abstract class Builder extends DefaultHandler
{
    public abstract Object getProduct();

    @Override
    public abstract void startElement(String uri, String localName,
                            String name, Attributes attributes);

    @Override
    public abstract void endElement(String uri, String localName, String
name);

    @Override
    public void warning(SAXParseException exception)
    {
        System.err.println(exception.getMessage());
    }
```

```
    @Override
    public void fatalError(SAXParseException exception)
    {
        System.err.println(exception.getMessage());
    }

    @Override
    public void error(SAXParseException exception)
    {
        System.err.println(exception.getMessage());
    }
}
```

Der erste konkrete Builder, den Sie erstellen werden, ist der `TreeModelBuilder`. Er hat zwei Datenfelder: den Wurzel-Knoten und eine Liste, in der alle Knoten temporär gespeichert werden. Die Methoden `startElement()` und `endElement()` sind für den eigentlichen Konstruktionsprozess zuständig. Wenn ein Element geöffnet wird, prüft die Methode `startElement()` zunächst, ob das Element „Position" heißt. In diesem Fall werden die Attribute abgefragt und ein neues Blatt erstellt; anderenfalls wird ein neues Kompositum erzeugt. Wenn die Wurzel gleich `null` ist, also nur beim allerersten Element, wird das aktuell erstellte Element an das Datenfeld `wurzel` übergeben. Wenn das Datenfeld `wurzel` ungleich `null` ist, also ab dem zweiten Element, wird das neue Element an das letzte in der Liste gespeicherte Kompositum als Unterknoten angehängt. Anschließend wird der Knoten in der Liste gespeichert.

Listing 15.6 Klasse „TreeModelBuilder" im Projekt „HaushaltsBuilder"

```
public class TreeModelBuilder extends Builder
{
    private Kompositum wurzel;
    private final LinkedList<Knoten> STACK = new LinkedList<>();

    @Override
    public void startElement(String uri, String localName,
                             String name, Attributes attributes)
    {
        Knoten knoten;
        if (name.equalsIgnoreCase("Position"))
        {
            String tempBeschreibung =
                          attributes.getValue("beschreibung");
            double tempBetrag =
                   Double.parseDouble(attributes.getValue("betrag"));
            boolean tempErforderlich =
         attributes.getValue("erforderlich").equalsIgnoreCase("ja");
            knoten = new Blatt(tempBeschreibung, tempBetrag,
                                                tempErforderlich);
        }
        else
        {
            String tempBeschreibung =
                          attributes.getValue("beschreibung");
            knoten = new Kompositum(tempBeschreibung);
        }
        if (wurzel == null)
            wurzel = (Kompositum) knoten;
```

```
        else
        {
            Kompositum tempKnoten = (Kompositum) STACK.peekLast();
            tempKnoten.add(knoten);
        }
        STACK.add( knoten);
    }
    // gekürzt
}
```

Die Methode `endElement()` wird aufgerufen, wenn das Element geschlossen wird. Sie kann sich darauf beschränken, das zuletzt in der Liste gespeicherte Element dort zu entfernen. Die Methode `getProduct()` erzeugt mit dem Datenfeld `wurzel` ein `MyTreeModel` und gibt dieses zurück.

```
@Override
public void endElement(String uri, String localName,
                                                String name)
{
    STACK.pollLast();
}

@Override
public TreeModel getProduct()
{
    return new MyTreeModel(wurzel);
}
```

Der Client erzeugt zuerst eine Builder-Instanz, in diesem Projekt eben einen `TreeModelBuilder`. Er übergibt diesen Builder an die Methode `build()`, die zuerst die XML-Datei liest, sie in einen String umwandelt und ihn mit dem Builder als Handler parst.

Listing 15.7 Client im Projekt „HaushaltsBuilder" (gekürzt)

```
Haushalt()
{
    Builder builder = new TreeModelBuilder();
    build(builder);
    TreeModel treeModel = (TreeModel) builder.getProduct();
    JFrame frmMain = new JFrame("Builder Pattern Demo");
    frmMain.setDefaultCloseOperation(JFrame.EXIT_ON_CLOSE);
    JTree trvHaushaltsbuch = new JTree(treeModel);
    trvHaushaltsbuch.setCellRenderer(new MyTreeCellRenderer());
    trvHaushaltsbuch.setEditable(true);
    trvHaushaltsbuch.setCellEditor(new MyTreeCellEditor());
    JScrollPane scrTree = new JScrollPane(trvHaushaltsbuch);
    frmMain.add(scrTree);
    frmMain.setSize(500, 500);
    frmMain.setVisible(true);
}

public void build(Builder builder)
{
    try (InputStream inputStream =
                        getClass().getResource(DATEI).openStream();)
    {
```

```
            InputStreamReader reader =
                                    new InputStreamReader(inputStream);
            CharBuffer buffer = CharBuffer.allocate(2048);
            StringBuilder cacheBuilder = new StringBuilder();

            while (reader.read(buffer) > 0)
            {
                buffer.flip();
                cacheBuilder.append(buffer);
                buffer.clear();
            }
            String cache = cacheBuilder.toString();

            SAXParserFactory factory = SAXParserFactory.newInstance();
            factory.setValidating(true);
            SAXParser saxParser = factory.newSAXParser();

            saxParser.parse(new InputSource(new StringReader(cache)), builder);
        }
        catch (IOException | ParserConfigurationException | SAXException
                                                                    ex)
        {
            ex.printStackTrace();
        }
    }
```

Wenn Sie das Beispiel kritisch durchsehen, fällt Ihnen ein Nachteil des Patterns auf: Der Builder ist stark an das zu erzeugende Objekt gebunden. Da abgefragt wird, ob ein Element „Position" heißt, ist dieser Builder an die gegebene DTD gebunden. Ebenso muss der Builder genaue Kenntnis von der Konstruktion von Blatt- und Kompositum-Klassen haben.

Auf der anderen Seite sehen Sie aber auch den großen Vorteil: Sie können jede beliebige XML-Datei, die der DTD entspricht, an den Builder übergeben - Sie werden immer ein passendes TreeModel daraus generieren können.

Ihr Programm ist jetzt sehr viel stärker modularisiert. In der Folge kann die Routine, die das XML-Dokument liest, durch eine Routine ersetzt werden, die das XML-Dokument aus einer anderen Quelle, beispielsweise dem Netzwerk, bezieht. Auf den Builder hat diese Änderung keinen Einfluss. ■

Im nächsten Abschnitt werden Sie einen neuen Builder definieren, der die Daten ins HTML-Format bringt.

15.2.2 XML-Dateien als HTML darstellen

Das folgende Beispiel erweitert das Projekt um einen neuen Builder. Es soll möglich sein, die XML-Datei als HTML-Dokument zu erzeugen und anzuzeigen. Verfolgen Sie die notwendigen Schritte im Projekt „HaushaltsBuilder_Ext". Im ersten Schritt legen Sie einen neuen Builder an, den `HTMLBuilder`, der von der Klasse `Builder` erbt. An den Methoden `startElement()` und `endElement()` ändert sich nichts. Die Methode `getProduct()` erzeugt aus den Informationen der Wurzel einen HTML-String und gibt ihn zurück.

Listing 15.8 Methode „getProduct()" im „HTMLBuilder"

```
@Override
public String getProduct()
{
    html.append("<html><body><h1 align=\"center\">");
    html.append(wurzel.getBeschreibung());
    html.append("</h1>");
    html.append("<b>" + "Jährlich anfallende Positionen:</b><br/>");
    for (int i = 0; i < wurzel.getAnzahlKindKnoten(); i++)
    {
        Knoten tempKnoten = wurzel.getIndex(i);
        if (tempKnoten.getClass() == Blatt.class)
        {
            html.append("&#09;");
            Blatt position = (Blatt) tempKnoten;
            formatBlatt(position);
            html.append("<br/>");
        }
        else
        {
            html.append("<p>");
            appendElements(tempKnoten, 0);
            html.append("</p>");
        }
    }
    html.append("</body></html>");
    return html.toString();
}
```

In dieser Methode wird die Methode `appendElements()` aufgerufen, die rekursiv alle Knoten durchläuft und den HTML-String erweitert.

Listing 15.9 Methode „appendElements()" im „HTMLBuilder"

```
private void appendElements(Knoten knoten, int tab)
{
    html.append("<br/>");
    for (int i = 0; i < tab; i++)
        html.append("&#09;");
    if (knoten.getClass() == Blatt.class)
        formatBlatt((Blatt) knoten);
    else
    {
        if (tab == 0)
            html.append("<b>");
        html.append(knoten);
        if (tab == 0)
            html.append("</b>");
    }
    for (int j = 0; j < knoten.getAnzahlKindKnoten(); j++)
    {
        Knoten kindKnoten = knoten.getIndex(j);
        appendElements(kindKnoten, tab + 1);
    }
}
```

Beide Methoden rufen die Methode `formatBlatt()` auf, die eine Ausgabenposition darauf überprüft, ob sie erforderlich war. Wenn nein, wird der Anzeigetext rot eingefärbt.

Listing 15.10 Methode „formatBlatt" im „HTMLBuilder" (gekürzt)

```
private void formatBlatt(Blatt position)
{
    if (!position.ausgabeIstErforderlich())
        html.append("<font color=\"#FF0000\">");
    double betrag = position.getValue();
    html.append(position.getBeschreibung() + ": " +
            NumberFormat.getCurrencyInstance().format(betrag));
    if (!position.ausgabeIstErforderlich())
        html.append("</font>");
}
```

Um einen String in mehreren Schritten zu erzeugen, könnten Sie Zeichenketten konkatenieren: `String x += stringY;`. Da Strings immutable sind, wird bei jeder Konkatenation ein neues String-Objekt angelegt und x zugewiesen. Die Kosten sind entsprechend hoch. Alternativ greifen Sie auf einen StringBuilder oder einen threadsicheren StringBuffer zu und hängen dem bisher gespeicherten Text neue Zeichenketten an. Erst, wenn die Konstruktion abgeschlossen ist, geben Sie mit `StringBuilder.toString();` den fertigen String zurück. Hier sehen Sie das Builder Pattern noch einmal im praktischen Einsatz.

Der Client legt einen Builder an und bezieht von dort den HTML-String. Dieser wird in einer JEditorPane angezeigt:

```
Haushalt()
{
    Builder builder = new HTMLBuilder();
    build(builder);
    String html =  builder.getProduct().toString();

    JFrame frmMain = new JFrame("Builder Pattern Demo");
    frmMain.setDefaultCloseOperation(JFrame.EXIT_ON_CLOSE);
    System.out.println(html);
    JEditorPane editorPane = new JEditorPane();
    editorPane.setContentType("text/html");
    editorPane.setText(html);
    JScrollPane scrTree = new JScrollPane(editorPane);
    frmMain.add(scrTree);
    frmMain.setSize(500, 500);
    frmMain.setVisible(true);
}
```

15.3 Zusammenfassung

Gehen Sie das Kapitel noch mal stichwortartig durch!

- Ein Builder ist ein Objekt, dessen Aufgabe darin besteht, andere Objekte zu bauen.
- Der Konstruktionsprozess wird im Builder isoliert.
- In der Regel ist der Konstruktionsprozess der zu bauenden Objekte komplex oder kompliziert; oft sind mehrere Schritte erforderlich.
- Da die Daten unabhängig von der Objekterzeugung sind, können viele gleichartige Objekte erzeugt werden.
- Typischerweise werden Builder benutzt, um ein Composite zu bauen.

Zweckbeschreibung:

Die Gang of Four beschreibt den Zweck des Patterns wie folgt:

„Trenne die Konstruktion eines komplexen Objekts von seiner Repräsentation, so dass derselbe Konstruktionsprozess unterschiedliche Repräsentationen erzeugen kann.“

16 Visitor Pattern

Wenn Sie mit dem Visitor, einem weiteren Verhaltensmuster, arbeiten, haben Sie es immer mit einer Sammlung von Objekten mit unterschiedlichen Schnittstellen zu tun. Auf allen Objekten sollen verwandte Operationen ausgeführt werden, die in einer eigenen Klasse, dem Visitor, zusammengefasst werden.

16.1 Ein einfaches Beispiel

Ein Auto ist ein Aggregat; es besteht aus Rädern, einem Motor und dem Chassis. Das Auto sowie seine Bauteile werden unter der Schnittstelle `Element` zusammengefasst.

16.1.1 Das Aggregat

Bitte analysieren Sie die Klassen im Package `visitordemo.auto` des Projekts „Visitor". Sie werden dabei finden, dass jedes Element seine eigenen Datenfelder und Methoden hat. Daneben werden die Methoden `getBeschreibung()` und `accept()` in der Schnittstelle vorgeschrieben. Die eine Methode wird eine kurze Beschreibung zurückgeben, die andere stellt eine Schnittstelle für ein Visitor-Objekt zur Verfügung. Nehmen Sie als Beispiel die Klasse `Rad`. Das Rad kann seine Position speichern - beispielsweise *vorne links*. Es kann außerdem den Luftdruck speichern und zurückgeben. Die Methode `accept()` ist so überschrieben, dass auf dem übergebenen Visitor-Objekt die Methode `visit()` aufgerufen und hierbei die eigene Instanz - `this` - übergeben wird.

Listing 16.1 Klasse „Rad" im Projekt „Visitor" (gekürzt)

```
public class Rad implements Element
{
    private final Position POSITION;
    private double luftdruck = 2.0;

    public double getLuftdruck()
    {
```

```
        return luftdruck;
    }

    public Rad(Position position)
    {
        this.POSITION = position;
    }

    @Override
    public void accept(VisitorIF visitor)
    {
        visitor.visit(this);
    }

    @Override
    public String getBeschreibung()
    {
        return "- Rad " + POSITION;
    }
}
```

Am Chassis werden die Räder montiert. Wenn die accept-Methode auf ihr aufgerufen wird, ruft sie im ersten Schritt auf dem Visitor die visit-Methode auf und übergibt sich selbst als Parameter. Im zweiten Schritt wird für jedes Rad die visit-Methode aufgerufen.

Listing 16.2 Klasse „Chassis" im Projekt „Visitor" (gekürzt)

```
public class Chassis implements Element
{
    private Rad[] raeder;

    public Rad[] getRaeder()
    {
        return raeder;
    }

    Chassis(Rad[] raeder)
    {
        this.raeder = raeder;
    }

    @Override
    public void accept(VisitorIF visitor)
    {
        visitor.visit(this);
        for (Rad rad : raeder)
        {
            rad.accept(visitor);
        }
    }

    @Override
    public String getBeschreibung()
    {
        return "- Chassis";
    }
}
```

Das Auto soll auch noch in der gebotenen Kürze beschrieben werden. Es speichert die Informationen, ob der Tank voll ist, ob genügend Öl vorhanden ist und ob Blinkerwasser nachgefüllt wurde. Zu diesen Attributen gibt es entsprechende Zugriffsmethoden. Der Konstruktor baut einen neuen Motor ein, erstellt das Chassis und hängt die Räder daran.

Listing 16.3 Konstruktor der Klasse „Auto" im Projekt „Visitor" (gekürzt)

```
public class Auto implements Element
{
    private final List<Element> BAUTEILE = new ArrayList<>();
    // ... gekürzt ...

    public Auto()
    {
        BAUTEILE.add(new Motor());
        BAUTEILE.add(new Chassis(new Rad[]
        {
            new Rad(Position.VL), new Rad(Position.VR),
            new Rad(Position.HL), new Rad(Position.HR)
        }));
    }
}
```

Die Methode `accept()` ruft auf jedem Bauteil dessen Visitor-Methode auf und übergibt ihnen eine Referenz auf den Visitor. Anschließend wird die visit-Methode auf dem Visitor aufgerufen und das Auto übergibt sich selbst dort als Parameter. Auf den Abdruck der Klasse `Motor` verzichte ich – sie folgt derselben Logik wie die vorigen Klassen.

16.1.2 Der Visitor

Die Visitor-Klasse definiere ich in einem eigenen Package, in `visitordemo.visitor`. Ein Visitor wird durch das Interface `VisitorIF` beschrieben. Jede Klasse, die als Visitor agieren können soll, muss die darin deklarierten Methoden überschreiben; es geht dabei um die Methode `visit()`, die vierfach überladen ist, für jedes Element einmal.

> Die Vererbungshierarchie des Visitor ist eng an die Element-Klassen gebunden. Sie muss, wie Sie gleich sehen werden, genaue Kenntnis von den Schnittstellen der zu besuchenden Objekte haben. Umgekehrt müssen die Element-Klassen nur das Visitor-Interface kennen.

Listing 16.4 Visitor-Interface im Projekt „Visitor"

```
public interface VisitorIF
{
    void visit(Rad rad);
    void visit(Motor motor);
    void visit(Chassis chassis);
    void visit(Auto auto);
}
```

Ein konkreter Visitor ist der `BauteileVisitor`. Er stellt eine Liste der Teile zusammen. Dazu überschreibt er die Methode `visit()` so, dass auf dem übergebenen Parameter, also einem Rad, einem Motor, einem Chassis oder einem Auto, die Methode `getBeschreibung()` aufgerufen wird. Die Beschreibungen aller Einzelteile werden durch einen StringBuilder zusammengefasst. Die Methode `getBauteile()` gibt einen String mit der Liste aller Bauteile zurück.

Listing 16.5 Klasse „BauteileVisitor" im Projekt „Visitor"

```
public class BauteileVisitor implements VisitorIF
{
    private StringBuilder builder= new StringBuilder();

    public String getBauteileListe()
    {
        return "Bauteile: \n" + builder.toString();
    }

    @Override
    public void visit(Rad rad)
    {
        builder.append(rad.getBeschreibung()).append("\n");
    }

    @Override
    public void visit(Motor motor)
    {
        builder.append(motor.getBeschreibung()).append("\n");
    }

    // ... gekürzt ...
}
```

Wie kann der Client dieses Projekt nutzen?

16.1.3 Der Client

Der Client legt eine Instanz der Klasse `Auto` und einen Bauteile-Visitor an. Danach ruft er die Methode `accept()` mit dem Visitor als Parameter auf. Der resultierende String wird auf der Konsole ausgegeben.

Listing 16.6 Der Client „ApplStart" im Projekt „Visitor"

```
public class ApplStart
{
    public static void main(String[] args)
    {
        Element auto = new Auto();
        BauteileVisitor visitor = new BauteileVisitor();
        auto.accept(visitor);
        String bauteile = visitor.getBauteileListe();
        System.out.println(bauteile);
        // ...
    }
}
```

Auf der Konsole wird schließlich die Liste ausgegeben.

Bauteile:

- *Motor*
- *Chassis*
- *Rad vorne links*
- *Rad vorne rechts*
- *Rad hinten links*
- *Rad hinten rechts*
- *Auto (übrige Bestandteile)*

16.1.4 Ein weiterer Visitor

Wenn Sie wegen einer Unregelmäßigkeit an Ihrem Fahrzeug in die Werkstatt fahren, hängt der Werkstatt-Mensch ein Diagnosegerät an eine definierte Schnittstelle im Auto und kann kurz danach präzise sagen, ob das Auto einen Defekt hat, und gegebenenfalls in welchem Element. Diese Situation wird durch den `DiagnoseVisitor` abgebildet. Er funktioniert ganz ähnlich wie der `BauteileVisitor`. Er fragt auf jedem Element bestimmte Informationen ab und wertet sie aus. Es gibt hierbei zwei unterschiedliche Vorgehensweisen. Das Auto kann selbstständig messen, ob der Tank voll ist und ob der Ölstand stimmt; es gibt daher mit den entsprechenden Zugriffsmethoden einen booleschen Wert zurück. Ich unterstelle, dass die wenigsten Autos den Luftdruck in ihren Reifen selbstständig messen, obwohl das technisch möglich ist. Hier lässt der Visitor sich den aktuellen Wert zurückgeben und wertet diesen aus. Am Schluss kann er Auskunft darüber geben, ob das Auto fahrbereit ist. Bitte analysieren Sie den `DiagnoseVisitor` – die Klasse ist nicht kompliziert.

16.1.5 Kritik am Projekt

Es wird deutlich, was ich eingangs mit verwandten Operationen gemeint habe: Da gibt es eine Vielzahl von Klassen, auf denen jeweils eine Diagnose durchgeführt werden soll. Anstatt die Diagnosemethoden in den jeweiligen Klassen zu definieren, werden sie in einer eigenen Klasse zusammengefasst. Daraus ergeben sich zwei Vorteile: Zunächst werden die Klassen nicht durch Code „verschmutzt“, der nicht zu ihrem eigentlichen Kerngeschäft gehört. Darüber hinaus können die neu definierten Operationen sehr viel einfacher gewartet werden; sie befinden sich in einer einzigen Klasse und müssen nicht in zig Klassen separat gepflegt werden.

Die beteiligten Klassen müssen keine gemeinsame Schnittstelle haben. Im Projekt „Visitor“ waren sowohl das Auto als auch die Bauteile Subklassen der Schnittstelle `Element`. Das ist jedoch im Sinne des Visitor Patterns nicht zwingend vorgeschrieben.

Ein Nachteil des Visitor Patterns ist, dass das besuchte Objekt eine ausreichend umfangreiche Schnittstelle haben muss, um alle relevanten Daten abfragen zu können. Die Klasse `Rad` muss beispielsweise Auskunft über den Luftdruck geben können, der Motor muss seinen Zustand benennen können usw. Möglicherweise werden Sie mit dem Visitor Pattern sogar den Zugriff auf Daten ermöglichen müssen, die Sie eigentlich kapseln wollten.

Ein weiterer Nachteil ist, dass Sie umfangreiche Wartungsarbeiten an allen konkreten Visitor-Klassen haben werden, wenn ein neues Element eingefügt wird. Stellen Sie sich vor, Sie definieren zusätzlich die Klasse `Bremse` – die Schnittstelle `Visitor` muss eine entsprechende visit-Methode deklarieren, die von allen konkreten Visitor-Klassen überschrieben werden muss. Das Visitor Pattern lässt sich immer dann optimal einsetzen, wenn eher neue Operationen benötigt werden, als dass sich häufiger die Objektstruktur ändert.

> Das Visitor Pattern ist ein ausgezeichnetes Beispiel für das Open-Closed-Principle. Sie haben eine Reihe von Klassen, die geschlossen sind gegen Veränderung. Sie lassen die Tür aber einen Spalt offen für Erweiterungen, indem sie eine Schnittstelle anbieten, die es anderen Objekten ermöglicht, neues Verhalten zu definieren. ■

Ein letzter Aspekt soll angesprochen werden: die Art der Iteration. In dem Projekt, das Sie gerade bearbeitet haben, finden Sie einen internen Treiber – Sie rufen auf dem Auto-Objekt die Methode `accept()` auf, die dafür sorgt, dass über alle Bauteile iteriert wird. Denkbar wäre auch, dass Sie einen externen Iterator definieren. Die Lösung mit einem internen Iterator muss nicht die sein, die Sie als praktikabel empfinden.

■ 16.2 Zusammenfassung

Gehen Sie das Kapitel noch mal stichwortartig durch!

- Sie haben es mit Objekten mit verschiedenen Schnittstellen zu tun.
- Auf allen Objekten sollen verwandte Operationen – eine Diagnose – ausgeführt werden.
- Die Operationen werden in einer einzigen Klasse, dem Visitor, zusammengefasst.
- Jedes Objekt bietet eine Schnittstelle, die der Visitor aufrufen kann.
- Das Objekt ruft auf dem Visitor dessen überladene visit-Methode auf und übergibt sich selbst als Parameter.
- Der Visitor definiert für jedes Objekt in der Sammlung eine visit-Methode.
- Nach den Regeln der Polymorphie wird die für das Objekt passende visit-Methode aufgerufen.

> **Zweckbeschreibung:**
>
> Die Gang of Four beschreibt den Zweck des Patterns wie folgt:
>
> *„Kapsle eine auf den Elementen einer Objektstruktur auszuführende Operation als ein Objekt. Das Besuchermuster ermöglicht es Ihnen, eine neue Operation zu definieren, ohne die Klassen der von ihr bearbeiteten Elemente zu verändern.“* ■

17 Memento Pattern

Kapselung ist ein zentrales Thema der objektorientierten Programmierung. Jedes Objekt hat Attribute, die es nicht nach außen bekanntgeben darf. Stattdessen bietet es eine möglichst schmale Schnittstelle an. Im letzten Kapitel, beim Visitor Pattern, habe ich diesen Konflikt angesprochen – dort mussten eigens für den Visitor Zugriffsmethoden erstellt werden. Auch für das Memento Pattern ist das Thema Kapselung ein Problem.

17.1 Aufgabe des Memento Patterns

Ausgangspunkt soll ein beliebiges Objekt sein, dessen Zustand Sie extern speichern möchten, um ihn später wiederherstellen zu können. Wie kann der Zustand ermittelt und gespeichert werden? Zunächst liegt es auf der Hand, ein Objekt zu nehmen, das die Daten eines anderen Objekts liest und sie speichert. Aber wie könnte das Speicher-Objekt an die Daten des zu speichernden Objekts herankommen?

Realisierung mit öffentlichen Datenfeldern

Ein erster Ansatz könnte sein, die Datenfelder öffentlich zugänglich zu machen.

```
public class Memento
{
    public int antwort = 42;
    public String passwort = "Ken sent me";
}
```

Jetzt könnte ein anderes Objekt den Zustand auslesen und speichern. Aber warum werden Sie diesen Ansatz nicht weiter verfolgen? Die Datenfelder sind öffentlich einsehbar und änderbar, was dem Grundsatz der Datenkapselung, dem *Information Hiding*, zuwiderläuft.

Realisierung mit dem JavaBeans Pattern

Die meisten Java-Einführungen setzen den Grundsatz der Datenkapselung dadurch um, dass es Methoden gibt, die lesend und schreiben auf die Datenfelder zugreifen können, was mehr oder weniger der JavaBeans-Spezifikation entspricht.

```
public class Memento
{
    private int antwort = 42;
    private String passwort = "Ken sent me";

    public int getAntwort()
    {
        return antwort;
    }

    public void setAntwort(int antwort)
    {
        this.antwort = antwort;
    }

    // für "passwort" entsprechend
}
```

Jetzt sind die Daten zwar gekapselt, aber gegenüber dem Ansatz mit den öffentlichen Feldern hat sich nichts geändert - immer noch kann jeder lesend und schreibend auf die Daten zugreifen, wenn auch über den Umweg der Zugriffsmethoden.

Realisierung mit default-Sichtbarkeit

Denkbar wäre, dass Sie die Felder - oder die Zugriffsmethoden - auf default-Sichtbarkeit *(package-private)* setzen; dann könnten nur noch Klassen im gleichen Paket auf die Daten zugreifen. Ein Objekt, das den Zustand eines anderen Objekts speichern soll, muss folglich im gleichen Paket definiert werden. Aber auch dieser Ansatz ist nicht optimal. Packages sollen helfen, Klassen zu sinnvollen Einheiten zu gruppieren. Beispielsweise kommen alle Klassen, die Daten am Bildschirm anzeigen, in ein Paket, während Daten, die das Datenmodel beschreiben, in einem anderen Paket definiert werden. Meines Erachtens wäre es überzogen, wenn ein Paket nur dafür angelegt wird, um eine Klassen und ihren Datenspeicher darin abzulegen.

Die bisherigen Vorschläge konnten nicht überzeugen - es scheint eine schlechte Idee zu sein, die Daten lesen zu wollen. Also gehen Sie einen anderen Weg: Das Objekt, dessen Zustand gespeichert werden soll, wird selbst dafür verantwortlich gemacht, seinen Datenspeicher zu erstellen.

17.2 Eine mögliche Realisierung

Bevor ich Ihnen das Projekt vorstelle, möchte ich ein paar Begriffe definieren. Das Objekt, dessen Zustand gespeichert werden soll, ist der *Originator*; in der deutschen Übersetzung des GoF-Buchs wird er auch *Urheber* genannt. Das Objekt, das den Zustand eines anderen speichert, ist das *Memento*. Der *Caretaker* verwaltet eine Liste von Mementos. Das Projekt „Memento_Simple" realisiert das Pattern auf eine sehr übersichtliche Weise. Der Caretaker ist die Klasse `Stack`. Sie speichert die verschiedenen Memento-Objekte. Als Stack habe ich nicht die Java-eigene Implementierung genommen, sondern eine eigene Klasse entwickelt. Das Memento ist als leeres Marker-Interface definiert.

Listing 17.1 Interface „Memento“ im Projekt „Memento-Simple“

```
public interface Memento
{ }
```

Sie möchten den Zustand eines Auto-Objekts speichern. Es hat die Attribute `geschwindigkeit` und `aktuellerSpritVerbrauch`. Die Geschwindigkeit kann beeinflusst werden, hierfür gibt es entsprechende Zugriffsmethoden. Auf den Spritverbrauch kann nur indirekt über die Geschwindigkeit Einfluss genommen werden.

Listing 17.2 Originator im Projekt „Memento_Simple“ (gekürzt)

```
public class Auto
{
    private int geschwindigkeit = 0;
    private int aktuellerSpritverbrauch = 0;

    // ... gekürzt ...

    void fahreSchneller()
    {
        geschwindigkeit++;
        berechneSpritverbrauch();
    }

    void fahreLangsamer()
    {
        if (geschwindigkeit > 0)
        {
            geschwindigkeit--;
            berechneSpritverbrauch();
        }
    }

    private void berechneSpritverbrauch()
    {
        // ... nicht abgedruckt ...
    }
}
```

Jetzt suche ich einen Weg, um alle Datenfelder speichern zu können. Hierzu lege ich eine innere Klasse `AutoMemento` an, die geeignet ist, die Datenfelder zu kopieren. Jedes Mal, wenn Sie eine Instanz der Klasse `AutoMemento` erzeugen, werden die Datenfelder des Auto-Objekts kopiert.

Listing 17.3 Memento-Implementierung im Projekt „Memento_Simple“

```
public class Auto
{
    private class AutoMemento implements Memento
    {
        private final int GESCHWINDIGKEIT = geschwindigkeit;
        private final int AKTUELLER_SPRIT_VERBRAUCH =
                                        aktuellerSpritverbrauch;
    }
    private int geschwindigkeit = 0;
```

```
    private int aktuellerSpritverbrauch = 0;
    // ... gekürzt ...
}
```

Die Verantwortung, ein Memento zu erzeugen, geben Sie an die Auto-Klasse ab. Dort fordern Sie ein Memento an; außerdem ist das Auto auch dafür zuständig, einen alten Zustand wiederherzustellen.

Listing 17.4 Memento anlegen und wiederherstellen

```
public class Auto
{
    // ... gekürzt ...

    public Memento createMemento()
    {
        return new AutoMemento();
    }

    public void setMemento(Memento memento)
    {
        AutoMemento myMemento = (AutoMemento) memento;
        this.aktuellerSpritverbrauch =
                                myMemento.AKTUELLER_SPRIT_VERBRAUCH;
        this.geschwindigkeit = myMemento.GESCHWINDIGKEIT;
    }
}
```

Der Client legt einen Stack, den Caretaker, und ein Auto-Objekt an. Dann führt er einige Operationen durch, die die Geschwindigkeit und den Spritverbrauch beeinflussen, und speichert den Zustand nach jeder Änderung in einem Memento. Das Memento wird auf den Stack gelegt; jede Änderung kann jetzt rückgängig gemacht werden. Die main-Methode der Klasse `ApplStart` demonstriert dieses Vorgehen. Bitte analysieren Sie den Code.

Wie bewerten Sie diese Lösung? Auf der einen Seite können die Attribute weder des Originators noch des Memento gelesen werden – sie sind also sehr konsequent gekapselt. Die Kapselung erkaufen Sie sich aber um den Preis, dass die Klasse selbst für das Erstellen und Wiederherstellen des Memento zuständig ist; der Code wird insofern „verschmutzt“. Falls Ihnen diese Lösung zusagt, beachten Sie bitte, dass das Beispiel ausgesprochen simpel ist. Die Attribute sind vom primitiven Typ `int`. Wenn Sie mutable Objekte haben, müssen diese geklont werden – die Problematik der kopierten Referenzen, die Sie im Prototype-Kapitel beim Klonen kennengelernt haben, begegnet Ihnen hier wieder. ■

Im folgenden Beispiel greife ich den GrafikEditor des Prototype Patterns wieder auf.

17.3 Ein größeres Projekt - der GrafikEditor

In der zweiten Ausbaustufe des GrafikEditors im Kapitel über das Prototype Pattern haben Sie ein Diagramm geklont, indem Sie es serialisiert und deserialisiert haben. Genau dieses Vorgehen kann auch für das Memento interessant sein. Für das folgende Projekt habe ich den GrafikEditor_2 als Vorlage genommen und abgewandelt. Vorteil ist, dass in der Klasse `PanelCanvas` die Methode `getDiagramAsClone()` definiert ist - sie erzeugt und returniert ein geklontes Diagramm als tiefe Kopie, das Memento.

```
private Diagram getDiagramAsClone()
{
  Diagram clone = null;
  try
  {
      ByteArrayOutputStream baos = new ByteArrayOutputStream();
      ObjectOutputStream oos = new ObjectOutputStream(baos);
      oos.writeObject(diagram);
      ByteArrayInputStream bais =
                      new ByteArrayInputStream(baos.toByteArray());
      ObjectInputStream ois = new ObjectInputStream(bais);
      clone = (Diagram) ois.readObject();
      baos.close();
      oos.close();
      bais.close();
      ois.close();
  }
  catch (IOException ex)
  {
      new ErrorDialog(ex);
  }
  finally
  {
      return clone;
  }
}
```

Die Methode `setDiagram()` nimmt ein Diagram-Objekt entgegen und füllt die Zeichenfläche mit dessen Daten.

```
public void setDiagram(Diagram clone)
{
   this.diagram = clone;
   repaint();
}
```

In der main-Methode der Klasse `ApplStart` wird die Aktion `UNDO_ACTION` definiert, die vom Caretaker das letzte Diagramm anfordert und an die Zeichenfläche übergibt. Diese Aktion wird an einen MenuItem übergeben. Der Caretaker ist eine Instanz der Klasse `Stack`, die Sie aus dem letzten Beispiel kennen. Dieselbe Instanz übergeben Sie an die Zeichenfläche.

```
private Action UNDO_ACTION = new AbstractAction("Undo")
{
    @Override
    public void actionPerformed(ActionEvent e)
    {
        if (!CARETAKER.empty())
        {
            Diagram diagram = CARETAKER.pop();
            CANVAS.setDiagram(diagram);
        }
    }
};

private final PanelCanvas CANVAS = new PanelCanvas(CARETAKER);
```

Die meisten Aktionen konnten Sie über Mausklicks auslösen: Verschieben von Kreisen, Erzeugen von Linien oder Kreisen und Markieren von Grafikelementen. Das Löschen von Grafikelementen haben Sie über das Menü ausgeführt. Alle Methoden, die Sie so aufgerufen haben, waren in der Klasse `PanelCanvas` definiert – entweder als eigenständige Methode oder als EventListener. Diese Methoden werden ergänzt, so dass gleichzeitig zu der definierten Maßnahme ein Snapshot erzeugt und gespeichert wird.

```
public void deleteSelectedGraphic()
{
    if (selected != null)
    {
        createMemento();
        diagram.deleteSelectedGraphic(selected);
        selected = null;
        repaint();
    }
}

private void createMemento()
{
    Diagram tempDiagram = getDiagramAsClone();
    CARETAKER.push(tempDiagram);
}
```

Sie speichern bei dieser Realisierung ein Objekt vom Typ `Diagram` im Caretaker. Alternativ hätten Sie auch das serialisierte Objekt im Caretaker speichern können. Im patternCoder speichern wir das Klassendiagramm beispielsweise als Byte-Array in der Klasse `Pattern`: `private byte[] diagramData = null`.

17.4 Zusammenfassung

Gehen Sie das Kapitel noch mal stichwortartig durch!

- Ziel ist es, den Zustand eines Objekts extern zu speichern.
- Dabei muss auf die Attribute des Objekts zugegriffen werden.

- Die Kapselung soll möglichst nicht geschwächt werden.
- Um das Pattern zu realisieren, lassen Sie den Originator ein Memento erstellen.
- Der Caretaker speichert die Mementos.

Zweckbeschreibung:

Die Gang of Four beschreibt den Zweck des Patterns wie folgt:

„Erfasse und externalisiere den internen Zustand eines Objekts, ohne seine Kapselung zu verletzen, so dass das Objekt später in diesen Zustand zurückversetzt werden kann.“

18 Flyweight Pattern

Das Flyweight Pattern ist ein Strukturmuster; um es verstehen zu können, müssen die Begriffe *intrinsischer* und *extrinsischer Zustand* definiert werden. Daher werde ich Ihnen in diesem Kapitel zwei Beispiele vorstellen. Das erste Beispiel verdeutlicht das Prinzip des Patterns, das zweite ist näher am Beispiel der GoF und beschreibt diese beiden Begriffe.

18.1 Aufgabe des Patterns

Das Fliegengewicht hat die Aufgabe, aus einem Elefanten eine Mücke zu machen. Stellen Sie sich vor, Sie programmieren eine Anwendung, die alle Geburten eines Jahres erfasst. Jeder Datensatz besteht aus einer ID[1], dem Vornamen, dem Zunamen und dem Geburtstag.

Listing 18.1 Klasse „Kind" im Projekt „Geburten"

```
public class Kind
{
    private final long ID;
    private String vorname, nachname;
    private Date gebTag;

    public Kind(String vorname, String nachname, Date gebTag)
    {
        this.vorname = vorname;
        this.nachname = nachname;
        this.gebTag = gebTag;
        ID = /* ... kompliziertes Rechenverfahren ... */;
    }
}
```

Ein Client legt eine Vielzahl von Kindern an:

```
Kind kind_1 = new Kind("Hans", "Kirch", new Date());
Kind kind_2 = new Kind("Peter", "Schmidt", new Date());
Kind kind_3 = new Kind("Hans", "Dampf", new Date());
```

[1] eTin, Sozialversicherungsnummer oder wie auch immer Sie den Strichcode nennen möchten.

```
Kind kind_4 = new Kind("Franz", "Müller", new Date());
Kind kind_5 = new Kind("Peter", "Berger", new Date());
Kind kind_6 = new Kind("Heinz", "Kirch", new Date());
```

Ein kritischer Blick auf den Clientcode zeigt, dass zwei Kinder Hans heißen. Zwei weitere tragen den Nachnamen Kirch. Und alle sechs sind am gleichen Tag geboren. Entsprechen diese sich wiederholenden Werte Ihren Erwartungen?

In Deutschland wurden 2010 knapp 680 000 Kinder geboren. Gehen wir davon aus, dass die Geburten sich gleichmäßig übers Jahr verteilen, dann haben etwa 1800 Menschen am gleichen Tag Geburtstag. Es ist wahrscheinlich, dass 3500 davon den gleichen Vornamen und 1600 den gleichen Nachnamen haben. Die Klasse von oben hätte zur Folge, dass Sie 1800 identische Date-Objekte haben; außerdem wurden bei der bisherigen Programmierung 3500 Strings mit gleichen Vornamen und 1600 Strings mit gleichem Nachnamen angelegt. Es wird nicht lange dauern, bis das Programm den verfügbaren Speicher sprengt.

Das Flyweight Pattern beschreibt nun, wie Objekte kleinster Granularität wiederverwendet werden können. Lassen Sie uns im nächsten Abschnitt betrachten, was damit gemeint ist.

18.2 Die Realisierung

Nehmen Sie noch mal als Negativbeispiel das Projekt „Geburten". Gehen wir der Einfachheit halber davon aus, dass der Großteil der Kinder entweder Modenamen oder traditionelle Namen bekommt. Die Anzahl unterschiedlicher Vornamen wird bei den 680 000 Kindern sehr gering sein. Ich unterstelle, dass es 200 unterschiedliche Vornamen[2] gibt, die 2010 vergeben wurden. Es wäre sinnvoll, wenn nicht 680 000 String-Objekte angelegt werden, die ohnehin fast alle gleich sind. Sinnvoller wäre es, 200 unterschiedliche String-Objekte anzulegen. Kinder mit gleichem Vornamen können sich ein String-Objekt ja teilen.

Das Projekt „Geburten_Flyweight" demonstriert dies. Zunächst fällt auf, dass die Kind-Objekte nicht vom Client direkt aufgerufen werden. Der Client ruft auf einer Fabrik die Methode `getKind()` auf und übergibt dieser Methode die Daten des Kinds.

Listing 18.2 Client im Projekt „Geburten_Flyweight"

```
public static void main(String[] args)
{
    Fabrik fabrik = new Fabrik();
    Kind kind_1 = fabrik.getKind("Hans", "Kirch", new Date());
    Kind kind_2 = fabrik.getKind("Peter", "Schmidt", new Date());
    Kind kind_3 = fabrik.getKind("Hans", "Dampf", new Date());
    Kind kind_4 = fabrik.getKind("Franz", "Müller", new Date());
    Kind kind_5 = fabrik.getKind("Peter", "Berger", new Date());
    Kind kind_6 = fabrik.getKind("Heinz", "Kirch", new Date());
    fabrik.auswerten();
}
```

[2] Diese Anzahl ist geschätzt und beruht auf keinen amtlichen Statistiken.

Die Fabrik führt eine Liste, in der alle Vornamen gespeichert werden. Wenn ein Kind angelegt wird, prüft die Fabrik zunächst, ob der Vorname schon in der Liste enthalten ist. In diesem Fall wird eine Referenz auf das gespeicherte String-Objekt übergeben. Wenn nicht, wird zusätzlich der Name in die Liste aufgenommen. Mit den Nachnamen wird genauso gearbeitet.

Listing 18.3 Eine Fabrik erzeugt die Kind-Objekte (gekürzter Quelltext).

```
public class Fabrik
{
    private final List<String> VORNAMEN_LISTE = new LinkedList<>();
    private final List<String> NACHNAMEN_LISTE = new ArrayList<>();

    Kind getKind(String vorname, String nachname, Date geburtstag)
    {
        int index = VORNAMEN_LISTE.indexOf(vorname);
        if (index < 0)
        {
            VORNAMEN_LISTE.add(vorname);
            index = VORNAMEN_LISTE.indexOf(vorname);
        }
        vorname = VORNAMEN_LISTE.get(index);

        index = NACHNAMEN_LISTE.indexOf(nachname);
        if (index < 0)
        {
            NACHNAMEN_LISTE.add(nachname);
            index = NACHNAMEN_LISTE.indexOf(nachname);
        }
        nachname = NACHNAMEN_LISTE.get(index);

        return new Kind(vorname, nachname, geburtstag);
    }
    // ... gekürzt ...
}
```

An der Kind-Klasse ändert sich nichts.

Der Vorteil dieses Vorgehens ist, dass Sie eine große Anzahl gleicher Objekte reduziert haben, indem Sie die Objekte geteilt haben.

In der Literatur und im Internet finden Sie oft den Begriff geshared; das „to share" beschreibt den Sachverhalt wohl am besten. Ich verwende dennoch lieber das Verb „teilen".

Wenn Objekte geteilt werden, müssen Sie kritisch prüfen, ob sie Sie mutable oder besser immutable definieren. Wenn ein Kind von Peter nach Paul umbenannt wird, hätte die Änderung des Namens Auswirkung auf alle Geburten, die darauf verweisen. Da Strings jedoch immutable sind, erübrigt sich dieses Problem hier. Beim Geburtstag wäre die Situation problematischer; ein Date-Objekt könnte mit `datum.setTime()` auf einen anderen Wert gesetzt werden. Somit hätten alle Kind-Objekte, die das Datum referenzieren, auf einmal einen anderen Geburtstag.

Dieses Vorgehen ist besonders dann interessant, wenn diese geteilten Objekte entweder sehr groß und/oder aufwendig zu erstellen sind, beispielsweise durch eine Datenbankabfrage.

Dieses Beispiel ist ausgesprochen einfach. Im folgenden Abschnitt werden Sie noch ein wenig tiefer in die Materie eintauchen.

18.3 Ein komplexeres Projekt: Pizza

Lassen Sie uns jetzt ein Beispiel betrachten, das etwas komplexer ist. Sie programmieren eine Software, die Bestellungen für eine Pizzeria aufnimmt.

18.3.1 Der erste Ansatz

Ihr erster Ansatz könnte vielleicht so aussehen, dass Sie eine Klasse `Pizza` definieren, die den Namen der Pizza und den Tisch, an den sie geliefert werden soll, speichert.

Listing 18.4 Klasse „Pizza" im Projekt „Pizza"

```
public class Pizza
{
    public final String NAME;
    public final int TISCH;

    public Pizza(String name, int tisch)
    {
        this.TISCH = tisch;
        this.NAME = name;
        System.out.println("Ich backe jetzt die " + name);
    }
}
```

Der Client legt neue Pizza-Objekte an und speichert sie in einer Liste. Wenn jeder Tisch eine Bestellung aufgegeben hat, werden die Pizzen serviert.

Listing 18.5 Testklasse im Projekt „Pizza"

```
public class ApplStart
{
    private static final List<Pizza> BESTELLUNGEN =
                                        new LinkedList<Pizza>();

    private static void bestellungAufnehmen(int tisch, String pizza)
    {
        BESTELLUNGEN.add(new Pizza(pizza, tisch));
    }

    public static void main(String[] args)
    {
        bestellungAufnehmen(1, "Pizza Hawai");
        bestellungAufnehmen(2, "Pizza Funghi");
        bestellungAufnehmen(75, "Pizza Carbonara");
        bestellungAufnehmen(75, "Pizza Ätna");
```

```
        // ... gekürzt

        for (Pizza pizza : BESTELLUNGEN)
        {
            System.out.println("Serviere die " + pizza.NAME +
                                       " an Tisch " + pizza.TISCH);
        }
    }
}
```

Sie finden den Testcode unter *www.patternsBuch.de*. Wenn Sie ihn analysieren, sehen Sie, dass jede Pizza mehrfach bestellt wird. Natürlich ist es in Einzelfällen auch möglich, dass an einem Tisch zwei oder mehr Bestellungen aufgegeben werden. Welches Attribut werden Sie teilen – die Pizza oder die Tischnummer? Es ist sehr aufwendig, eine Pizza zu backen. Da Sie das Ziel haben, Ressourcen zu sparen, werden Sie also die Pizza teilen. Die Nummer des Tischs, von dem die Bestellung kommt, wird nicht geteilt – dafür wird gleich der Client verantwortlich gemacht. Sie haben also zwei unterschiedliche Zustände: den Zustand, der geteilt wird; und den, für den der Client verantwortlich gemacht wird. **Den geteilten Zustand nennen Sie intrinsisch; den anderen extrinsisch.** Objekte, die den intrinsischen Zustand definieren, sind die *Fliegengewichte* oder auch *Flyweights*. Sie sind von dem Kontext, in dem sie verwendet werden, unabhängig.

18.3.2 Intrinsischer und extrinsischer Zustand

Die Klasse `Pizza` hat zwei Attribute: die Beschreibung der Pizza und die Nummer des Tischs, an den sie geliefert werden soll. Sie zerlegen die Pizza-Klasse in einen intrinsischen und extrinsischen Zustand, wobei die Pizza der intrinsische Zustand sein soll. Sie ziehen also das andere Attribut aus der Klasse heraus und verlagern es in den Kontext. Übrig bleibt in der Pizza-Klasse nur das, was nötig ist, um die Pizza zu beschreiben. Im Projekt „PizzaFlyweight“, das Sie unter *www.patternsBuch.de* finden, soll es genügen, die Pizza durch ihren Namen zu definieren.

Listing 18.6 Klasse „Pizza“ im Projekt „PizzaFlyweight“ (gekürzt)

```
public class Pizza implements Menue
{
    public final String NAME;

    public Pizza(String name)
    {
        this.NAME = name;
    }
    // ... gekürzt ...
}
```

Um später weitere Gerichte zu ermöglichen, habe ich in diesem Zusammenhang gleich das Interface `Menue` eingeführt, das von der Klasse `Pizza` implementiert wird. Ich werde gleich noch genauer darauf eingehen; lassen Sie uns vorher den Client-Code betrachten.

Der Client verwaltet die unterschiedlichen Pizza-Objekte und die Tischnummern. Um eine eindeutige Zuordnung zu ermöglichen, werden die Bestellungen in einer Map gespeichert; der Key dieser Map ist die Tischnummer, der Value sind die bestellten Menüs. Um die Situation abzubilden, dass ein Tisch mehrere Bestellungen aufgeben kann, sind die Menüs als Arrays hinterlegt.

Listing 18.7 Die Testklasse im Projekt „PizzaFlyweight"

```
public class ApplStart
{
    private static final Map<Integer, Menue[]> BESTELLUNGEN =
                                                  new HashMap<>();
    private static final MenueFabrik MENUE_FABRIK =
                                                new MenueFabrik();

    public static void bestellungAufnehmen(int tisch,
                                                  String... menue)
    {
        Menue[] bestellung = MENUE_FABRIK.getMenue(menue);
        BESTELLUNGEN.put(tisch, bestellung);
    }

    public static void main(String[] args)
    {
        bestellungAufnehmen(1, "Pizza Hawai");
        bestellungAufnehmen(2, "Pizza Funghi");
        bestellungAufnehmen(3, "Pizza Carbonara");
        bestellungAufnehmen(4, new String[]
        {
            "Pizza Calzone", "Pizza Carbonara"
        });
        bestellungAufnehmen(5, "Pizza Vesuv");
        bestellungAufnehmen(12, "Pizza Ätna");
        // ... gekürzt
    }
}
```

Der Code der Fabrik ist nahezu identisch mit dem Code, den Sie bereits von den Geburten kennen. Ich möchte nicht weiter darauf eingehen.

Wie wird die Pizza denn nun an den Tisch serviert? Das Interface `Menue` schreibt die Methode `serviere()` vor, der Sie den Tisch als Parameter übergeben. Die GoF beschreibt das mit den Worten: *„Hängen Operationen von extrinsischem Zustand ab, so erhalten sie ihn als Parameter."*

Listing 18.8 Das Interface „Menue" im Projekt „PizzaFlyweight"

```
public interface Menue
{
    void serviere(int tisch);
}
```

Nun soll der Rest der Pizza-Klasse, die Methode `serviere()`, vorgestellt werden. Sie kann sich darauf beschränken, die Meldung auf der Konsole auszugeben, dass die Pizza an einen bestimmten Tisch serviert wurde.

Listing 18.9 Klasse „Pizza" im Projekt „PizzaFlyweight" (Rest)

```
public class Pizza implements Menue
{
    // ... gekürzt ...

    @Override
    public void serviere(int tisch)
    {
        System.out.println("Die " + NAME + " wird an den Tisch Nr. "
                                    + tisch + " gebracht.");
    }
}
```

Wenn der Client alle Bestellungen aufgenommen hat, geht er Tisch für Tisch die Bestellungen durch und serviert die Pizzen.

Listing 18.10 Testklasse im Projekt „PizzaFlyweight"

```
public class ApplStart
{
    // ... gekürzt ...
    public static void main(String[] args)
    {
        // ... Bestellungen aufnehmen ...
        bestellungAufnehmen(79, "Pizza Funghi");

        for (int tempTisch : BESTELLUNGEN.keySet())
        {
            Menue[] menues = BESTELLUNGEN.get(tempTisch);
            for (Menue tempMenue : menues)
                tempMenue.serviere(tempTisch);
        }
    }
}
```

Im folgenden Absatz sehen Sie, wo das Fliegengewicht in der Praxis zum Einsatz kommt.

18.4 Flyweight in der Praxis

Wo finden Sie das Flyweight Pattern in freier Wildbahn? Wenn Sie ein Integer-Objekt mit dem new-Operator anlegen, vergleichen Sie die Referenzen der Objekte mit == auf Gleichheit. Führen Sie folgenden Code aus:

```
Integer wert_1 = new Integer(1);
Integer wert_2 = new Integer(1);
boolean gleichheit = wert_1 == wert_2;
System.out.println("Objekte sind gleich: " + gleichheit);
```

Auf der Konsole wird ausgegeben: *Objekte sind gleich: false*

Legen Sie die Objekte testweise aber mal mit `Integer.valueOf()` an:

```
Integer wert_1 = Integer.valueOf(1);
Integer wert_2 = Integer.valueOf(1);
boolean gleichheit = wert_1 == wert_2;
System.out.println("Objekte sind gleich: " + gleichheit);
```

Jetzt wird auf der Konsole ausgegeben: *Objekte sind gleich: true*

Offensichtlich speichert die Klasse `Integer` die Werte im Sinne des Flyweight Patterns. Betrifft das alle Zahlen im Wertebereich von Integer? Testen wir das!

```
for (int i = -130; i < 130; i++)
{
    Integer wert_1 = Integer.valueOf(i);
    Integer wert_2 = Integer.valueOf(i);
    boolean gleichheit = wert_1 == wert_2;
    System.out.println(i + ": Objekte sind gleich: " + gleichheit);
}
```

Wenn Sie diesen Code ausführen, sehen Sie, dass alle Zahlen von −128 bis +127 geteilt werden.

-130: Objekte sind gleich: false

-129: Objekte sind gleich: false

-128: Objekte sind gleich: true

-127: Objekte sind gleich: true

...

-2: Objekte sind gleich: true

-1: Objekte sind gleich: true

0: Objekte sind gleich: true

1: Objekte sind gleich: true

2: Objekte sind gleich: true

...

126: Objekte sind gleich: true

127: Objekte sind gleich: true

128: Objekte sind gleich: false

Was passiert, wenn Sie Objekte via AutoBoxing anlegen? Machen Sie den Test:

```
Integer wert_1 = 3;
Integer wert_2 = 3;
boolean gleichheit = wert_1 == wert_2;
System.out.println("Objekte sind gleich: " + gleichheit);
```

Auf der Konsole wird ausgegeben: *Objekte sind bei AutoBoxing gleich: true*

18.5 Zusammenfassung

Gehen Sie das Kapitel noch mal stichwortartig durch!

- Sie haben eine Vielzahl von Objekten, die entweder groß sind, aufwendig zu erstellen sind oder einfach aufgrund ihrer Anzahl viel Systemressourcen verbrauchen.
- Diese Objekte zerlegen Sie in einen Teil, der geteilt werden kann, und einen Teil, der nicht geteilt wird.
- Die Attribute, die geteilt werden können, bilden den intrinsischen Zustand; sie sind Fliegengewichte.
- Der extrinsische Zustand wird in den Kontext verlagert.
- Der Kontext verwaltet intrinsischen und extrinsischen Zustand.
- Operationen werden ausgeführt, indem der Kontext den extrinsischen Zustand als Parameter an eine Methode des intrinsischen Zustands übergibt.
- Der intrinsische Zustand ist unabhängig von seinem Kontext.

Zweckbeschreibung:

Die Gang of Four beschreibt den Zweck des Patterns wie folgt:

„Nutze Objekte kleinster Granularität gemeinsam, um große Mengen von ihnen effizient verwenden zu können."

19 Facade Pattern

Die Fassade gehört zu den Strukturmustern; sie beschreibt, wie Sie unkompliziert auf ein kompliziertes oder komplexes Subsystem zugreifen können.

19.1 Ein Beispiel außerhalb der IT

Stellen Sie sich vor, dass Sie ein komplexes oder kompliziertes System haben - beispielsweise eine Spiegelreflex-Kamera. Wenn Sie ein Porträt machen, soll die Schärfentiefe nur einen geringen Bereich umfassen. Sie machen die Blende möglichst weit auf, wählen also eine kleine Blendenzahl. Dadurch fällt mehr Licht auf den Film bzw. den Prozessor. Damit das Bild nicht zu hell wird, müssen Sie die Belichtungszeit verringern.

Vielleicht möchten Sie später kein Porträt, sondern eine Landschaft fotografieren. Dort soll der Schärfentiefebereich möglichst groß sein; Sie wählen eine große Blendenzahl und machen dadurch die Blende zu. Jetzt kommt weniger Licht auf den Prozessor, also muss die Belichtungszeit verlängert werden. Die Belichtungszeit kann aber nicht unbegrenzt verlängert werden; erfahrungsgemäß kann ein Bild nur dann frei aus der Hand aufgenommen werden, wenn die Belichtungszeit kürzer ist als 1/Brennweite. Ist die Belichtungszeit länger, besteht die Gefahr, dass Sie das Bild verwackeln. Sie müssen also die Filmempfindlichkeit, die ISO-Zahl, erhöhen.

Klingt das kompliziert? Ich denke schon! Und das sehen die meisten Kamerahersteller genauso. Moderne Kompaktkameras, aber auch Spiegelreflex-Kameras, bringen Motivprogramme mit. Sie müssen der Kamera nur noch sagen: „Ich möchte ein Porträt machen!“ oder: „Ich möchte Landschaften fotografieren!“. Die Kamera stellt automatisch Blende und Belichtungszeit so ein, dass das Ergebnis optimal ist.

Damit ist das Prinzip der Fassade eigentlich auch schon erklärt: Sie haben ein kompliziertes oder komplexes System. Um Ihnen den Zugriff auf das System zu erleichtern, wird eine Fassade erstellt. Als Anwender bzw. Fotograf müssen Sie sich nicht mehr mit den Details beschäftigen. Es soll genügen, dass Sie der Fassade - dem Motivprogramm „Portrait“ - sagen, was Sie haben möchten. Das

„Wie“ wird von der Fassade realisiert. Der Zugriff auf die einzelnen Komponenten des Systems wird Ihnen weiterhin ermöglicht: Sie müssen die Fassade nicht nutzen, Sie können weiterhin von Hand Blende und Belichtungszeit einstellen. ■

Im folgenden Abschnitt werden Sie ein Beispiel aus der IT kennenlernen.

19.2 Die Fassade in einem Java-Beispiel

Unter *www.patternsBuch.de* finden Sie das Projekt „Fassade“. Es besteht aus den Packages „demo1“ bis „demo3“ und dem Package „reise“. Sie werden in diesem Beispiel eine Reise erstellen. Für eine Reise müssen Sie zunächst mit dem Zug zum Flughafen fahren. Von dort fliegen Sie in Ihr Urlaubsgebiet. Nachdem Sie am fernen Flughafen angekommen sind, werden Sie vom Transfer-Service zum Hotel gebracht. Im Hotel werden Sie entweder all-inclusive oder mit Halbpension oder nur mit Frühstück versorgt. Optional können Sie sich einen Mietwagen nehmen, der versichert und betankt werden muss. Im Package „reise“ sind alle erforderlichen Klassen zu finden.

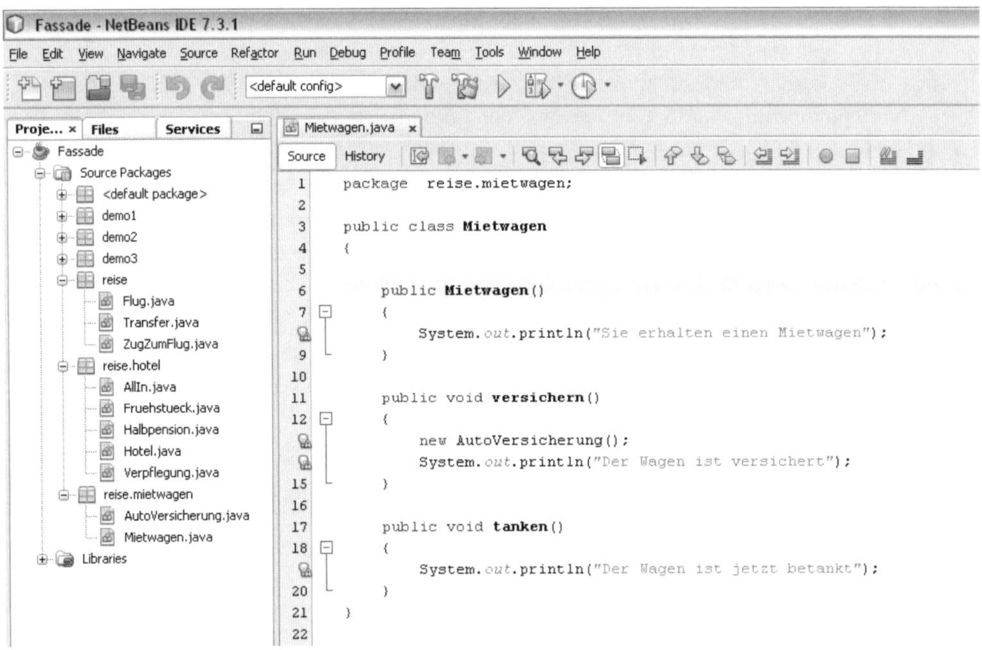

Bild 19.1 Das Projekt „Fassade“ in der Entwicklungsumgebung

Wenn ein Client eine Reise anlegen möchte, muss er alle Komponenten anlegen.

Listing 19.1 Testmethode „demo1" (Teil 1)

```
public class Client
{
    public static void main(String[] args)
    {
        System.out.println("Ein Client:");
        ZugZumFlug zugZumFlug = new ZugZumFlug();
        zugZumFlug.einsteigen();
        Flug flug = new Flug();
        flug.gepaeckAufgeben();
        flug.persoVorzeigen();
        Transfer transfer = new Transfer();
        transfer.gepaeckEinladen();
        Hotel hotel = new Hotel();
        hotel.safeMieten();
        Halbpension halbpension = new Halbpension();
        halbpension.bierBestellen();    }
}
```

Wenn der Kunde außerdem noch einen Mietwagen benötigt, muss er zusätzlich zuerst ein Mietwagen-Objekt erzeugen und dann darauf die Methoden `versichern()` und `betanken()` aufrufen. Sie haben also auf der einen Seite viele Komponenten, die sie bedienen müssen. Auf der anderen Seite haben Sie unterschiedliche Konfigurationsmöglichkeiten – im einen Fall genügt es, Objekte zu erzeugen, im anderen müssen Sie darüber hinaus auf den Objekten Methoden aufrufen. Sieht das für Sie nach einem komplexen System aus?

Listing 19.2 Testmethode „demo1" (Teil 2)

```
public class Client
{
    public static void main(String[] args)
    (
        // ... gekürzt ...
        System.out.println("\nEin anderer Client:");
        zugZumFlug = new ZugZumFlug();
        transfer = new Transfer();
        hotel = new Hotel();
        halbpension = new Halbpension();
        Mietwagen mietwagen = new Mietwagen();
        mietwagen.versichern();
        mietwagen.tanken();    }
}
```

Ihnen ist sicher aufgefallen, dass im oberen Listing vergessen wurde, den Flug zu buchen. Aber vielleicht kennen Sie das Problem aus der Praxis: Fehler in umfangreichen Konfigurationen findet man erst nach einem noch umfangreicheren Testverfahren. Der Code von oben ist also fehleranfällig – im nächsten Abschnitt werden Sie eine Lösung für dieses Dilemma kennenlernen.

19.2.1 Einführung einer Fassade

Sie führen eine Fassade ein, deren einzige Aufgabe darin besteht, auf der einen Seite eine vereinfachte Handhabung für den Client zu ermöglichen, auf der anderen aber die komplexen Zusammenhänge des Systems zu beherrschen. Im Package „demo2" finden Sie die Klasse `ReisebueroFassade`, die die Methode `reiseBuchen()` anbietet. Dieser Methode geben Sie einen Wahrheitswert als Parameter mit, der angibt, ob ein Auto gemietet werden soll.

Listing 19.3 Die Fassade im Package „demo2"

```
public class ReisebueroFassade
{
    public void reisebuchen(boolean mitMietwagen)
    {
        ZugZumFlug zugZumFlug = new ZugZumFlug();
        Flug flug = new Flug();
        Transfer transfer = new Transfer();
        Hotel hotel = new Hotel();
        Halbpension halbpension = new Halbpension();
        if (mitMietwagen)
        {
            Mietwagen mietwagen = new Mietwagen();
            mietwagen.versichern();
            mietwagen.tanken();
        }
    }
}
```

Die Client-Klasse im Package „demo2" kann nun sehr einfach die Methode aufrufen.

Listing 19.4 Testmethode „demo2"

```
public class Client
{
    public static void main(String[] args)
    {
        System.out.println("Ein Client:");
        new ReisebueroFassade().reisebuchen(false);

        System.out.println("\nEin anderer Client:");
        new ReisebueroFassade().reisebuchen(true);
    }
}
```

Für den Client ist es nun sehr viel einfacher, eine Reise zu buchen. Lassen Sie mich auf eines hinweisen: In der Praxis werden Sie die Klasse nur `Reisebuero` nennen. Den Zusatz `ReisebueroFassade` habe ich lediglich zur Verdeutlichung angehängt.

19.2.2 Der Begriff „System" genauer betrachtet

Der Begriff *System* ist wichtig für die Fassade: **Sie stellen einen vereinfachten Zugriff auf ein Subsystem zur Verfügung.** Der Begriff *System* bzw. *Subsystem* ist weit auszulegen. Es kann sich hierbei um eine beliebig große Einheit handeln; es kann aber auch der Zugriff auf eine einzelne Klasse gemeint sein. Im Package „demo3" habe ich die Autovermietung als eigenes System betrachtet und in ein separates Package ausgelagert. Außerdem habe ich die Fassade `Autovermietung` definiert, die eine einzelne statische Methode hat, mit der ein Auto gemietet werden kann: Ein Zugriff auf dieses (Sub)system ist nur noch über die Fassade möglich.

Listing 19.5 Fassade „Autovermietung" in „demo3"

```
public class AutovermietungFassade
{
    public static void autoMieten()
    {
        Mietwagen mietwagen = new Mietwagen();
        mietwagen.versichern();
        mietwagen.tanken();
    }
}
```

Das Reisebüro hat jetzt einen vereinfachten Zugriff auf dieses Subsystem.

Listing 19.6 Zugriff auf die Fassade eines Subsystems in „demo3"

```
public class ReisebueroFassade
{
    public void reisebuchen(boolean mitMietwagen)
    {
        ZugZumFlug zugZumFlug = new ZugZumFlug();
        Flug flug = new Flug();
        Transfer transfer = new Transfer();
        Hotel hotel = new Hotel();
        Halbpension halbpension = new Halbpension();
        if (mitMietwagen)
        {
            AutovermietungFassade.autoMieten();
        }
    }
}
```

Der Client kann entweder im Reisebüro ein Auto mieten oder direkt bei der Autovermietung. In der Implementierung, die ich Ihnen hier vorgestellt habe, ist es übrigens kein Problem, dass der Client weiterhin auf die einzelnen Elemente des Subsystems zugreift. Die Fassade schränkt nicht ein, sie führt auch keine neue Logik ein – sie vereinfacht lediglich den Zugriff auf ein Subsystem.

Ein alternatives Vorgehen demonstriert das Package „demo4". Hier gibt es das Subsystem (Subpackage) „ausflug". Dieses System wird vereinfacht durch die Klasse `Ausflug` dargestellt. Die Klasse und deren Methoden sind package-private, so dass ein Zugriff nur über die Fassade möglich ist. Bitte analysieren Sie unter diesem Aspekt „demo4". Denkbar ist auch, dass die Fassade nicht nur zwischen Client und Subsystem vermittelt, sondern dass sie eigene Logik definiert.

Der Vorteil der Fassade ist offensichtlich: Der Zugriff wird vereinfacht, die Abhängigkeit von Client und Subsystem wird gelockert. Dadurch wird vermieden, dass Client-Code bricht, wenn das Subsystem geändert oder ersetzt wird. Es ist sogar möglich, ein komplettes Subsystem auszutauschen ■

Lassen Sie uns im nächsten Abschnitt ansehen, wo die Fassade sich in der Java-Klassenbibliothek nachweisen lässt.

■ 19.3 Die Fassade in der Klassenbibliothek

Folgend möchte ich Ihnen ein Beispiel aus der Java-Klassenbibliothek zeigen. Sie haben eine grafische Oberfläche erstellt und möchten dem Anwender eine Nachricht anzeigen. Sie könnten nun einen `JDialog` entwerfen, der ein `BorderLayout` hat. Auf `BorderLayout.WEST` legen Sie ein Icon, das ein warnendes Ausrufezeichen anzeigt. Auf `BorderLayout.CENTER` zeigen Sie die Nachricht an. `BorderLayout.SOUTH` enthält einen `JButton`, der mit „Ok“ beschriftet ist. Wenn der Anwender darauf klickt, wird der `EventListener` veranlassen, dass der `JDialog` geschlossen wird.

Alternativ könnten Sie sich mit der Fassade der Klasse `JOptionPane` behelfen, die verschiedene statische Methoden mitbringt, denen Sie unterschiedliche Parameter mitgeben können, um den Dialog zu konfigurieren. Betrachten Sie die folgenden Codezeilen.

```
String frage = "Mögen Sie Design Patterns?";
String titel = "Eine Gewissensfrage";
JOptionPane.showConfirmDialog(null, frage, titel,
        JOptionPane.YES_NO_OPTION, JOptionPane.QUESTION_MESSAGE);
```

Wenn Sie diesen Code ausführen, wird Ihnen eine Nachricht angezeigt, wie in der folgenden Grafik zu sehen ist.

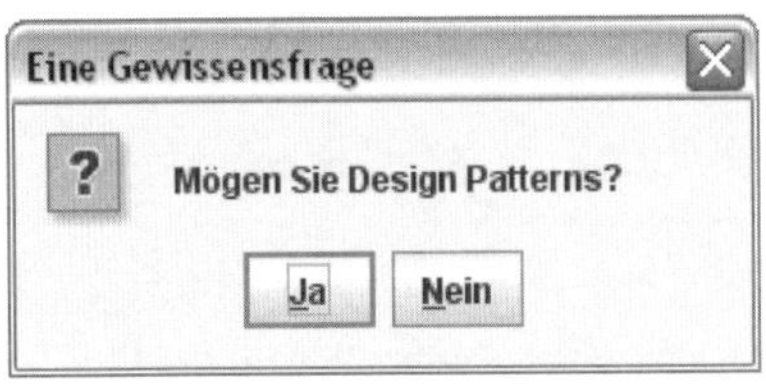

Bild 19.2
Von „JOptionPane“ erzeugte Nachricht

Die Fassade benötigt eine Vielzahl von Klassen, die sie aufruft. Um Ihnen einen Eindruck von der großen Anzahl beteiligter Klassen zu geben, drucke ich Ihnen folgend eine Übersicht ab, die ich bei Philipp Hauer[1] „geklaut“ habe.

[1] *www.PhilippHauer.de*

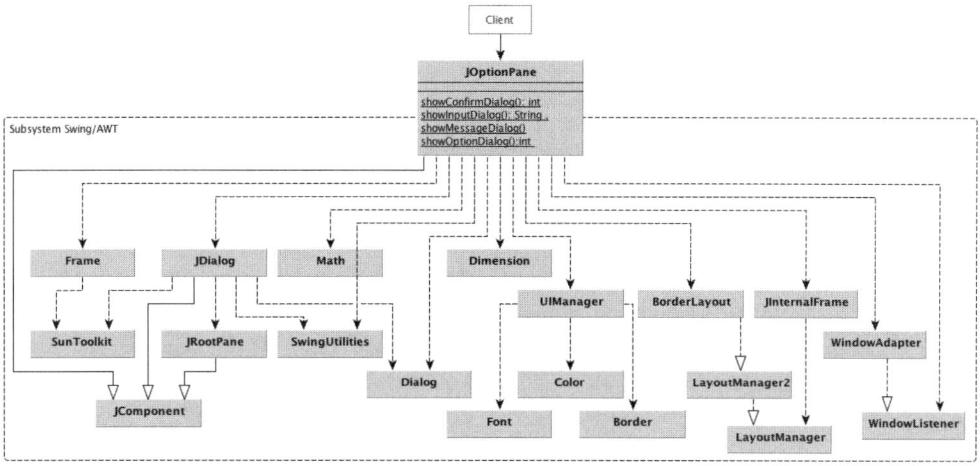

Bild 19.3 API-Doku der Klasse „JOptionPane“

Ich denke, an diesem Beispiel wird die Bedeutung der Formulierung „vereinfachter Zugriff auf ein Subsystem“ ziemlich deutlich.

19.4 Das „Gesetz von Demeter“

Im Kapitel 10 habe ich Ihnen einige Entwurfsprinzipien gezeigt. Jetzt werde ich ein weiteres Entwurfsprinzip ansprechen. Es geht um das „Gesetz von Demeter“[2], das - verkürzt - besagt, dass Objekte ihre Kommunikation auf enge Freunde beschränken sollen. Die Fassade zeigt Ihnen eine Möglichkeit, wie Sie dies möglichst einfach realisieren. Und was sagt das Gesetz von Demeter nun genau? Objekte sollen nur mit engen Freunden kommunizieren. Enge Freunde sind:

- Attribute und Methoden des eigenen Objekts, also alles, was `this` heißt,
- Methoden von Objekten, die als Parameter übergeben wurden,
- Methoden von Objekten, die die Methode selbst anlegt,
- globale Objekte.

Wenn Sie sich das Reise-Beispiel von oben ansehen, erkennen Sie, dass der Client nur auf einen Freund - die Fassade - zugreifen muss. Die Fassade gibt dem Client die Möglichkeit, sich nicht mit Fremden, also weiteren Klassen, abgeben zu müssen. Die Fassade ist ein anschauliches Beispiel für die Realisierung des Prinzips. Auf dem Blog von Matthias Kleine habe ich eine ausführliche Beschreibung des LoD gefunden. Wenn Sie sich weiter mit Objektorientierten Entwurfsprinzipien und Prinzipien der Softwaretechnik beschäftigen möchten, ist diese Seite eine gute Ausgangsbasis für Ihre Recherchen:

[2] Demeter ist in der griechischen Mythologie die Mutter von Persephone und die unfreiwillige Schwiegermutter von Hades. Ihr Job ist es, für Landwirtschaft, Wachstum und Fruchtbarkeit zu sorgen.

http://prinzipien-der-softwaretechnik.blogspot.de/2013/06/das-gesetz-von-demeter.html
Sie finden den Text auch unter *www.patternsBuch.de*.

Im Kapitel über objektorientierte Entwurfsmuster war es mir wichtig zu sagen, dass nicht Sie als Programmierer dafür da sind, die Gesetze zu erfüllen. Vielmehr sind die Gesetze für Sie da – sie sollen Ihnen die Arbeit erleichtern. Daher gilt auch beim Gesetz von Demeter: *nulla regula sine exceptione* oder auch *Keine Regel ohne Ausnahme*. Sie dürfen gegen das Gesetz verstoßen, wenn Sie sich darüber im Klaren sind und den Verstoß begründen können. Wenn Sie einen Text auf der Standardausgabe ausgeben möchten, codieren Sie weiterhin `System.out.println()`. Und wenn Sie den Namen einer Klasse wissen möchten, ist die Anweisung `myObject.getClass().getName()` weiterhin zulässig. Vorsicht ist jedoch immer dann geboten, wenn Sie auf Objekte zugreifen, die nicht Teil der Standard-Klassenbibliothek von Java sind.

Ich möchte Ihnen mit meinem Buch eine Einführung in Design Patterns anbieten. Daher beschränke ich mich auf wenige Entwurfsprinzipien. Ich hoffe aber, dass ich Sie motivieren kann, sich mit eigener Recherche mit dem Thema zu beschäftigen.

19.5 Zusammenfassung

Gehen Sie das Kapitel noch mal stichwortartig durch!

- Es gibt ein kompliziertes System.
- Der Zugriff auf das System wird durch eine Fassade vereinfacht.
- Der Client greift auf die Fassade zu und kennt die Einzelheiten des Systems nicht.
- Die Fassade kann entweder Geschäftslogik enthalten oder Anfragen einfach an das zuständige System-Objekt weiterleiten.
- Das System wird austauschbar.
- Abhängigkeiten zwischen Systemen werden vereinfacht bzw. aufgelöst.
- Optional kann ein Client auf das System zugreifen.
- Das Gesetz von Demeter wird umgesetzt.

Zweckbeschreibung:

Die Gang of Four beschreibt den Zweck des Patterns wie folgt:

„Biete eine einheitliche Schnittstelle zu einer Menge von Schnittstellen eines Subsystems. Die Fassadenklasse definiert eine abstrakte Schnittstelle, welche die Verwendung des Subsystems vereinfacht."

20 Adapter Pattern

Das Strukturmuster Adapter Pattern habe ich in der Einleitung erwähnt: Sie fahren nach London und wollen Ihren Fön in die Steckdose stecken – da der deutsche Stecker nicht in die britische Steckdose passt, brauchen Sie einen Adapter. Ich stelle Ihnen das Muster auf der Ebene einzelner Klassen vor. Tatsächlich lässt es sich skalieren – das Prinzip ist das gleiche, wenn Sie ganze Subsysteme adaptieren.

20.1 Ein einleitendes Beispiel

Lassen Sie uns das Beispiel mit dem Stecker verallgemeinern. Sie haben zwei Systeme – den Fön und die Steckdose – die miteinander arbeiten müssen. Das „müssen" bedeutet, dass Sie in London gar keine andere Möglichkeit haben, als an die britische Steckdose anzudocken. In der IT kann „müssen" bedeuten, dass Sie ein System oder eine Klasse nutzen möchten, die etwas Einzigartiges oder Hochkomplexes darstellt, beispielsweise eine Beitrags- oder Fristenberechnung in der Versicherungswirtschaft. Ein komplexer Adapter ist beispielsweise auch JDBC. Das Zusammenspiel der Systeme, die zusammenarbeiten „müssen", wird lediglich dadurch gestört, dass der Client eine andere Schnittstelle erwartet, als das zu nutzende System deklariert. Der Adapter hat die Aufgabe, zwischen beiden Systemen zu vermitteln. Die GoF beschreibt den Adapter in zwei Ausprägungen: objekt- und klassenbasiert. Beide Entwürfe kommen in diesem Kapitel zur Sprache.

20.1.1 Ein klassenbasierter Entwurf

Welche Aufgabe gilt es in diesem Kapitel zu lösen? Sie haben eine Fremdbibliothek eingekauft, die mit einem rasend schnellen Algorithmus Zahlen sortiert.

Listing 20.1 Klasse „SorterFremdprodukt" beim klassenbasierten Adapter

```
public class SorterFremdprodukt
{
    List<Integer> sortiere(List<Integer> zahlenListe)
```

```
    {
        // ... black box ...
    }
}
```

Sie wissen von dieser Bibliothek nur, dass Sie eine Integer-Liste als Parameter mitgeben müssen und eine sortierte Integer-Liste zurückbekommen. Ihre Software ist jedoch so programmiert, dass sie ein Sorter-Objekt mit folgender Schnittstelle erwartet.

Listing 20.2 Erwartete Schnittstelle des Client

```
public interface Sorter
{
    int[] sort(int... zahlen);
}
```

Der Quelltext der Fremdbibliothek liegt Ihnen nicht vor, so dass Sie daran keine Änderungen vornehmen können. Ihre eigene Applikation ist ein etabliertes getestetes Verfahren, das schon an viele Kunden ausgeliefert wurde – es darf keinesfalls mehr geändert werden. Sie müssen also einen Adapter entwerfen, der zwischen Fremdbibliothek und Ihrer Anwendung vermittelt. Wie sieht so ein Adapter aus? Der klassenbasierte Ansatz sieht vor, dass Sie den Adapter von der Fremdbibliothek erben lassen. Gleichzeitig nimmt der Adapter die Rolle eines Sorter-Objekts ein, implementiert also das erwartete Interface.

Listing 20.3 Die Klasse „SorterAdapter" als klassenbasierter Adapter

```
public class SorterAdapter extends SorterFremdprodukt
                                                  implements Sorter
{
    @Override
    public int[] sort(int[] zahlen)
    {
        // ... derzeit noch eine Black Box
    }
}
```

Der Client kann nun so seine Nachricht senden, wie er es erwartet.

Listing 20.4 Client-Klasse im Adapter-Projekt

```
public class Client
{
    public static void main(String[] args)
    {
        final int[] ZAHLEN ={ 9, 4, 7, 3, 5 };
        Sorter sorter = new SorterAdapter();
        final int[] SORTIERT = sorter.sort(ZAHLEN);
        for (int zahl : SORTIERT)
            System.out.println(zahl);
    }
}
```

Die sort-Methode des Adapters setzt das Zahlen-Array in eine Liste um und ruft die richtige Methode auf der Fremdbibliothek auf. Der Adapter tut also so, als wäre er ein `Sorter`, ist aber in Wirklichkeit eine Subklasse der Fremdbibliothek.

Listing 20.5 Auf der Methode der Fremdbibliothek mit anderer Schnittstelle

```
@Override
public int[] sort(int[] zahlen)
{
    List<Integer> zahlenListe = new ArrayList<Integer>();
    for (int zahl : zahlen)
        zahlenListe.add(zahl);
    List<Integer> sortierteListe = sortiere(zahlenListe);
    for (int i = 0; i < sortierteListe.size(); i++)
        zahlen[i] = sortierteListe.get(i);
    return zahlen;
}
```

Die GoF beschreibt den klassenbasierten Ansatz mit Mehrfachvererbung. Da Java keine Mehrfachvererbung kennt, müssen Sie den Kompromiss eingehen, dass Sie die erwartete Schnittstelle durch ein Interface deklarieren.

20.1.2 Ein objektbasierter Entwurf

Wenn mit dem klassenbasierten Entwurf das Problem schon gelöst ist, könnten wir doch eigentlich das Buch zumachen, oder? Zwei Gründe sprechen dagegen, zu schnell zufrieden zu sein. Der erste Grund ist, dass ein Entwurfsprinzip lautet: *Ziehe Komposition der Vererbung vor*. Der zweite Grund ist ganz trivial - der Anbieter der Fremdbibliothek hat in einem Update die Klasse als `final` markiert.

Listing 20.6 Fremdbibliothek im objektbasierten Ansatz

```
public final class SorterFremdprodukt
{
    //
}
```

Der Adapter der vorigen Lösung kann nun nicht mehr verwendet werden. Ihnen bleibt nur, einen objektbasierten Adapter zu programmieren. Wie geht das? Sie legen ein Attribut an, das eine Referenz auf ein Objekt der Fremdbibliothek hält. Die sort-Methode ruft auf diesem Attribut die Methode `sortiere()` auf.

Listing 20.7 Adapter im objektbasierten Ansatz

```
public class SorterAdapter implements Sorter
{
    private final SorterFremdprodukt FREMDPRODUKT =
                                  new SorterFremdprodukt();

    @Override
    public int[] sort(int[] zahlen)
    {
        List<Integer> zahlenListe = new ArrayList<Integer>();
        for (int zahl : zahlen)
            zahlenListe.add(zahl);
        List<Integer> sortierteListe =
                              FREMDPRODUKT.sortiere(zahlenListe);
```

```
        for (int i = 0; i < sortierteListe.size(); i++)
            zahlen[i] = sortierteListe.get(i);
        return zahlen;
    }
}
```

Sie kennen nun beide Ansätze – objekt- und klassenbasiert. Im folgenden Abschnitt betrachten Sie die Vor- und Nachteile beider Ansätze.

20.1.3 Kritik am Adapter Pattern

Betrachten Sie im patternCoder bitte die Klassendiagramme der beiden Ansätze. Sie sehen, dass der Client die Zielschnittstelle und den Adapter kennt. Alles, was jenseits des Adapters liegt, ist für den Client nicht ersichtlich. Daher kann hinter dem Client eine andere Klasse oder ein ganzes System liegen. Da der Client das System hinter dem Adapter nicht kennt, kann dieses problemlos ausgetauscht werden. Wichtig ist nur, dass der Adapter richtig implementiert ist. Im letzten Kapitel haben Sie sich mit dem Law of Demeter beschäftigt. Auch das Adapter-Muster hilft Ihnen, Systeme zu entwickeln, bei denen Klassen nur mit engsten Freunden kommunizieren.

Lassen Sie mich in diesem Zusammenhang den Adapter von der Fassade abgrenzen. In beiden Fällen haben Sie ein System, auf das ein Client zugreifen möchte. Er greift nicht direkt auf dieses System zu, sondern über eine weitere Abstraktion. Der wesentliche Unterschied ist die Zielrichtung. Bei der Fassade musste der Zugriff auf ein komplexes oder kompliziertes System erleichtert werden. Der Adapter hat die Aufgabe, zwei Systeme überhaupt in die Lage zu versetzen, miteinander zu kommunizieren. Damit liegt ein weiterer Unterschied auf der Hand: Wer erstellt die Abstraktion? Bei der Fassade war eindeutig, dass der Anbieter des Systems eine Fassade erstellen muss; er stellt eine vereinfachte Handhabung zur Verfügung. Beim Adapter sieht es in der Regel anders aus. Der Hersteller eines Systems investiert viel Zeit und Arbeit in die Erstellung seiner Software. Er entwickelt eine Schnittstelle, an die der Client seine Anfragen richten kann. Damit ist sein Job getan. Wenn der Client eine andere Schnittstelle braucht, muss er sie sich erstellen und einen Adapter definieren.

Ein Adapter ist in der Regel eine Klasse, die auf einen einzigen Anwendungsfall hin geschrieben und optimiert wurde. Der Adapter, den ich im oberen Beispiel entwickelt habe, lässt sich nur schwer wiederverwenden, was in der Literatur gelegentlich als Nachteil beschrieben wird. Sie werden in solchen Fällen zweifelsohne überlegen müssen, ob es besser ist, eine der Schnittstellen zu überarbeiten. Die Schnittstelle können Sie nicht überarbeiten, wenn der Adapter Ihnen den Zugriff aufs Internet oder auf eine Datenbank (JDBC) ermöglicht.

Wenn Sie den klassenbasierten Ansatz wählen, kann der Adapter problemlos Methoden der zu adaptierenden Klassen überschreiben. Er ist aber dann an eine Klasse gebunden, weil er selbst Unterklasse der zu adaptierenden Klasse geworden ist. Für jede Unterklasse der zu adaptierenden Klassen muss ein neuer Adapter entwickelt werden. Wie ist das beim objektbasierten Ansatz? Im Kapitel 10 habe ich das Liskov'sche Substitutionsprinzip angesprochen, das besagt, dass eine Unterklasse sich genauso verhalten soll wie ihre Basisklasse;

anders ausgedrückt: Eine Unterklasse muss ihre Basisklasse vertreten können. Wenn eine Vererbungshierarchie dieses Prinzip berücksichtigt, ist es möglich, dass ein objektbasierter Adapter nicht nur für eine Klasse, sondern auch für deren Unterklassen verwendet werden kann.

Wussten Sie eigentlich, dass das Adapter Pattern sich schon bei den Gebrüdern Grimm nachweisen lässt? Sicher kennen Sie das Märchen Rotkäppchen. Der Wolf verkleidet sich als Großmutter; Rotkäppchen sieht ein Objekt im Bett liegen, das der Schnittstelle `Grossmutter` entspricht, und schöpft zunächst keinen Verdacht. Später erkennt es jedoch, dass hinter der Schnittstelle ein klassenbasierter `WolfAdapter` verborgen ist – sonst wäre es niemals zu dem legendären Zitat gekommen: „Großmutter, warum hast Du so ein entsetzlich großes Maul?" Der Adapter ist also offensichtlich schlecht implementiert und löst eine `WolfException` aus.

Das Märchen kann uns lehren, dass es immer eine schlechte Idee ist, wenn die Leute sich selbst irgendwelche Lösungen zusammenstricken, ohne vorher mal in der IT nachgefragt zu haben.

Im folgenden Abschnitt werden Sie ein – hoffentlich – gelungeneres Beispiel aus der Praxis kennenlernen.

20.2 Ein Praxisbeispiel und falsche Namen

Sie werden das Adapter Pattern jetzt im praktischen Einsatz sehen. Sie werden aber auch feststellen, dass nicht überall da, wo „Adapter" draufsteht, auch „Adapter" drin sein muss.

20.2.1 Ein Adapter im patternCoder

Sie haben zwei Ansätze kennengelernt: den klassenbasierten und den objektbasierten; folgend werden beide Ansätze besprochen.

20.2.1.1 Objektbasierter Ansatz des Adapters

Ich möchte als Praxisbeispiel den patternCoder nehmen. Es gibt einen JTree, in dem in der Übersichtsansicht die Musterkategorien angezeigt werden. In der Detailansicht wird ein Pattern mit seinen Klassen angezeigt. Da es sich um ein- und dieselbe JTree-Instanz handelt, hat sich offensichtlich die zugrunde liegende Datenbasis geändert. Und diese Datenbasis wird durch einen Adapter beschrieben. Wie geht das? Im Kapitel über das Composite Pattern bin ich ziemlich ausführlich auf den JTree eingegangen – erinnern Sie sich? Der JTree ist eine Lösung, die sehr allgemein gehalten ist. Die Entwickler bei – damals noch – Sun konnten niemals alle erdenklichen Anwendungsfälle und Möglichkeiten abdecken.

Also stellen sie eine Schnittstelle zur Verfügung, die die anzuzeigenden Daten entgegennimmt. Das Delegate `JTree` kümmert sich lediglich um die Anzeige der Daten und vermittelt zwischen Anzeige und Datenbasis. An die Methode `setModel()` übergeben Sie ein Objekt vom Typ `TreeModel`, das die Datenbasis beschreibt. Der Typ wird lediglich durch eine Schnittstelle beschrieben, die ich implementieren muss. Da ich zwei unterschiedliche Adapter, also TreeModels, brauche, habe ich im ersten Schritt eine abstrakte Klasse definiert, die die Verwaltung der `TreeModelListener` übernimmt. Außerdem überschreibt sie die Methode `valueForPathChanged()` leer, weil nicht vorgesehen ist, dass der Anwender des patternCoder Daten ändert. Von der abstrakten Klasse werden zwei Adapter abgeleitet, wovon einer eine Referenz auf ein Pattern-Objekt hält und dort die anzuzeigenden Daten abfragt.

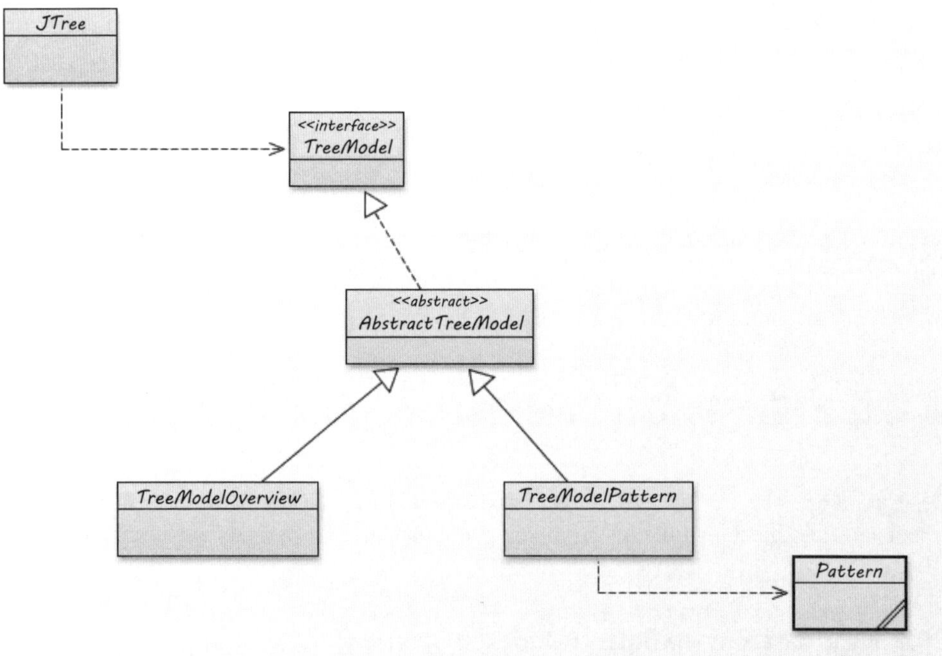

Bild 20.1 Klassendiagramm objektbasierter Adapter

Hier werden zwei Klassen in Beziehung gesetzt, die eigentlich gar nichts miteinander zu tun haben: die Klasse `JTree` und die Klasse `Pattern`. Der JTree gibt vor, in welcher Form er die anzuzeigenden Daten geliefert haben möchte, nämlich in der Definition der Schnittstelle `TreeModel`. Hieraus leite ich einen Adapter, die Klasse `TreeModelPattern`, ab. Diese referenziert eine Pattern-Instanz. Nun soll noch der klassenbasierte Ansatz gezeigt werden.

20.2.1.2 Klassenbasierter Ansatz des Adapters

Alternativ wäre denkbar gewesen, dass der Adapter von der zu adaptierenden Klasse abgeleitet wird. Die Klasse `TreeModelPattern` erbt bereits von der abstrakten Klasse `AbstractTreeModel`. Da Java keine Mehrfachvererbung kennt, kann der Adapter nicht gleichzeitig von der zu adaptierenden Klasse erben – ich musste das Beispiel also ein wenig umbauen und die abstrakte Klasse entfernen. Jetzt implementiert der Adapter nur die Schnittstelle, die der Client vorgibt, und erweitert das Pattern. In der folgenden Grafik sehen Sie das Klassendiagramm des klassenbasierten Ansatzes.

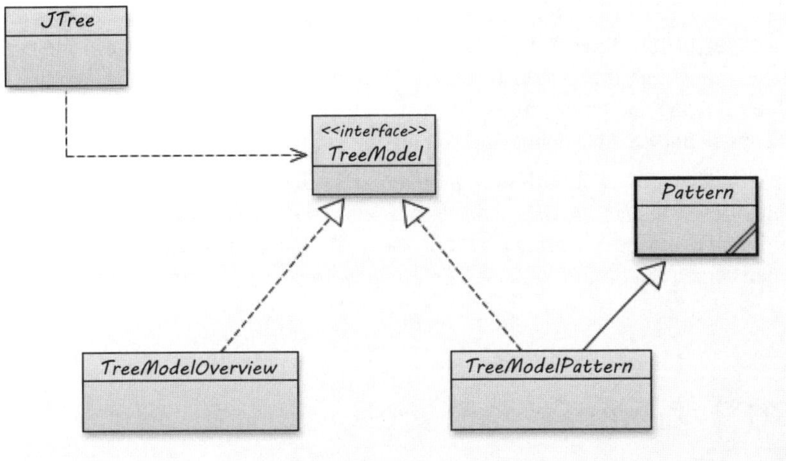

Bild 20.2 Klassendiagramm klassenbasierter Adapter

Warum habe ich mich für den objektorientierten Ansatz entschieden? Mir waren zwei Dinge wichtig. Zunächst wollte ich Klassen, die keine Subklassen haben sollen, `final` markieren. Wenn Sie den Quellcode des patternCoder betrachten, finden Sie, dass die Klasse `Pattern` final ist. Außerdem war es mir wichtig, die abstrakte Zwischenklasse zu haben.

Ich finde es grundsätzlich irritierend, wenn ein Adapter sich mit der zu adaptierenden Klasse in einer Vererbungshierarchie befindet. Jede Klasse in einer Vererbungshierarchie muss sich fragen lassen, ob sie die Oberklasse tatsächlich spezialisiert. Ein Student **IST** ein Mensch, allerdings ein spezialisierter. Ein Programmierer **IST** eine ganz besondere Ausprägung der allgemeinen Gattung `Mensch`. Und jetzt die Gegenprobe: Ein Adapter **IST** eben **KEINE** Spezialisierung eines Patterns. Im Gegenteil - der Adapter, dessen Aufgabe darin besteht, zwischen zwei Systemen zu vermitteln, schleppt auf einmal sämtliche Methoden und Attribute eines Pattern-Objekts mit sich herum.

Mit dieser Anmerkung möchte ich keinesfalls in Frage stellen, dass es Situationen gibt, in denen es sinnvoll ist, einen klassenbasierten Adapter zu entwickeln.

20.2.2 Zum Schluss noch ein Etikettenschwindel

Sie finden in der Klassenbibliothek eine Vielzahl von Klassen, die „Adapter" im Namen haben. In Swing gibt es beispielsweise `MouseAdapter`, `FocusAdapter` usw. Die Klasse `MouseAdapter` implementiert die Schnittstellen `MouseListener`, `MouseMotionListener` und

`MouseWheelListener`. Sämtliche Methoden werden leer überschrieben, so dass Sie einen `MouseListener` definieren können, ohne selbst alle Methoden überschreiben zu müssen. Wenn Sie eine Methode aus der Schnittstelle `MouseMotionListener` überschreiben wollen, erweitern Sie den `MouseAdapter` und überschreiben gezielt nur diese eine Methode.

Handelt es sich dabei um einen Adapter im Sinne des Adapter Patterns? Nein – die Klasse `MouseAdapter` bringt Ihnen keinen Mehrwert, sie vermittelt auch nicht zwischen zwei Systemen. Sie erleichtert Ihnen jedoch den Umgang mit den genannten Schnittstellen. Ein vereinfachter Zugang zu einem Subsystem war das Kennzeichen der Fassade. Die Klasse `MouseAdapter` müsste also `MouseFacade` heißen.

Werden Sie eines Tages darauf angesprochen, dass die Namensgebung in diesem Bereich missglückt ist, erheben Sie sich, machen ein feierliches Gesicht und sagen mit getragener Stimme *Falsa demonstratio non nocet*. Und wenn Sie keine Lust haben, den Klassenprimus zu spielen, sagen Sie es auf Deutsch: *Eine Falschbezeichnung schadet nicht.*

20.3 Zusammenfassung

Gehen Sie das Kapitel noch mal stichwortartig durch!

- Es gibt zwei Systeme, deren Schnittstellen inkompatibel sind.
- Ein Adapter vermittelt zwischen beiden Systemen.
- Er konvertiert die Schnittstelle des zu adaptierenden Systems in die vom Client erwartete.
- Die ursprünglichen Klassen werden dabei nicht verändert.
- Ein Adapter wird für genau einen Anwendungsfall geschrieben.
- Client und adaptiertes System sind lose gekoppelt.
- Beide Systeme können unabhängig voneinander ausgetauscht werden, solange der Adapter passt.
- Den Adapter gibt es in zwei Ausprägungen: objekt- und klassenbasiert.

Zweckbeschreibung:

Die Gang of Four beschreibt den Zweck des Patterns wie folgt:

„Passe die Schnittstelle einer Klasse an eine andere von ihren Klienten erwartete Schnittstelle an. Das Adaptermuster lässt Klassen zusammenarbeiten, die wegen inkompatibler Schnittstellen ansonsten dazu nicht in der Lage wären.“

21 Proxy Pattern

Das Proxy Pattern, das ich Ihnen in diesem Kapitel zeigen werde, ist ein Strukturmuster und weist Ähnlichkeiten mit der Fassade und dem Adapter auf. Bei allen drei Mustern greifen Sie nicht direkt auf ein Objekt zu, sondern über ein drittes. Erinnern Sie sich - die Fassade hat Ihnen den Umgang mit einer komplizierten Schnittstelle ermöglicht. Beim Adapter hat das dritte Objekt das Zusammenspiel von zwei anderen erst ermöglicht. Und wie wird das beim Proxy sein? Beim Proxy kapseln Sie ebenfalls den Zugriff auf ein Objekt. Aber warum sollten Sie das machen wollen? Vier Gründe können sein:

1. Virtual Proxy: Sie brauchen für eine bestimmte Dauer einen Platzhalter, um ein großes Objekt zu erzeugen.
2. Security Proxy: Sie möchten den Zugang zum Objekt sperren oder zumindest kontrollieren.
3. Smart Reference: Sie möchten das Objekt um eine Funktionalität erweitern; beispielsweise soll vor dem eigentlichen Zugriff geprüft werden, ob das Objekt gelockt ist.
4. Remote Proxy: Das gewünschte Objekt liegt nicht im gleichen Adressraum.

Diese vier Anwendungsbereiche sind die häufigsten; sie werden von der GoF besprochen. In der Literatur finden Sie jedoch weitere Proxys: den Firewall-Proxy, den Synchronisation-Proxy und viele mehr. Dieses Kapitel gehört zu den längeren in diesem Buch. Vielleicht ist es eine gute Idee, wenn Sie sich jetzt eine Flasche Wein aufmachen und sich gemütlich ans Kaminfeuer setzen.

21.1 Virtual Proxy

Das Virtual Proxy soll hier nur der Vollständigkeit halber theoretisch angesprochen werden. Stellen Sie sich vor, Sie erstellen eine Software, mit der Fotos angezeigt werden können. In einem bestimmten Ordner sollen beispielsweise 100 Bilder liegen. Bei der gewählten Einstellung passen 25 Bilder auf eine Bildschirmseite. Wenn Sie den Ordner öffnen, müssen zuerst alle Bilder registriert, deren Größe ermittelt, die Vorschauen erstellt und gezeichnet werden. Wenn die Fotos ziemlich groß sind, kann dieser Vorgang durchaus eine Weile dauern. Es wäre nun für den Anwender sehr unbefriedigend, wenn Ihr Programm einfrieren würde. Sehr viel komfortabler ist es, wenn nur von den Bildern die Vorschau erzeugt wird, die gerade am Bildschirm angezeigt werden. Der Bildschirm zeigt zunächst 25 Rahmen als Platzhalter für die späteren Vorschauen. Nach und nach werden diese Platzhalter, die Proxys, durch die eigentlichen Vorschaubilder ersetzt. Mit den folgenden Bildern verfahren Sie entsprechend. Sie erzeugen Rahmen als Platzhalter und wenn der Anwender die Rahmen in den sichtbaren Bereich des Bildschirms scrollt, werden die Vorschauen erzeugt.

21.2 Security Proxy

Es kann sinnvoll sein, den schreibenden Zugriff auf ein Objekt zu verhindern. Nehmen Sie als Beispiel die Methode `unmodifiableList()` der Klasse `Collections` in der Java-Klassenbibliothek. Sie übergeben der Methode ein List-Objekt und erhalten eine „read-only“-Liste zurück. Die Methode packt Ihre Liste in ein Objekt der inneren Klasse `UnmodifiableList` ein. Die `UnmodifiableList` erweitert die ebenfalls innere Klasse `UnmodifiableCollection`. Wenn Sie nun auf die eigentliche Datenbasis zugreifen wollen, greifen Sie nicht auf die ursprüngliche Liste zu, sondern auf die sie umgebende `UnmodifiableList`. Die `UnmodifiableList` leitet Anfragen an die ursprüngliche Datenbasis weiter – Schreibzugriffe ausgenommen. Unter *www.patternsBuch.de* finden Sie das Projekt „Unmodifiable“; dort habe ich die relevanten Code-Anteile der Klasse `Collections` extrahiert.

Listing 21.1 Auszug aus der Klasse „Collections“ (gekürzter Quelltext)

```
class UnmodifiableList<E> extends UnmodifiableCollection<E>
                                             implements List<E>
{
    final List<? extends E> LIST;

    UnmodifiableList(List<? extends E> list)
    {
        super(list);
        this.LIST  = list;
    }

    @Override
    public E get(int index)
    {
        return LIST.get(index);
    }

    @Override
    public E set(int index, E element)
    {
        throw new UnsupportedOperationException();
    }
    // ... gekürzt
}
```

Für den Test erzeugt ein Client eine ArrayList mit verschiedenen Strings. Dann lässt er sich von der Klasse `Collections` eine read-only-Liste zurückgeben. Diese Liste ist dann keine Instanz der Klasse `ArrayList` mehr. Sie ist vielmehr ein Objekt der Klasse `UnmodifiableRandomAccessList`. Beim Versuch, einen weiteren String hinzuzufügen, wird erwartungsgemäß eine `UnsupportedOperationException` geworfen.

```
List<String> text = new ArrayList<>();
System.out.println(text.getClass().getName());
text.add("alpha");
text.add("bravo");
text.add("charly");
text.add("delta");
text.add("echo");
text = Collections.unmodifiableList(text);
System.out.println(text.getClass().getName());
text.add("foxtrott");
```

Auf der Konsole wird ausgegeben:

java.util.ArrayList

Exception in thread "main" java.lang.UnsupportedOperationException

java.util.Collections$UnmodifiableRandomAccessList

at java.util.Collections$UnmodifiableCollection.add(Collections.java:1075)

at Test.main(Test.java:19)

Java Result: 1

Die UnmodifiableRandomAccessList ist eine Unterklasse der UnmodifiableList, die verwendet wird, um die Performance zu steigern. Die Dokumentation sagt dazu: *„Many of the List algorithms have two implementations, one of which is appropriate for RandomAccess lists, the other for "sequential." Often, the random access variant yields better performance on small sequential access lists“*. Am Prinzip ändert sich jedoch nichts: Der Client greift nur noch über den Proxy auf das eigentliche Ziel-Objekt zu.

■ 21.3 Smart Reference

Die Smart Reference fügt der vertretenen Klasse weitere Funktionen hinzu, um sie beispielsweise zu kontrollieren. Im ersten Schritt zeige ich Ihnen eine Version, die mit dem Proxy (noch) nichts zu tun hat. Sie soll Ihnen nur das Projekt vorstellen.

21.3.1 Die Grundversion „Proxy_1“

Das Beispiel in diesem Abschnitt geht auf das Beispiel des Adapter Patterns zurück: Es gibt eine Fremdbibliothek, die einen Algorithmus anbietet, der ziemlich einzigartig ist. Der superstrenggeheime Algorithmus sortiert eine Liste auf hocheffiziente Weise.

Listing 21.2 Fremdbibliothek in den Projekten „Proxy_1“ bis „Proxy_3“

```
public final class SorterFremdprodukt
{
    List<Integer> sortiere(List<Integer> zahlenListe)
    {
        // geheimer Algorithmus
    }
}
```

Ihr Client arbeitet intern jedoch mit einem int-Array. Um dem Client die Arbeit mit der Fremdbibliothek zu ermöglichen, bietet ein zwischengeschaltetes Objekt eine Methode, um ein int-Array in eine Integer-List zu konvertieren. Die so veränderte Datenbasis kann zum Sortieren an die Fremdbibliothek weitergereicht werden. Die Fremdbibliothek bietet schließlich eine Methode an, um die sortierte Liste in ein Array zurück umzuwandeln. Die Schnittstelle `Sorter` deklariert diese Methoden.

Listing 21.3 Sorter-Schnittstelle in den Projekten „Proxy_1“ bis „Proxy_3“

```
public interface Sorter
{
    List<Integer> convertToList(int[] zahlen);
    int[] convertToArray(List<Integer> zahlenListe);
    List<Integer> sort(List<Integer> zahlenListe);
}
```

Eine Helferklasse implementiert diese drei Methoden.

Listing 21.4 Helferklasse im Projekt „Proxy_1“

```
public class SorterHelper implements Sorter
{
    private final SorterFremdprodukt FREMDPRODUKT =
                                        new SorterFremdprodukt();

    @Override
    public List<Integer> convertToList(int... zahlen)
    {
        // ... gekürzt
    }

    @Override
    public int[] convertToArray(List<Integer> zahlenListe)
    {
        // ... gekürzt
    }

    @Override
    public List<Integer> sort(List<Integer> zahlenListe)
    {
        // ... gekürzt
    }
}
```

Der Client definiert mit der Methode `createArray()` eine bestimmte Anzahl unsortierter Zufallszahlen. Danach legt er eine Instanz der Klasse `SorterHelper` an, lässt von dieser das

Array mit der Datenbasis in eine Liste konvertieren, sortiert diese Liste, konvertiert sie zurück in ein Array und verarbeitet das Array weiter.

```
public static void main(String[] args)
{
    int anzahl = 100;
    int[] zahlen = new int[anzahl];
    zahlen = createArray(zahlen);

    Sorter sorter = new SorterHelper();
    List<Integer> convertedList = sorter.convertToList(zahlen);
    List<Integer> sortedList = sorter.sort(convertedList);
    int[] sortedArray = sorter.convertToArray(sortedList);

    for (int zahl : sortedArray)
    {
        // Array wird weiterverarbeitet
    }
}
```

Der Anwender fragt nach, ob es sich lohnt, die Client-Software so umzustellen, dass sie intern mit einer Liste arbeitet. Die Konvertierung würde damit entfallen. Sie möchten herauszufinden, ob die Zeit, die benötigt wird, um die Daten zu konvertieren, so erheblich ist, dass sich ein Refactoring lohnt. Hierfür messen Sie Zeit für die Konversionen.

21.3.2 Einführung eines Proxys im Projekt „Proxy_2"

Um eine Zeitmessung vorzunehmen, entwickeln Sie eine Klasse, die dieselben Methoden implementiert wie die ursprüngliche Klasse `SorterHelper`. Der Proxy kann ein Objekt vom Typ `Sorter` referenzieren. Am Beispiel der Methode `sort()` wird das Vorgehen beschrieben. Die Methode speichert zunächst den aktuellen Zeitstempel, führt auf der Sorter-Instanz die eigentliche Methode aus und misst anschließend wieder die Zeit. Die Differenz der zwei Zeitstempel wird ermittelt und formatiert auf der Konsole ausgegeben.

Listing 21.5 Klasse „SorterTimeProxy" in den Projekten „Proxy_2" und „Proxy_3"

```
public class SorterTimeProxy implements Sorter
{
    private final Sorter SORTER;
    {
        TimeZone.setDefault(TimeZone.getTimeZone("GMT"));
    }
    private final SimpleDateFormat DATE_FORMAT =
                            new SimpleDateFormat("HH:mm:ss:SSS");

    SorterTimeProxy(Sorter sorter)
    {
        this.SORTER = sorter;
    }

    @Override
    public List<Integer> convertToList(int... zahlen)
    {
```

```
        // ... gekürzt ...
    }

    @Override
    public int[] convertToArray(List<Integer> zahlenListe)
    {
        // ... gekürzt …
    }

    @Override
    public List<Integer> sort(List<Integer> zahlenListe)
    {
        // Pre-Invoke
        long zeit = -System.currentTimeMillis();

        // Invoke
        zahlenListe = SORTER.sort(zahlenListe);

        // Post-Invoke
        zeit += System.currentTimeMillis();
        System.out.println("sort: " + DATE_FORMAT.format(zeit));

        // Rückgabe
        return zahlenListe;
    }
}
```

Die sort-Methode lässt sich in vier Schritte unterteilen:

1. Aufruf der eigentlichen Methode - Invoke
2. Code vor dem Aufruf - Pre-Invoke
3. Code nach dem Aufruf - Post-Invoke
4. Rückgabe des Ergebnisses

Der Client legt wie im vorigen Projekt ein Array mit unsortierten Zufallszahlen an. Anschließend erzeugt er eine Instanz der Klassen `SorterHelper` und `SorterTimeProxy`. Dem Konstruktor der Klasse `SorterProxy` übergeben Sie die Instanz der Klasse `SorterHelper`. Die Befehle zum Konvertieren und Sortieren der Datenbasis übergeben Sie dem Proxy.

Listing 21.6 Client-Code im Projekt „Proxy_2"

```
public static void main(String[] args)
{
    int anzahl = 5000000;
    int[] zahlen = new int[anzahl];
    zahlen = createArray(zahlen);
    Sorter sorter = new SorterHelper();
    Sorter sorterTimeProxy = new SorterTimeProxy(sorter);
    List<Integer> convertedList =
                              sorterTimeProxy.convertToList(zahlen);
    List<Integer> sortedList =
                                sorterTimeProxy.sort(convertedList);
    int[] sortedArray =
                         sorterTimeProxy.convertToArray(sortedList);
}
```

Jede Methode, die aufgerufen wird, führt einerseits ihr eigenes Verhalten aus, löst andererseits aber auch das gewünschte Verhalten des Ziel-Objekts aus. Durch den vorgeschalteten Proxy messen Sie die Zeit und erhalten die sortierte Datenbasis. Auf der Konsole wird der folgende Text ausgegeben.

convertToList: 00:00:00:812

sort: 00:00:06:813

convertToArray: 00:00:00:422

Im folgenden Absatz wird dieser Ansatz noch erweitert.

21.3.3 Einen zweiten Proxy einführen

Ihr Auftraggeber wünscht sich nun, den Algorithmus loggen zu können. Sie müssen also einen zweiten Proxy schreiben. Und jetzt wird auch klar, warum es sinnvoll ist, den Proxy das gleiche Interface implementieren zu lassen wie den `SorterHelper`?

Sie ahnen, dass der neue Proxy ebenfalls die Rolle `Sorter` einnehmen muss. Und genau wie der alte Proxy hält er eine Referenz auf ein anderes Sorter-Objekt. Am Beispiel der Methode `sort()` soll gezeigt werden, dass der Proxy erst seine eigene Aufgabe ausführt – das Logging – und anschließend die gewünschte Methode des Ziel-Objekts aufruft.

Listing 21.7 Die Klasse „SorterLogProxy“ im Projekt „Proxy_3“

```
public class SorterLogProxy implements Sorter
{
    private final Sorter SORTER;

    SorterLogProxy(Sorter sorter)
    {
        this.SORTER = sorter;
    }

    @Override
    public List<Integer> convertToList(int... zahlen)
    {
        // ... gekürzt
    }

    @Override
    public int[] convertToArray(List<Integer> zahlenListe)
    {
        // ... gekürzt
    }

    @Override
    public List<Integer> sort(List<Integer> zahlenListe)
    {
        // Pre-Invoke
        String strAnzahl = Long.toString(zahlenListe.size());
        print("Sortiert wird eine Liste mit " + strAnzahl + "
                                                        Zahlen");

        // Invoke und Rückgabe
```

```
        return SORTER.sort(zahlenListe);
    }

    private void print(String message)
    {
        System.out.println("\tLog-Level INFO: " + message);
    }
}
```

Der Client bestimmt, welche Klasse an den Konstruktor übergeben wird – das kann entweder eine Instanz der Klasse `SorterHelper` oder eine Instanz der Klasse `SorterTimeProxy` sein. Der Client bestimmt also, ob er einen, keinen oder mehrere Proxys braucht.

```
public static void main(String[] args)
{
    int anzahl = 1000000;
    int[] zahlen = new int[anzahl];
    zahlen = createArray(zahlen);

    Sorter sorter = new SorterHelper();
    Sorter sorterLogProxy = new SorterLogProxy(sorter);
    Sorter sorterTimeProxy =
                    new SorterTimeProxy(sorterLogProxy);

    List<Integer> convertedList =
                    sorterTimeProxy.convertToList(zahlen);
    List<Integer> sortedList =
                    sorterTimeProxy.sort(convertedList);
    int[] sortedArray =
                sorterTimeProxy.convertToArray(sortedList);
}
```

Wenn Sie den Code ausführen, wird der folgende Text auf der Konsole ausgegeben.

Log-Level INFO: Konvertiert wird ein Array mit 1000000 Zahlen

convertToList: 00:00:00:188

Log-Level INFO: Sortiert wird eine Liste mit 1000000 Zahlen

sort: 00:00:00:984

Log-Level INFO: Konvertiert wird eine Liste mit 1000000 Zahlen

convertToArray: 00:00:00:078

Der Client kann den Proxy vor den eigentlichen Aufruf des Ziel-Objekts schalten und so den Zugriff kontrollieren oder steuern.

21.3.4 Dynamic Proxy

Wenn Sie den Code der Proxy-Klassen analysieren, stellen Sie fest, dass das Pre-Invoke und das Post-Invoke in jeder Methode gleich oder sehr ähnlich sind. Code-Duplikate sind meist ein Zeichen für ein schlechtes Design. Ein weiterer Nachteil kommt dazu: Die Proxy-Klassen implementieren die Schnittstellen der Zielklassen vollständig. Wenn Sie im Interface `Sorter` eine neue Methode einfügen, müssen sämtliche Proxy-Klassen angepasst werden und diese neue Methode implementieren.

Ziel dieses Abschnitts ist es, mithilfe von Reflection gemeinsame Codeanteile zu isolieren und die Proxy-Klassen automatisch erzeugen zu lassen. Anders ausdrückt: Das Verhalten wird extrahiert und die Proxy-Klassen lassen Sie sich zur Laufzeit generieren. Klingt irre? Ist es auch! Gehen wir schrittweise vor.

21.3.4.1 Das Reflection API

Ich kann an dieser Stelle keine umfangreiche Einführung ins Reflection API geben. Meine Notizen hierzu beschränken sich auf das, was für Dynamic Proxy benötigt wird.

Als Programmierer hat man oft ein Interesse daran, zur Laufzeit Objekte und Klassen zu untersuchen. Zum Sprachumfang von Java gehört der Operator `instanceof`, der prüft, ob ein Objekt (auch) vom Typ der bezeichneten Klasse ist. Der Aufruf `new Student() instanceof Mensch` liefert `true` zurück, wenn die Klasse `Student` von `Mensch` erbt.

Die übrigen Werkzeuge des Reflection API finden Sie in den Packages `java.lang` und `java.lang.reflect` und dort in erster Linie in den Klassen `Class`, `Method`, `Field`. Mit dem Aufruf `Class.forName()` laden Sie zur Laufzeit die Klasse, deren voll qualifizierten Klassennamen Sie der Methode als Parameter mitgeben. Ein Class-Objekt erhalten Sie, wenn Sie auf einem Objekt die Methode `getClass()` aufrufen. Das Class-Objekt beschreibt die Klasse, auf die es sich bezieht, aus einer Meta-Sicht. Sie können hierauf beispielsweise die deklarierten Methoden erfragen. In der main-Methode des Clients habe ich auszugsweise folgenden Code hinterlegt:

```
Sorter sorter = new SorterHelper();
Class sorterClass = sorter.getClass();
Method[] methods = sorterClass.getMethods();
for (Method tempMethod : methods)
    System.out.println(tempMethod.getName());
```

Vom Class-Objekt werden alle Methoden abgefragt und deren Namen auf der Konsole ausgegeben:

convertToList

convertToArray

sort

getClass

hashCode

equals

toString

notify

notifyAll

wait

wait

wait

Die Klasse `SorterHelper` hat keine Superklasse, erbt also automatisch von der Klasse `Object`, in der die letzten neuen Methoden mit jeweils unterschiedlichen Parametern `public` deklariert sind. Die ersten drei Methoden werden im Interface `Sorter` vorgeschrieben und von SorterHelper implementiert. Der Aufruf sorterClass.getClassLoader() gibt ein Objekt vom Typ ClassLoader zurück. Der Klassenlader ist dafür zuständig, eine Klasse in den Speicher zu laden.

21.3.4.2 Der InvocationHandler

Für das Dynamic Proxy brauchen Sie zwei Komponenten: den InvocationHandler und den Proxy. Der InvocationHandler beschreibt das Verhalten aller Methoden; die Proxy-Klasse wird dynamisch erzeugt und hat die gleiche Aufgabe wie der Proxy aus dem vorigen Projekt. In diesem Abschnitt wird der InvocationHandler besprochen; er beschreibt in allgemeiner Form, wie die Methoden sich zu verhalten haben. Um den InvocationHandler zu generieren, muss eine Klasse das Interface InvocationHandler implementieren und die Methode invoke() definieren. An diese Methode werden das Proxy-Objekt, die aufzurufende Methode und ein Array mit den Parametern an die aufzurufende Methode übergeben. Neben invoke() kann der InvocationHandler eigenes Verhalten und eigene Datenfelder definieren. Der InvocationHandler im Projekt „ProxyDynamisch" hält beispielsweise eine Referenz auf das Sorter-Objekt, dessen Methoden aufgerufen werden. Außerdem speichert der InvocationHandler, wie oft die Fremdbibliothek aufgerufen wurde. Der wohl wichtigste Aufruf innerhalb der Methode ist der Aufruf der Methode invoke() auf dem Parameter Method method. Dieser Methode übergeben Sie das Ziel-Objekt, auf dem die Methode ausgeführt werden soll. Außerdem übergeben Sie die Parameter an die Methode. Im Beispiel können die Parameter einfach weitergereicht werden. Den Rückgabewert der Methode des Ziel-Objekts reichen Sie ebenfalls einfach weiter.

Listing 21.8 Klasse „TimeHandler" im Projekt „ProxyDynamisch" (gekürzt)

```
public class TimeHandler implements InvocationHandler
{
    private final Object OBJECT;
    private static int aufrufe = 0;

    TimeHandler(Object object)
    {
        OBJECT = object;
    }

    public static int getAufrufe()
    {
        return aufrufe;
    }

    @Override
    public Object invoke(Object proxy, Method method, Object[] args)
                                                   throws Throwable
    {
        long zeit = -System.currentTimeMillis();

        Object result = method.invoke(OBJECT, args);

        zeit += System.currentTimeMillis();
        String methodName = method.getName();
        System.out.println(/* die Dauer */);
        // nur bei der sort-Methode, also der Fremdbibliothek
```

```
        if (methodName.equals("sort"))
            aufrufe++;

        return result;
    }
}
```

Was jetzt noch fehlt, ist die eigentliche Proxy-Klasse – und die wird erst zur Laufzeit generiert, was ich im folgenden Abschnitt zeigen werde.

21.3.4.3 Die Proxy-Klasse

Wichtig ist, dass beim Dynamic Proxy die Proxy-Klasse nicht nur zur Laufzeit dynamisch **geladen** wird, sondern dass sie sogar erst zur Laufzeit **definiert** wird. Im vorigen Abschnitt haben Sie das Verhalten der Methoden beschrieben. Nun soll die eigentliche Proxy-Klasse erzeugt werden. Der Code für die Proxy-Klasse wird dynamisch zur Laufzeit definiert. Dazu rufen Sie die statische Methode `newProxyInstance()` der Klasse `Proxy` auf. Übergeben Sie ihr das Klassenlader-Objekt der Ziel-Schnittstelle, ein Array mit den Ziel-Schnittstellen und den InvocationHandler. Den Rückgabewert dieser Methode casten Sie auf die Schnittstelle `Sorter` und übergeben ihn einer Variablen vom Typ `Sorter`. Diese Variable referenziert nun eine Instanz der zur Laufzeit erzeugten Proxy-Klasse.

```
Sorter sorter = new SorterHelper();
TimeHandler timeHandler = new TimeHandler(sorter);
Class[] zielKlassen = new Class[] {Sorter.class};

Sorter sorterProxy = (Sorter) Proxy.newProxyInstance(
          Sorter.class.getClassLoader(), zielKlassen, timeHandler);
```

Das war's! Wenn Sie die main-Methode des Clients ausführen, verhält Ihr Programm sich genauso, wie wenn Sie den Proxy selbst generiert hätten.

Wenn Sie noch nie mit dem Reflection API gearbeitet haben, ist der Dynamic Proxy vielleicht etwas verwirrend. Vielleicht versteht man das Prinzip am ehesten dann, wenn man sich klarmacht, dass der InvocationHandler in der Methode `invoke()` das Verhalten **aller** Methoden im Ziel-Interface beschreibt. Der Proxy, also die Instanz der Klasse, die zur Laufzeit erst erzeugt wird, ermittelt aus dem Interface alle Methoden. Jede Methode wird mit dem gleichen Verhalten ausgestattet, nämlich einer Weiterleitung der Anfrage an den InvocationHandler: `handler.invoke();`

Analysieren Sie das Projekt, das Sie unter *www.patternsBuch.de* finden. Lesen Sie unbedingt auch die API-Dokumentation der Klasse Proxy und des Interface `InvocationHandler`. Sie finden dort wichtige Hinweise zur Arbeit mit Dynamic Proxy.

Unter *www.patternsBuch.de* finden Sie das Projekt `ProxyDynamischTable`. In diesem Projekt wird das Ergebnis-Array in einer Tabelle angezeigt. Ich habe hierzu in der main-Methode der Klasse `Client` unter anderem die folgend abgedruckten Zeilen eingefügt.

```
TableModel tblModel = new TableModel()
{
    @Override
    public int getRowCount()
    {
        // Methoden des Interface TableModel
    }
};

TimeHandler handler = new TimeHandler(tblModel);
Class[] schnittstelle = new Class[]
{
    TableModel.class
};
TableModel tableModelProxy = (TableModel)
   Proxy.newProxyInstance(TableModel.class.getClassLoader(),
                                  schnittstelle, handler);

tblZahlen.setModel(tableModelProxy);
```

Auf der Konsole werden jetzt alle Zugriffe auf die Methoden des Interface `TableModel` protokolliert und ausgewertet. Um messbare Ergebnisse zu erzeugen, wird jeder Methodenaufruf zufallsgesteuert gebremst. Was ich Ihnen damit zeigen möchte, ist, dass der InvocationHandler wiederverwendet werden kann. Er wird erst durch die dynamisch erzeugte Proxy-Klasse an eine Schnittstelle gebunden.

21.4 Remote Proxy

Jedes Java-Programm wird in einer eigenen Virtuellen Maschine ausgeführt. In dieser VM werden Instanzen aller benötigen Klassen erzeugt. Diese Objekte schwimmen in der VM rum wie die Fische im Aquarium. Wenn ein Objekt Informationen von einem anderen Objekt braucht oder dessen Dienste in Anspruch nehmen will, sendet es diesem Objekt eine Nachricht. Genauso wie ein Fisch in einem Aquarium nur mit einem Fisch aus dem gleichen Aquarium kommunizieren kann, kennen Objekte nur andere Objekte auf der gleichen VM. Mit RMI haben Sie eine Möglichkeit, über den Aquariumrand hinauszuschauen.

21.4.1 Aufbau von RMI grundsätzlich

In dem Projekt, das ich Ihnen in diesem Abschnitt vorstellen möchte, werden Sie einen Client programmieren, der wissen möchte, welchen Wert Pi hat. Es gibt einen Server, der diesen Wert kennt und auf Anfrage bekanntgibt. Dieses Projekt ist ein wenig vereinfacht und deckt nicht alle Aspekte der dahinterstehenden Technologie, RMI, ab. Es zeigt aber den Bezug zum Proxy Pattern.

Ein Client kommuniziert nicht direkt mit dem Server, sondern über einen Stellvertreter, den Proxy, der *Stub* genannt wird. Für den Client sieht es so aus, als wäre der Stub das Server-Objekt. Tatsächlich aber tut der Stub nur so, als wäre er das Server-Objekt; er verpackt die

Anfrage des Clients in einen Datenstrom und schickt ihn an den Server. Der Server entpackt die Anfrage und schickt sie an das eigentliche Objekt. Umgekehrt funktioniert der Weg genauso. Das Server-Objekt schickt seine Antwort an einen Proxy, der auf Server-Seite Skeleton genannt wird. Der Skeleton verpackt die Antwort in einen Datenstrom und schickt ihn über das Netzwerk zurück an den Client. Der Datenstrom beruht auf Serialisierung; daher müssen alle Parameter und Rückgabewerte serialisierbar oder ein primitiver Datentyp sein.

> Seit Java-Version 1.1 kann auf den Skeleton verzichtet werden; seit Java 5 benötigen Sie den Stub nicht mehr explizit. Den Stub werde ich im Folgenden dennoch berücksichtigen, weil er das dahinterstehende Prinzip des Proxys verdeutlicht. ■

Das folgende Projekt baut auf kleinem Niveau diesen Proxy-Zugriff nach.

21.4.2 Der RMI-Server

Lassen Sie uns zunächst einen RMI-Server programmieren. Der Server soll aus zwei Klassen und einem Interface bestehen. Die Klasse `PiImpl` stellt drei Methoden zur Verfügung. Die Methode `getState()` gibt zurück, dass die Instanz lebt. Der Rückgabewert der anderen Methode – die Methode `getPi()` – ist die Zahl Pi. Die Methode `getZaehler()` schließlich gibt Auskunft darüber, wie oft die Methode `getPi()` aufgerufen wurde. Die Schnittstelle `PiIF` deklariert die Methoden `getPi()` und `getZaehler()`, die von `PiImpl` implementiert werden. Die Klasse `ServerStart` erzeugt ein Objekt der Klasse `PiImpl`, gibt diese als RMI-Server bekannt und fragt in einer Endlosschleife den Zustand des Servers ab.

21.4.2.1 Die Schnittstelle „PiIF"

Fangen wir am besten mit der Betrachtung der Schnittstelle `PiIF` an. Die Schnittstelle legt fest, welche Methoden von einem RMI-Client aufgerufen werden können; sie erweitert die Schnittstelle `Remote`. `Remote` schreibt selbst keine Methoden vor, sondern signalisiert, dass alle von ihr abgeleiteten Schnittstellen remote aufgerufen werden können; `Remote` ist also ein reines Marker-Interface. Sofern die Kommunikation zwischen Client und Server nicht funktioniert, wird eine `RemoteException` geworfen. Da dies in jeder Methode passieren kann, muss jede Methode eine `RemoteException` deklarieren.

Listing 21.9 Schnittstelle „PiIF" im Projekt „RMI_Beispiel"

```
import java.rmi.Remote;
import java.rmi.RemoteException;

public interface PiIF extends Remote
{
    public int getZaehler() throws RemoteException;
    public double getPi() throws RemoteException;
}
```

Die Klasse `PiImpl` implementiert das Interface `PiIF`.

21.4.2.2 Die Serverklasse „PiImpl"

Die Serverklasse PiImpl implementiert PiIF und definiert die vorgeschriebenen Methoden getZaehler() und getPi(). Darüber hinaus wird die Methode getState() definiert.

Listing 21.10 Serverklasse „PiImpl" im Projekt „RMI_Test"

```
public class PiImpl implements PiIF
{
    private int zaehler = 0;

    @Override
    public int getZaehler()
    {
        return zaehler;
    }

    @Override
    public double getPi()
    {
        return 3.1415;
    }

    public String getState()
    {
        return "Server lebt";
    }
}
```

Bitte beachten Sie, dass nur Objekte innerhalb der gleichen VM die Methode getState() aufrufen können. Die Methoden getZaehler() und getPi() können auch von Objekten außerhalb der eigenen VM aufgerufen werden – das sichert das Interface Remote zu.

21.4.2.3 Die Klasse „ApplStart" startet den Server

Die main-Methode der Klasse ServerStart erzeugt zunächst eine Instanz der Klasse PiImpl. Anschließend wird die statische Methode UnicastRemoteObject.exportObject(pi) aufgerufen, damit auf das Objekt überhaupt remote zugegriffen werden kann. Diese Instanz wird anschließend bei der RMI-Registry angemeldet – auch: „gebunden". Die Registry ist das Register der Server-VM, in dem der Client den Stub erfragen kann. Im Beispiel wird die Instanz unter dem Namen „Rechner" eingetragen. Statt rebind() hätten Sie auch bind() codieren können – die Instanz hätte dann nur ein einziges Mal eingetragen werden können.

```
public static void main(String[] args)
{
    PiImpl pi = new PiImpl();
    try
    {
        RemoteStub remote =
                        UnicastRemoteObject.exportObject(pi);
        Naming.rebind("Rechner", remote);
    }
    catch (RemoteException | MalformedURLException ex)
    {
        ex.printStackTrace();
```

```
    }
    // ... gekürzt
}
```

Zum Schluss tritt die main-Methode in eine Endlosschleife ein, in der alle fünf Sekunden abgefragt wird, ob der Server noch aktiv ist.

Listing 21.11 Die Klasse „ServerStart" im Projekt „RMI_Beispiel"

```
public class ServerStart
{
    public static void main(String[] args)
    {
        // ... gekürzt
        while (true)
        {
            try
            {
                Thread.sleep(5000);
            }
            catch (InterruptedException ex)
            { /*...*/ }
            String state = pi.getState();
            System.out.println(state);
        }
    }
}
```

Damit sind die Server-Klassen auch schon beschrieben. Lassen Sie uns folgend betrachten, wie der Client aussieht.

21.4.3 Der RMI-Client

Die Startklasse erzeugt eine Instanz der Klasse `Rechenmaschine` und fragt dort die Zahl Pi ab; der zurückgegebene Wert wird auf der Konsole ausgegeben. Danach wird der Rechner angewiesen, auf der Konsole auszugeben, wie oft Pi bereits abgefragt wurde.

Listing 21.12 Startklasse des Clients „ClientStart" im Projekt „RMI_Test"

```
public class ClientStart
{
    public static void main(String[] args)
    {
        Rechenmaschine rechner = new Rechenmaschine();
        System.out.println("Pi ist: " + rechner.tellMePi());
        rechner.druckeZaehler();
    }
}
```

Aus Sicht der RMI ist der Konstruktor der `Rechenmaschine` interessant. Er ruft die Methode `lookup()` auf, die von der Registry eine Referenz auf das Stub-Objekt zurückliefert. `Naming.lookup()` ist so etwas wie der Blick in das Register des Servers. Zurückgeliefert wird der Stub des Service, der auf die richtige Schnittstelle gecastet wird.

Listing 21.13 Lookup in der Klasse „Rechenmaschine“ im Projekt „RMI_Test“

```
public class Rechenmaschine
{
    private final PiIF PI;

    Rechenmaschine()
    {
        PI = lookup();
    }

    private PiIF lookup()
    {
        PiIF result = null;
        String serverName = "localhost";
        String serviceName = "Rechner";
        try
        {
            result =
    (PiIF) Naming.lookup("rmi://" + serverName + "/" + serviceName);
        }
        catch (NotBoundException |
                        MalformedURLException | RemoteException ex)
        {
            ex.printStackTrace();
        }
        finally
        {
            return result;
        }
    }
    // ... gekürzt
}
```

Auf dem Stub kann der Client nun die vorgesehenen Methoden aufrufen, als lägen diese lokal vor.

Listing 21.14 Aufruf von remote-Methoden, Klasse „Rechenmaschine“

```
public class Rechenmaschine
{
    // ausgelassen

    public double tellMePi()
    {
        double result = 0;
        try
        {
            result = PI.getPi();
        }
        catch (RemoteException ex)
        {
            ex.printStackTrace();
        }
        finally
        {
```

```
            return result;
        }
    }
}
```

Sie kennen jetzt sämtliche Codes – lassen Sie uns im folgenden Absatz schauen, wie Sie das Projekt zum Laufen bringen.

21.4.4 Das Projekt zum Laufen bringen

Sie finden alle java-Dateien unter *www.patternsBuch.de.* Kopieren Sie diese lokal auf Ihren Rechner. Öffnen Sie ein Konsolenfenster und wechseln Sie in dieses Verzeichnis. Übersetzen Sie mit *javac *.java* die Dateien. Mit *rmic PiImpl* erzeugen Sie schließlich den Stub. Rufen Sie nun die RMI-Registry auf: *rmiregistry*. Jetzt können Sie mit *java ServerStart* den Server starten. Wenn Sie nun mit *java ClientStart* den Client aufrufen, wird der Wert von Pi auf der Konsole ausgegeben.

Sowohl der Client als auch das Server-Objekt kommunizieren mit ihren Proxys, Stub und Skeleton, ohne es zu wissen. Die Proxy-Objekte sind dafür verantwortlich, dass die Datenströme übers Netzwerk in die andere Virtuelle Maschine transportiert werden.

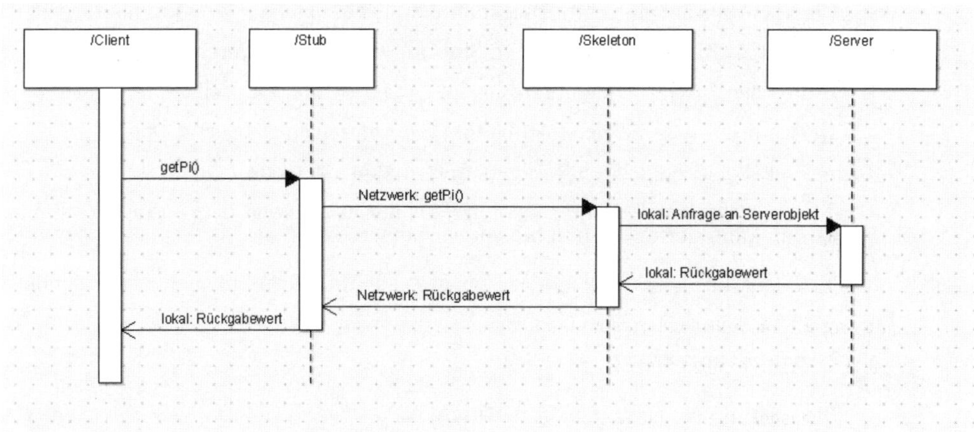

Bild 21.1 RMI – Kommunikation über vorgeschaltete Proxy

■ 21.5 Zusammenfassung

Gehen Sie das Kapitel noch mal stichwortartig durch!

- Beim Proxy greifen Sie nicht direkt auf ein Objekt zu, sondern über dessen Stellvertreter.
- Die wesentlichen Anwendungsbereiche sind Remote Proxy, Security Proxy, Smart Reference und Virtual Proxy; es gibt aber noch weitere Bereiche.

- Virtual Proxy: Sie laden nicht alle Bilder in einem Album, sondern nur die, die gerade am Bildschirm angezeigt werden sollen.
- Security Proxy: Das eigentliche Ziel-Objekt wird in einem anderen Objekt gekapselt, das - wie im Beispiel UnmodifiableList - Schreibzugriffe verhindert.
- Smart Reference: Die Funktion eines Objekts wird mit der Motivation erweitert, Zugriffe zu protokollieren oder zu erweitern.
  - Der Proxy implementiert die Schnittstelle des Ziel-Objekts.
  - Er wird dem eigentlichen Objekt vorgelagert.
  - Der Client ruft die gewünschte Methode auf.
  - Der Aufruf wird zunächst vom Proxy bearbeitet.
  - Der Aufruf wird anschließend an das eigentliche Ziel-Objekt weitergeleitet.
  - Das Vorgehen ist unflexibel, wenn die Schnittstelle erweitert wird.
  - Dynamic Proxy ist seit Java 5 eine Erleichterung für den Programmierer.
    - Der InvocationHandler definiert auf allgemeine Weise das Verhalten **aller** Methoden einer Schnittstelle.
    - Die Proxy-Klasse wird zur Laufzeit dynamisch erzeugt.
- Remote Proxy: ermöglicht Zugriffe auf Objekte außerhalb des eigenen Adressraums.
  - Ein Client möchte auf ein Server-Objekt außerhalb des eigenen Adressraums zugreifen.
  - Der Client bekommt vom Server einen Stub, an den er seine Anfrage sendet.
  - Der Stub - der Proxy - leitet die Anfrage über das Netzwerk an den Server weiter.
  - Der Server-Proxy - der Skeleton - übergibt die Anfrage an das Server-Objekt.
  - Das Server-Objekt sendet den Rückgabewert an den Skeleton.
  - Der Skeleton schickt die Antwort an den Stub, der die Antwort dem anfragenden lokalen Objekt sendet.
  - Weder Client- noch Server-Objekt wissen, dass sie ihre Nachrichten an Proxys senden.

Zweckbeschreibung:

Die Gang of Four beschreibt den Zweck des Patterns wie folgt:

„Kontrolliere den Zugriff auf ein Objekt mit Hilfe eines vorgelagerten Stellvertreterobjekts."

22 Decorator Pattern

Das Decorator Pattern – ein weiteres Strukturmuster – erweitert Objekte um Zuständigkeiten. Im letzten Kapitel haben Sie gesehen, wie der Proxy Objekte um Zuständigkeiten erweitert. Erinnern Sie sich – das eigentlich anzusprechende Objekt und die Proxys haben das gleiche Interface implementiert; ein Proxy referenziert ein anderes Objekt, ohne zu wissen, ob es sich dabei um ein weiteres Proxy oder um das gewünschte Objekt handelt. Ähnlich werden Sie beim Decorator vorgehen. Wenn ich Ihnen gleich ein Beispiel vorstelle, werden Sie den Unterschied von Proxy und Decorator vielleicht gar nicht eindeutig finden – auf den Unterschied werde ich weiter unten noch eingehen.

22.1 Autos bauen – ein erstes Beispiel

Werfen Sie einen Blick in das Angebot eines Autohändlers. Da gibt es wenige Grundmodelle mit gefühlten tausend Ausstattungsvarianten. Model A ist die rollende Einkaufstasche, Model B der Mittelklassewagen und Model C die gehobene Mittelklassevariante. Daneben gibt es für jedes Model optional ein Navigationssystem, eine Klimaanlage, Lederausstattung usw. Lassen Sie uns überlegen, wie Sie diese Situation codieren könnten.

22.1.1 Ein Attribut für jede Sonderausstattung

Man könnte zunächst auf die Idee kommen, für jedes Ausstattungsmerkmal ein Attribut vorzusehen. Wenn das Attribut `null` ist, wird es nicht gewünscht; ansonsten wurde es dazu bestellt.

```
public class Model_A
{
    private Klimaanlage klimaanlage = null;
    private Navigation navigation = null;
    // ... gekürzt ...

    public void setKlimaanlage(Klimaanlage klimaanlage)
```

```
    {
        System.out.println("Der Kunde kauft eine Klimaanlage");
        this.klimaanlage = klimaanlage;
    }
    // usw.
}
```

Der Nachteil liegt offen auf der Hand: Jedes Objekt schleppt eine Menge unnötiger Daten mit sich herum, die gar nichts mit seinem eigentlichen Kerngeschäft zu tun haben. Es gibt zu viel doppelten Code, was das Projekt fehleranfällig und wenig wartungsfreundlich macht. Wenn Änderungen anstehen, muss bestehender Code aufgebohrt werden. Das **Open-Closed-Principle** wurde offensichtlich verletzt.

22.1.2 Mit Vererbung erweitern

Ein anderer Ansatz könnte sein, dass Sie spezialisieren, denn ein Auto mit Klimaanlage **ist** ein Auto. Beispielsweise könnte `Model_A_Klima` wie folgt definiert sein:

```
public class Model_A
{
    // Eigenschaften von Model A
}

public class Model_A_Klima extends Model_A
{
    // zusätzliche Eigenschaften einer Klimaanlage
}
```

Was wäre die Folge? Die Anzahl von Subklassen würde explodieren, weil Sie alle erdenkliche Kombinationen abdecken müssen. Sie brauchen beispielsweise folgende Klassen: `Model_A`, `Model_A_Mit_Klima`, `Model_A_Mit_Navi`, `Model_A_Mit_Klima_Und_Navi`, `Model_B`, `Model_B_Mit_Klima` usw. Bei drei Grundmodellen mit drei Sonderausstattungen sind das 3 * 2^3 = 24 Subklassen. Weiter vorne war die Rede davon, dass Sie Komposition der Vererbung vorziehen – und auch hier zeigt sich, dass Vererbung nicht das Mittel zum Zweck ist. In diesem zugegeben konstruierten Beispiel ist die Schwäche der Vererbung offensichtlich. Ich möchte jedoch davon ausgehen, dass es in der Praxis Fälle gibt, in denen Vererbung weniger evident zu einem starren unflexiblen System führt.

22.1.3 Dekorieren nach dem Matroschka-Prinzip

Kennen Sie das Matroschka-Prinzip? Sie haben eine schön bemalte Holzpuppe, die eine andere Holzpuppe umschließt, die ihrerseits eine weitere Holzpuppe umschließt, die selbst eine Holzpuppe usw. So in etwa funktioniert der Decorator. Jedes neue Ausstattungsmerkmal umschließt („wrappt") das bisher zusammengesteckte Produkt. Klingt kompliziert? Ist es überhaupt nicht!

22.1.3.1 Definieren der Grundmodelle

Grundmodelle und Sonderausstattungen implementieren das gleiche Interface: `Komponente`. In diesem Interface ist beschrieben, was jedes Element können muss, nämlich seinen Preis benennen und sich selbst beschreiben. Öffnen Sie das Projekt „AutoKatalog“. Sie finden dort im Package `commons` das Interface `Komponente`.

Listing 22.1 Interface „Komponente“ im Projekt „AutoKatalog“

```
public interface Komponente
{
    public int getPreis();

    public String getBeschreibung();
}
```

Im Package „grundmodelle“ finden Sie verschiedene Modelle, beispielsweise `Model_C`.

Listing 22.2 Ein Grundmodell im Projekt „AutoKatalog“

```
public class Model_C implements Komponente
{
    @Override
    public int getPreis()
    {
        return 50000;
    }

    @Override
    public String getBeschreibung()
    {
        return "Ein Wagen der gehobenen Mittelklasse";
    }
}
```

Im folgenden Absatz werden Sie die Sonderausstattungen definieren.

22.1.3.2 Definieren der Sonderausstattungen

Die Sonderausstattungen sollen von der gemeinsamen Oberklasse `Sonderausstattung` erben, die ihrerseits auch vom Typ `Komponente` ist und eine Referenz auf eine andere Komponente hält.

Listing 22.3 Oberklasse aller Sonderaussstattungen im Projekt „AutoKatalog“

```
public abstract class Sonderausstattung implements Komponente
{
    protected final Komponente BASIS_KOMPONENTE;

    protected Sonderausstattung(Komponente komponente)
    {
       BASIS_KOMPONENTE = komponente;
    }
}
```

Alle Sonderausstattungen definieren die Methoden des Interface `Komponente`. Sie greifen dabei auf die Daten der referenzierten Komponente zu und addieren bzw. konkatenieren ihren eigenen Wert.

Listing 22.4 Eine Sonderausstattung im Projekt „AutoKatalog“

```
public class Klimaanlage extends Sonderausstattung
{
    public Klimaanlage(Komponente komponente)
    {
        super(komponente);
    }

    @Override
    public int getPreis()
    {
        return BASIS_KOMPONENTE.getPreis() + 500;
    }

    @Override
    public String getBeschreibung()
    {
        return BASIS_KOMPONENTE.getBeschreibung()
                                        + " und Klimaanlage";
    }
}
```

Der folgende Absatz zeigt Ihnen, wie die einzelnen Komponenten zusammengesteckt werden.

22.1.3.3 Der Client steckt die Komponenten zusammen

Die main-Methode der Klasse `ApplStart` legt zunächst das Grundmodell an und wrappt dieses mit einem Navigationssystem. Anschließend wird das Navigationssystem mit einer Klimaanlage gewrappt. Da der Kunde nun keine weiteren Wünsche mehr hat, können Sie auf der Klimaanlage als der äußersten Hülle `getBeschreibung()` und `getPreis()` aufrufen.

Listing 22.5 Testklasse im Projekt „AutoKatalog“

```
public class ApplStart
{
    public static void main(String[] args)
    {
        Komponente grundmodell = new Model_C();
        Komponente navigaion = new Navigationssystem(grundmodell);
        Komponente kaelte = new Klimaanlage(navigaion);

        System.out.println(
                "Kundenwunsch: \n\t" + kaelte.getBeschreibung() +
                "\nPreis: \n\t" + kaelte.getPreis());
    }
}
```

Auf der Konsole wird ausgegeben:

Kundenwunsch:

Ein Wagen der oberen Mittelklasse und ein Navigationssystem und Klimaanlage

Preis:

50700

Sie können die Grundmodelle und die Ausstattungsvarianten beliebig und vor allem flexibel zusammenstecken. Auch die Anzahl von Komponenten spielt keine Rolle mehr. Theoretisch könnten Sie zwei Klimaanlagen und drei Navigationsgeräte einbauen - sofern der Kunde das wünscht. Der Code ist robust und wartbar, da jede Klasse eine einzige Funktion hat. Hohe Kohäsion ist ein Hinweis auf ein angemessenes Design. Wenn der Preis für das Navigationssystem steigt, müssen Sie den Code nur an einer einzigen Stelle ändern. Und schließlich möchte ich noch die Terminologie des Decorator einführen: Die Schnittstelle `Komponente` ist eine *Komponente*. Jedes Grundmodell ist eine *konkrete Komponente*. Die Schnittstelle der Sonderausstattungen ist ein *Dekorierer*; die Sonderausstattungen selbst sind die *konkreten Dekorierer*.

Die Realisierung des Patterns ähnelt der Realisierung des Proxy Patterns. Beim Proxy habe ich Ihnen das Beispiel der UnmodifiableList angeboten. Im Internet und in der Literatur finden Sie dieses Beispiel teilweise auch beim Decorator. Stimmt da was nicht? Wo gehört diese Klasse denn nun hin? Um zu einer Antwort zu kommen, muss ich mir Gedanken über die Aufgabe der UnmodifiableList machen. Außerdem muss ich das Ziel der Patterns im Auge haben. Die UnmodifiableList kontrolliert den Zugriff auf eine Liste. Wenn ich sie beim Proxy einsortiere, betone ich den kontrollierenden Charakter; ein Proxy kontrolliert den Zugang zum eigentlichen System, schränkt ihn vielleicht sogar ein. Der Decorator hingegen erweitert ein System um Funktionalität, ohne es selbst zu verändern. Daher ist die UnmodifiableList für mich eindeutig ein Proxy. ■

Im folgenden Absatz werden Sie erfahren, wo Sie den Decorator in der Praxis schon angetroffen haben.

22.1.4 Praxisbeispiele

Mit dem Decorator Pattern erweitern Sie Swing-Komponenten um Scroll-Balken und schicken Daten über Streams.

22.1.4.1 Die Klasse „JScrollPane“

Sie können beliebige Komponenten mit Scroll-Balken versehen: ein `JTree`, ein `JPanel`, eine `JTable` usw. Dabei stecken Sie die Komponente wie die Matroschka zusammen und fügen sie einem Container hinzu.

```
JFrame frmAnzeige = new JFrame();
JTable tblDaten = new JTable();
JScrollPane scrTabelle = new JScrollPane(tblDaten);
frmAnzeige.add(scrTabelle);
```

Auf dem JFrame wird eine Tabelle mit Scrollbalken angezeigt. Sie können die Komponenten ineinanderstecken, weil alle vom Typ `JComponent` sind und der Konstruktor der `JScrollPane` ein Objekt vom Supertyp `Component` erwartet. Das Zusammenspiel finden Sie in Bild 22.1.

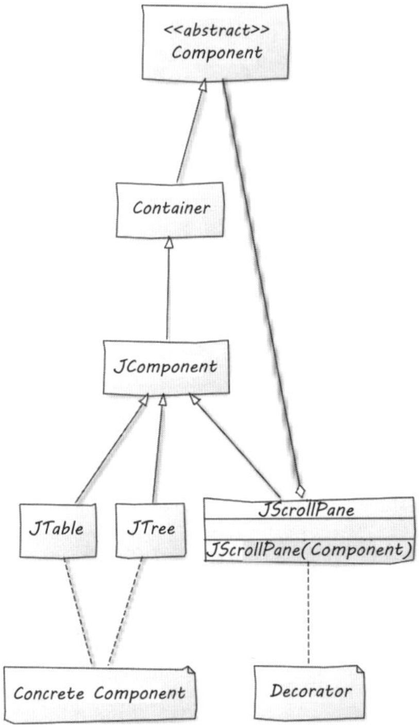

Bild 22.1
Klassenhierarchie der Swing-Komponenten (vereinfacht)

22.1.4.2 Streams in Java

Wenn Sie sich mit Streams beschäftigen, sehen Sie den Nachteil des Decorator Patterns. Sie haben eine Vielzahl von Klassen, die auf den ersten Blick alle das Gleiche machen. Ein Blick in das Paket `java.io` bereitet keinem Programmierer so richtig Freude. Mit dem Wissen über das Decorator Pattern können Sie Ordnung in das Sammelsurium von Klassen bringen.

22.1.4.2.1 Streams als Decorator

Streams verbinden Datenquellen und Ziel. Zu übertragende Daten können entweder Bytes oder Characters sein. Die Vererbungshierarchien sind jeweils unterschiedlich: ByteStreams werden durch die abstrakten Oberklassen `InputStream` und `OutputStream` verarbeitet, CharacterStreams durch `Reader` und `Writer`.

Die Klasse `FilterInputStream` ist die Oberklasse für die Decorator-Klassen. Ein Objekt dieser Instanz referenziert einen anderen `InputStream` und überschreibt alle Methoden so, dass jede Anfrage an das referenzierte Objekt weitergeleitet wird. In der API-Doc heißt es:

„A FilterInputStream contains some other input stream, which it uses as its basic source of data, possibly transforming the data along the way or providing additional functionality. The class FilterInputStream itself simply overrides all methods of InputStream with versions that pass all requests to the contained input stream. Subclasses of FilterInputStream may further override some of these methods and may also provide additional methods and fields."

Wenn Sie das Zitat durchlesen, finden Sie genau die Zweckbeschreibung des Decorator Patterns wieder.

Zweckbeschreibung:

Die Gang of Four beschreibt den Zweck des Patterns wie folgt:

„Erweitere ein Objekt dynamisch um Zuständigkeiten. Dekorierer bieten eine flexible Alternative zur Unterklassenbildung, um die Funktionalität einer Klasse zu erweitern."

Es geht darum, die Funktionalität von Objekten zu **erweitern,** ohne Subklassen zu bilden. Eine Unterklasse von `FilterInputStream` ist beispielsweise `BufferedInputStream`, die die Daten in einen Puffer schreibt, was die Performance erhöht. Die API-Doc beschreibt die Aufgabe so:

„A BufferedInputStream adds functionality to another input stream-namely, the ability to buffer the input."

Die Klassen `FileInputStream` und `ByteArrayInputStream` sind die zu dekorierenden Komponenten; sie erben beide von `InputStream`. Die Klasse `FileInputStream` stellt die Verbindung zu einer Datei her und `ByteArrayInputStream` erwartet als Datenquelle ein Byte-Array. Beide Klassen können byteweise von der Datenquelle lesen und mit einem `BufferedInputStream` dekoriert werden. Eine gezippte Datei könnten Sie mit einem weiteren Decorator, dem `ZipInputStream`, versehen. Dazu stecken Sie die Objekte wie die Matroschkas zusammen.

```
InputStream in =
    new ZipInputStream(
        new BufferedInputStream(
            new FileInptStream( /* Dateiname */ )));
```

Die Vererbungshierarchie nach der Klasse `OutputStream` ist entsprechend aufgebaut. Sie haben dort beispielsweise einen `FileOutputStream`, der die Verbindung zu einer Datei herstellt, in die Sie Daten schreiben. Die Schnittstelle der Decorator wird durch die Klasse `FilterOutputStream` dargestellt. Und von dieser Klasse wird `BufferedOutputStream` abgeleitet:

„By setting up such an output stream, an application can write bytes to the underlying output stream without necessarily causing a call to the underlying system for each byte written."

Mit dem, was Sie in diesem Absatz gelesen haben, können Sie eine Datei byteweise lesen und schreiben.

```
public static void main(String[] args)
{
    JFileChooser chooser = new JFileChooser();
    int rueckgabeWert = chooser.showOpenDialog(null);
    if (rueckgabeWert == JFileChooser.APPROVE_OPTION)
    {
        File eingang = chooser.getSelectedFile();
        rueckgabeWert = chooser.showSaveDialog(null);
        if (rueckgabeWert == JFileChooser.APPROVE_OPTION)
        {
            File ausgang = chooser.getSelectedFile();
            try (
              InputStream in = new FileInputStream(eingang);
              OutputStream out = new FileOutputStream(ausgang))
            {
                int i;
                while ( ( i = in.read() ) != -1 )
                    out.write(i);
            }
            catch (IOException ex)
            {
                ex.printStackTrace();
            }
        }
    }
}
```

So weit ist alles gut, das Decorator Pattern können Sie in der API nachweisen.

22.1.4.2.2 Streams als Non-Decorator

Sie könnten einen Schritt weitergehen und den `FileOutputStream` in einen `DataOutputStream` einpacken, um primitive Datentypen ausgeben zu können. Sie erweitern damit – ganz im Sinne des Decorator Patterns – die Funktionalität des `FileOutputStream`, ohne ihn zu ändern.

```
private static void schreiben()
{
    final File FILE = new File("person.txt");
    try (
            OutputStream fos = new FileOutputStream(FILE);
            DataOutputStream dos = new DataOutputStream(fos);
         )
    {
        int id = 4711;
        double gehalt = 2466.77;
        boolean istChef = true;
        dos.writeInt(id);
        dos.writeDouble(gehalt);
        dos.writeBoolean(istChef);
    }
    catch (IOException e)
    {
        e.printStackTrace();
    }
}
```

Und entsprechend lesen Sie die Datei wieder aus.

```
private static void lesen()
{
    final File FILE = new File("person.txt");
    try (
            InputStream fis = new FileInputStream(FILE);
            DataInputStream dis = new DataInputStream(fis);
        )
    {
        int id = dis.readInt();
        double gehalt = dis.readDouble();
        boolean istChef = dis.readBoolean();
        System.out.println( /* Kontrollausgabe */ );
    }
    catch (IOException e)
    {
        e.printStackTrace();
    }
}
```

Wenn eine Methode dann `schreiben()` und `lesen()` aufruft, wird auf der Konsole ausgegeben:

Der Mitarbeiter mit der Personalnummer 4711 verdient 2466.77 Euro

Er ist der Chef

Warum ist dieses Konstrukt kein Decorator? Das Decorator Pattern erlaubt es zwar, dass ein anderes Objekt die Schnittstelle erweitert. Der Client-Code darf dadurch jedoch nicht tangiert sein, Dekoration muss für den Client **transparent** sein. In diesem Beispiel wäre jedoch genau das der Fall - die spezialisierten Methoden können nicht auf einem Objekt vom Typ `InputStream`, bzw. `OutputStream` aufgerufen werden. Wenn der Programmierer davon Gebrauch machen möchte, muss er gegen die Schnittstelle des DataInput/OutputStream programmieren.

> Streams werden im Kontext Decorator Pattern in nahezu jedem Patterns-Buch - auch bei der GoF - erwähnt. Das ist so lange richtig, wie Sie die Schnittstelle nicht ändern müssen. Ich habe wiederholt gelesen (sinngemäß zitiert): „Alles was IO ist, ist auch Decorator." Ich bin skeptisch, dass eine so absolut formulierte Aussage haltbar ist.

22.2 Zusammenfassung

Gehen Sie das Kapitel noch mal stichwortartig durch!

- Sie müssen Objekte um Zuständigkeiten erweitern.
- Vererbung führt Sie in ein starres, unflexibles und nicht wartbares System.
- Die Erweiterung soll das Objekt nicht verändern.

- Das Decorator Pattern bietet eine Alternative zur Unterklassenbildung.
- Beim Decorator gibt es Komponenten, die dekoriert werden.
- Die Dekorierer-Klassen implementieren die gleiche Schnittstelle wie die Komponenten.
- Die Dekorierer referenzieren das zu dekorierende Objekt.
- Dekorierer können die Schnittstelle der Komponente erweitern.
- Vorteil ist ein stabiles, flexibles und kohäsives System.
- Nachteil ist, dass viele ähnliche Klassen gebildet werden.
- Der Unterschied zum Proxy ist, dass der Proxy das Objekt kontrolliert, der Decorator das Objekt aber um Funktionalität erweitert.

Die Zweckbeschreibung des Patterns habe ich oben schon zitiert; da Sie sie aber in jedem Kapitel bei der Zusammenfassung gefunden haben, hier noch mal der Vollständigkeit wegen.

Zweckbeschreibung:

Die Gang of Four beschreibt den Zweck des Patterns wie folgt:

Erweitere ein Objekt dynamisch um Zuständigkeiten. Dekorierer bieten eine flexible Alternative zur Unterklassenbildung, um die Funktionalität einer Klasse zu erweitern.

23 Bridge Pattern

In diesem Kapitel werden Sie das Bridge Pattern kennenlernen. Es ist das letzte aus der Reihe der Strukturmuster.

23.1 Zwei Definitionen

Ich möchte zwei Begriffe definieren, bevor ich auf das Bridge Pattern zu sprechen komme. Wenn Sie diesen Abschnitt lesen, werden Sie meine Ausführung vielleicht belanglos finden. Eine genaue Definition der Begriffe *Abstraktion* und *Implementierung* ist für das Verständnis des Bridge Patterns jedoch wichtig.

23.1.1 Was ist eine Abstraktion?

Der erste Begriff, den ich ansprechen möchte, ist die *Abstraktion*. Wenn Sie eine Klasse entwickeln, müssen Sie sich immer entscheiden, welchen Teil der realen Welt Sie mit welcher Genauigkeit abbilden wollen. Wenn Sie eine Software schreiben, mit der eine Hochschule ihre Studenten verwaltet, werden Sie ganz bestimmte relevante Merkmale eines Studenten herauspicken und diese in Ihren Klassen berücksichtigen. Für die Hochschule sind beispielsweise das Geburtsdatum, die Adresse und die bestandenen Prüfungen relevant. Irrelevant dürften die Haarfarbe, das Gewicht, die Anzahl der Geschwister und viele weitere Merkmale sein. Sie **reduzieren** in Ihrer Hochschul-Software den Studenten auf die relevanten Merkmale; Sie erstellen ein **Modell,** Sie **abstrahieren.** Eine andere Abstraktion ist beispielsweise ein Taschenrechner, der gleich für das Beispielprojekt relevant sein wird. Wenn Sie den Taschenrechner auf Ihrem Schreibtisch betrachten, dann hat der bestimmte Merkmale: ein spezielles Gewicht, eine Farbe, verschiedene Rechenoperationen usw. Wenn Sie die Klasse `Taschenrechner` entwickeln, ignorieren Sie zahlreiche Eigenschaften und Fähigkeiten, Sie reduzieren die Realweltentität auf die Merkmale und Fähigkeiten, die für den gegebenen Kontext relevant sind.

Das folgende Listing zeigt die Abstraktion eines Taschenrechners. Ich drucke nur die Schnittstelle ab, da sie für den Client wichtig ist. Die dahinterstehende Implementierung lasse ich außen vor.

Listing 23.1 Abstraktion im Projekt „Taschenrechner"

```
public class Taschenrechner
{
    public double addieren(double summand_1, double summand_2)
    {
        // Implementierung
    }

    public double subtrahieren(double minuend, double subtrahend)
    {
        // Implementierung
    }

    public double multiplizieren(double faktor_1, double faktor_2)
    {
        // Implementierung
    }

    public double dividieren(double dividend, double divisor)
    {
        // Implementierung
    }
}
```

Wenn ein Client ein Objekt dieser Klasse erzeugt, ruft er die Methoden auf, die die Schnittstelle anbietet. Die Abstraktion legt fest, **was** das Objekt leisten kann.

23.1.2 Was ist eine Implementierung?

Wenn der Client sich auf die Abstraktion stützt, muss er sich über die dahinterstehende **Implementierung** keine Gedanken machen. Die Details der Implementierung bleiben ihm vielleicht sogar verborgen. Es hat mich nie interessiert, wie der Süßigkeitenautomat im Büro aus einem Euro-Stück einen Schokoriegel macht. Und es interessiert mich auch nicht, wie der Taschenrechner zwei Zahlen addiert. Für mich als Anwender ist die Implementierung, das **Wie** einer Methode, nicht von Bedeutung.

Lassen Sie uns im folgenden Schritt die Implementierung ansehen. Im ersten Schritt könnten Sie die Schulmethoden realisieren.

Listing 23.2 Klasse „Taschenrechner" mit Implementierung

```
public class Taschenrechner
{
    public double addieren(double summand_1, double summand_2)
    {
        return summand_1 + summand_2;
    }
```

```
    public double subtrahieren(double minuend, double subtrahend)
    {
        return minuend - subtrahend;
    }

    public double multiplizieren(double faktor_1, double faktor_2)
    {
        return faktor_1 * faktor_2;
    }

    public double dividieren(double dividend, double divisor)
    {
        return dividend / divisor;
    }
}
```

Sie möchten die Implementierung ändern! Es gibt alternative Multiplikationsverfahren, die - speziell bei Langzahlen - wesentlich performanter sind als der Multiplikationsalgorithmus, der in der Schule gelehrt wird. Wenn Sie die Implementierung ändern wollen, können Sie einfach eine Unterklasse erstellen, die die Methode `multipliziere()` überschreibt. Wenn Sie zwei Zahlen mit der Fast Fourier Transformation (FFT) multiplizieren wollen, verwenden Sie die folgende Klasse.

Listing 23.3 Alternative Implementierung des Multiplikationsalgorithmus

```
/**
 * Überschreibt den Multiplikationsalgorithmus.
 * Zwei Zahlen werden nun mit der
 *           Fast Fourier Transformation
 * multipliziert
 */
public class FFT extends Taschenrechner
{
    @Override
    public double multiplizieren(double faktor_1, double faktor_2)
    {
        // nicht abgedruckt – FFT-Multiplikation
    }
}
```

Ein Client kann sich nun aussuchen, ob er den einfachen Multiplikationsalgorithmus verwenden will oder die FFT. Dementsprechend kann er eine Instanz des Taschenrechners entweder mit

```
Taschenrechner rechner = new Taschenrechner();
```

erzeugen oder mit

```
Taschenrechner rechner = new FFT();
```

Übrigens finde ich die verschiedenen Multiplikationsverfahren ziemlich spannend. Wenn Sie sich mit der FFT-Multiplikation beschäftigen möchten, empfehle ich Ihnen folgende Seite: *http://www.inf.fh-flensburg.de/lang/algorithmen/fft/fft.htm*

Den dort hinterlegten Artikel von Herrn Prof. Dr. Lang finden Sie auch unter *www.patternsBuch.de*.

Es gibt viele weitere Multiplikationsverfahren wie beispielsweise die russische Bauernmultiplikation. Ein paar dieser Algorithmen sind hochperformant, andere bestechen durch Eleganz.

23.1.3 Ein Problem beginnt zu reifen

Gleich nachdem Sie Ihren Rechner veröffentlicht haben, kommen Erweiterungswünsche. Der Taschenrechner soll auch noch Potenzrechnen unterstützen. Da Sie dieses Feature gesondert vertreiben möchten, entwickeln Sie die Abstraktion, die Schnittstelle, weiter. Da potenzieren bedeutet, dass Sie eine Zahl mit sich selbst multiplizieren, können Sie die bestehenden Methoden verwenden.

Listing 23.4 Klasse „TaschenrechnerDeluxe" im Projekt „Taschenrechner"

```
public class TaschenrechnerDeluxe extends Taschenrechner
{
    public double potenzieren(double zahl)
    {
        return multiplizieren(zahl, zahl);
    }
}
```

Im Ergebnis haben Sie folgendes Klassendiagramm.

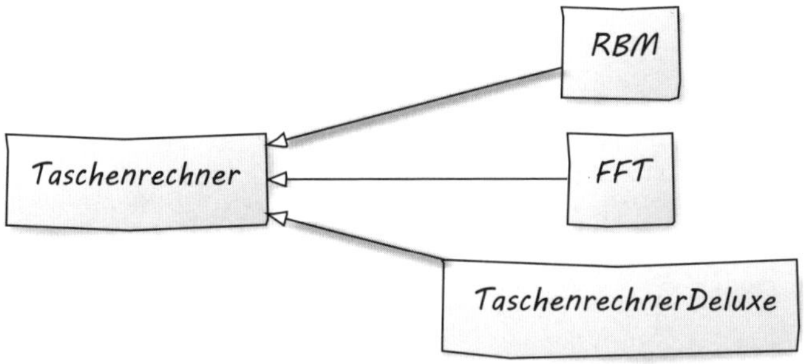

Bild 23.1 Unvollständiges Klassendiagramm des Projekts „Taschenrechner"

Diese Lösung hat einen Haken. Sie hatten weiter vorne die Implementierung weiterentwickelt und hochperformante Multiplikationsalgorithmen implementiert. Doch wenn ein Kunde den `TaschenrechnerDeluxe` kauft, bekommt er nur die standardmäßige Implementierung des Multiplikationsverfahrens. Die FFT-Multiplikation kann er genauso wenig einsetzen wie die russische Bauernmultiplikation. Vielleicht ist die Kuh ja vom Eis, wenn der `TaschenrechnerDeluxe` nicht von `Taschenrechner`, sondern von `FFT` erbt.

```
public class TaschenrechnerDeluxeFFT extends FFT
{
    public double potenzieren(double zahl)
    {
        // Implementierung
    }
}
```

Bei dieser Lösung bleiben jedoch die russische Bauernmultiplikation und die standardmäßig implementierte Schulmultiplikation außen vor. Sie kommen nicht umhin, die Vererbungshierarchie nach diesen beiden Algorithmen entsprechend zu erweitern.

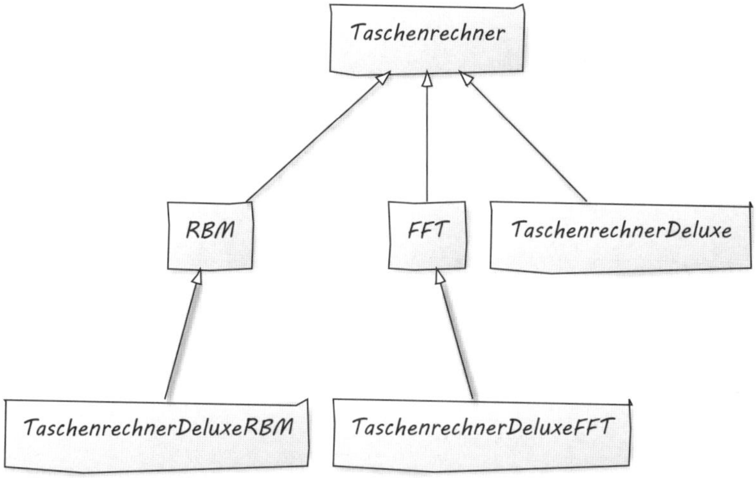

Bild 23.2 Klassendiagramm des Projekts „Taschenrechner"

Es wird deutlich, dass die Vererbungshierarchie zu breit und zu unflexibel ist. Wenn entweder die Abstraktion erweitert wird oder die Implementierung um einen Algorithmus erweitert wird, wächst die Anzahl Klassen rasant an. Gehen Sie davon aus, dass die Division ersetzt werden soll. Der Algorithmus, den Sie aus der Schule kennen, fragt, wie oft der Divisor in den Dividenden passt. Ein alternatives Vorgehen könnte sein, dass Sie mit dem Kehrwert des Divisors multiplizieren. Dem Kehrwert einer Zahl nähern Sie sich mit einer Formel von Newton iterativ an. Würden Sie versuchen, den Divisionsalgorithmus durch Vererbung zu realisieren, müssten Sie berücksichtigen, dass Sie zwei Abstraktionen haben – den `Taschenrechner` und den `TaschenrechnerDeluxe`. Beide Abstraktionen möchten wahlweise mit FFT, der RBM oder der Schulmethode multiplizieren und wahlweise mit der Schulmethode oder dem Newton'schen Verfahren dividieren.

Fazit: das Problem ist, dass Abstraktion und Implementierung zu stark voneinander abhängen und sich gegenseitig beeinflussen. Das Bridge Pattern wird dieses Problem lösen.

23.2 Das Bridge Pattern im Einsatz

Das Bridge Pattern trennt die Abstraktion von der Implementierung. Wie geht das? Vielleicht erinnern Sie sich an das State Pattern und das Strategy Pattern! Sie haben dort das Verhalten eines Objekts in eigenen Klassen definiert. Sie haben in Ihrer Abstraktion eine Schnittstelle vorgegeben, der die Implementierung[1] entsprechen muss.

[1] Also alle Klassen, die das Verhalten definieren.

23.2.1 Bridge Pattern – erster Schritt

Ähnlich geht das Bridge Pattern vor. Sie definieren die Abstraktion mit allen Methoden, die sie anbieten soll. Die Ausführung wird an ein Objekt vom Typ `Implementor` delegiert. Es ist erlaubt, dass die Methoden der Abstraktion und des Implementors unterschiedliche Bezeichner haben.

Listing 23.5 Klasse „Taschenrechner" im Projekt „TaschenrechnerBridge"

```
public class Taschenrechner
{
    private Implementor implementor;

    public Taschenrechner(Implementor implementor)
    {
        this.implementor = implementor;
    }

    public void setImplementor(Implementor implementor)
    {
        this.implementor = implementor;
    }
    public double addieren(double summand_1, double summand_2)
    {
        return implementor.plus(summand_1, summand_2);
    }

    public double subtrahieren(double minuend, double subtrahend)
    {
        return implementor.minus(minuend, subtrahend);
    }

    public double multiplizieren(double faktor_1, double faktor_2)
    {
        return implementor.mal(faktor_1, faktor_2);
    }

    public double dividieren(double dividend, double divisor)
    {
        return implementor.durch(dividend, divisor);
    }
}
```

Der Implementor kann entweder ein Interface oder eine (abstrakte) Klasse sein. Im aktuellen Projekt habe ich den Implementor mit den Rechenverfahren ausgestattet, die ich in der Schule gelernt habe.

Listing 23.6 Klasse „Implementor" im Projekt „TaschenrechnerBridge"

```
public class Implementor
{
    double plus(double summand_1, double summand_2)
    {
        return summand_1 + summand_2;
    }
```

```
    double minus(double minuend, double subtrahend)
    {
        return minuend - subtrahend;
    }

    double mal(double faktor_1, double faktor_2)
    {
        return faktor_1 * faktor_2;
    }

    double durch(double dividend, double divisor)
    {
        return dividend / divisor;
    }
}
```

Der Client erzeugt eine Instanz der Implementierung und parametrisiert die Abstraktion damit:

```
Implementor implementor = new Implementor();
Taschenrechner taschenrechner = new Taschenrechner(implementor);
System.out.println("30 + 12 = "+taschenrechner.addieren(30, 12));
```

Das Klassendiagramm sieht bei diesem Entwicklungsfortschritt wie folgt aus.

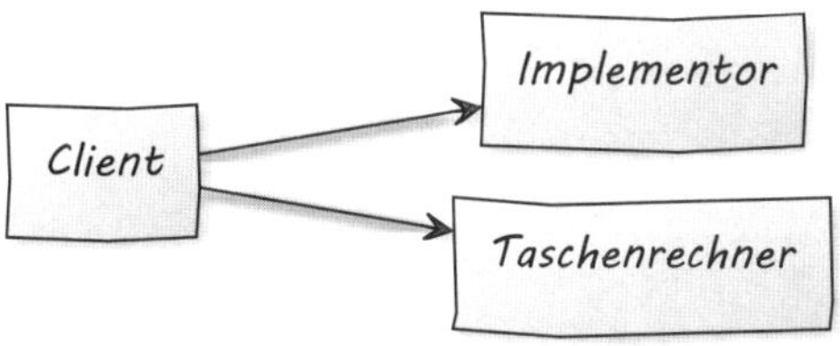

Bild 23.3 Klassendiagramm des Projekts „TaschenrechnerBridge“

Der Implementor und die Abstraktion sind über eine Aggregation miteinander verbunden – dadurch wird die Brücke zwischen beiden geschlagen.

23.2.2 Bridge Pattern – zweiter Schritt

Bis hierhin sieht das alles noch harmlos aus. Aber lassen Sie sich davon überzeugen, dass Sie bei dieser Lösung ein unglaublich mächtiges Werkzeug in der Hand halten.

23.2.2.1 Die Abstraktion erweitern

Lassen Sie uns zunächst die Abstraktion erweitern. Wie im ersten Beispiel möchte der Kunde die Möglichkeit haben, eine Zahl potenzieren zu können. Da die Potenz eine Zahl mal sich selbst ist, bleibt die Implementierung davon gänzlich unberührt.

Listing 23.7 Erweiterung der Abstraktion im Projekt „TaschenrechnerBridge“

```
public class TaschenrechnerDeluxe extends Taschenrechner
{
    public TaschenrechnerDeluxe(Implementor implementor)
```

```
    {
        super(implementor);
    }

    public double potenzieren(double zahl)
    {
        return multiplizieren(zahl, zahl);
    }
}
```

Weitere Abstraktionen wären denkbar. Wenn Sie die Wurzel einer Zahl berechnen möchten, können Sie auf die bereits definierte Implementierung zurückgreifen. Die Quadratwurzel aus y ist die Multiplikation von y mit dem Kehrwert der Quadratwurzel von y. Um den Kehrwert der Quadratwurzel einer Zahl zu berechnen, gibt es ein iteratives Verfahren, das auf Newton zurückgeht. Ausgehend von einem angenäherten Wert wird der jeweilige Folgewert berechnet - der Folgewert wird allein durch Addition, Multiplikation, Differenz und Division berechnet.

Listing 23.8 Erweiterung der Abstraktion im Projekt „TaschenrechnerBridge"

```
public class TaschenrechnerNewton extends TaschenrechnerDeluxe
{
    public TaschenrechnerNewton(Implementor implementor)
    {
        super(implementor);
    }

    public double radizieren(double zahl)
    {
        // iteratives Schema nach Newton
    }
}
```

Der Client kann sich jetzt die Abstraktion aussuchen, die er haben möchte, und sie mit dem Implementor parametrisieren. Wichtig ist, dass sich nur die Abstraktion ändert, bzw. erweitert wird.

23.2.2.2 Die Implementierung erweitern

Unabhängig von der Abstraktion kann die Vererbungshierarchie nach der Klasse Implementor erweitert werden. Wie im vorigen Projekt habe ich die Klassen FFT und RBM definiert, die den Multiplikationsalgorithmus überschreiben.

Listing 23.9 Erweiterung des Implementors im Projekt „TaschenrechnerBridge"

```
public class RBM extends Implementor
{
    @Override
    double mal(double faktor_1, double faktor_2)
    {
        System.out.println("\tRussische Bauernmultiplikation");
        return faktor_1 * faktor_2;
    }
}
```

Der Client kann sich nun nach Belieben seine Abstraktion und eine passende Implementierung aussuchen.

```
Implementor implementor = new RBM();
Taschenrechner taschenrechner = new Taschenrechner (implementor);
taschenrechner.multiplizieren(30, 12));
```

Zur Laufzeit kann der Implementor ausgetauscht werden.

```
taschenrechner.setImplementor(new FFT());
taschenrechner.multiplizieren(30, 12));
```

Wenn Sie den Code ausführen, wird auf der Konsole ausgegeben:

Russische Bauernmultiplikation

*30 * 12 = 360.0*

FFT-Multiplikation

*30 * 12 = 360.0*

Wichtig ist - das soll das folgende Klassendiagramm noch einmal verdeutlichen - dass die Implementierung sich nun unabhängig von der Abstraktion fortentwickeln kann.

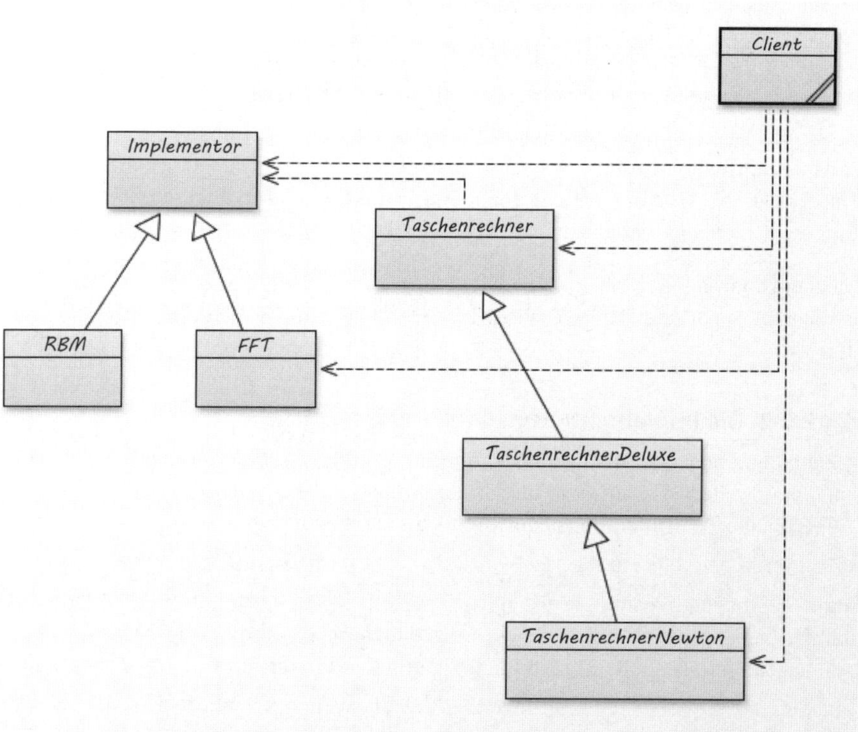

Bild 23.4 Klassendiagramm des Projekts „TaschenrechnerBridge"

Einige Aufgaben lassen sich mit den bereits definierten Grundrechenarten nicht mehr bewältigen. Wenn der Kunde beispielsweise einen Zufallsgenerator benötigt, müssen Sie sowohl die Schnittstelle der Abstraktion als auch den Implementor erweitern.

23.3 Diskussion des Bridge Patterns

In diesem Abschnitt werde ich abschließend zeigen, wo Sie die Bridge in der Klassenbibliothek finden. Außerdem werde ich die Bridge von anderen Patterns abgrenzen.

23.3.1 Die Bridge in freier Wildbahn

Wenn Sie sich mit AWT und Peer-Klassen beschäftigen, graben Sie tief im Urschleim der Evolution von Java. Eine AWT-Komponente wird nicht von Java selbst gezeichnet, sondern vom Betriebssystem. Der Entwickler hat beispielsweise eine Klasse `Button`, die von `Component` erbt. `Component` ist die Spitze der Vererbungshierarchie der Abstraktion. Auf der anderen Seite der Brücke steht das Interface `ComponentPeer`, von der die Implementierung, beispielsweise die Klasse `ButtonPeer`, abgeleitet wird. Auf diese Implementierung haben Sie als Programmierer (zumindest theoretisch) keinen Zugriff.

Das Bridge Pattern finden Sie auch in einem ganz anderen Zusammenhang wieder - bei der Datenbankprogrammierung. Schauen Sie sich an, wie Sie mit JDBC arbeiten. Sie laden mit `Class.forName(<Treibername>)` einen Datenbanktreiber. Dann lassen Sie sich die Verbindung zur Datenbank geben:

```
Connection connection =
            DriverManager.getConnection(<url>, <user>, <password>)
```

Von dieser Verbindung holen Sie ein Objekt vom Typ `Statement` ab:

```
Statement state = connection.createStatement();
```

Auf diesem Statement-Objekt setzen Sie Ihren SQL-Befehl ab:

```
ResultSet result = state.executeQuery( ... Befehl ...);
```

Sie iterieren über das zurückgegebene `ResultSet` und erhalten so die gewünschten Daten.

Wenn Sie die Abstraktion - Ihre Applikation - mit einem bestimmten Treiber initialisieren, können Sie wahlweise auf eine Access-Datenbank oder eine Oracle-Datenbank oder jede beliebige andere Datenbank zugreifen. Sie arbeiten immer mit den gegebenen Komponenten `Connection`, `Statement` und `ResultSet`. Die Frage, **wie** Ihre Abfrage verarbeitet wird, ist für Sie nicht relevant, sprich: Auf die im Hintergrund laufende Implementierung haben Sie keinen Zugriff.

Abstraktion und Implementierung entwickeln sich unabhängig voneinander. Beide können sich unabhängig voneinander weiterentwickeln und wiederverwendet werden.

23.3.2 Abgrenzung zu anderen Patterns

Proxy, Decorator, Fassade, Adapter und Bridge sind sich sehr ähnlich. Sie nutzen Komposition, um ein anderes Objekt zu wrappen. Ein Methodenaufruf wird an das gewrappte Objekt weiter delegiert.

Die Aufgabe des Adapters ist es, zwei verschiedenartige Schnittstellen so in Beziehung zu setzen, dass sie zusammenarbeiten können. Da mehrere Objekte adaptiert werden können, wird dadurch fehlende Mehrfachvererbung in Java ausgeglichen. Adapter sind typischerweise sehr schlank, weil ihre einzige Aufgabe darin besteht, zwei Systeme in Verbindung zu bringen; eigene Intelligenz könnte beispielsweise vorsehen, dass Daten konvertiert werden.

Decorator bringen eigene Intelligenz mit - sie sind vom gleichen Typ wie das gewrappte Objekt und erweitern dessen Verhalten. Typisches Lehrbuchbeispiel ist der `FileInputStream`, der in einen `BufferedInputStream` gewrappt wird. Beide Klassen sind vom Typ `InputStream`.

Der Proxy ist in erster Linie ein Stellvertreter für ein anderes Objekt. Die Implementierung eines Proxy kann dem Decorator sehr ähnlich sein. Das Ziel eines Proxy kann sein, den Zugriff auf das vertretene Objekt zu kontrollieren.

Die Fassade wird am ehesten mit dem Adapter verwechselt. Ihre Aufgabe ist es, den Zugriff auf ein (Sub-)System zu vereinfachen. Denken Sie an die Buchung einer Urlaubsreise, die aus vielen Einzelschritten besteht.

Eine Implementierung variieren Sie bei vielen Mustern: Das Strategy Pattern lässt einen Algorithmus variieren. Beim State Pattern wird kontextabhängig unterschiedliches Verhalten definiert. Beim Adapter greifen Sie auf eine andere Bibliothek zu. Das Bridge Pattern unterscheidet sich dadurch von diesen Mustern, dass neben der Implementierung auch die Abstraktion weiterentwickelt werden kann. Während Sie jederzeit einen Adapter oder eine Fassade implementieren können, muss die Entscheidung für eine Bridge möglichst frühzeitig getroffen werden.

Die Aufgabe der Bridge ist es schließlich, eine Implementierung - also die Rechenoperationen - von der Abstraktion - dem Taschenrechner, auf dem der Anwender seine Rechnung eintippt - zu trennen. Ziel ist es, Verhalten und Abstraktion unabhängig voneinander weiterentwickeln zu können.

23.4 Zusammenfassung

Gehen Sie das Kapitel noch mal stichwortartig durch!

- Sie modellieren in einer Klasse einen Realweltausschnitt.
- Die Klasse ist eine Abstraktion der Realität.
- Die Abstraktion stellt die Schnittstelle für den Client dar.
- Die Schnittstelle ist der Vertrag zwischen Client und Klasse.
- Der Client darf sich darauf verlassen, dass die angebotenen Methoden das definierte Verhalten ausführen.

- Verhalten wird durch die dahinterstehende Implementierung definiert.
- Abstraktionen und Implementierung können sich ändern.
- Ein möglicher Weg, neues Verhalten oder neue Abstraktionen zu definieren, ist Vererbung.
- Wenn Abstraktion und Implementierung sich beide ändern, führt Vererbung in ein rasch unüberschaubares System.
- Das Bridge Pattern trennt die Abstraktion von der Implementierung.
- Die Implementierung wird nicht in der Klasse der Abstraktion definiert, sondern in einer eigenen.
- Abstraktion und Implementierung sind über eine Aggregation miteinander verbunden.
- Abstraktion und Implementierung bilden voneinander unabhängige Vererbungshierarchien.
- Details der Implementierung bleiben dem Client verborgen.

Zweckbeschreibung:

Die Gang of Four beschreibt den Zweck des Patterns wie folgt:

Entkopple eine Abstraktion von ihrer Implementierung, so dass beide unabhängig voneinander variiert werden können.

24 Interpreter Pattern

Das letzte Kapitel beschäftigt sich noch einmal mit einem Verhaltensmuster, dem Interpreter Pattern. Das Muster ist nicht wirklich schwierig zu verstehen, eröffnet aber tolle Möglichkeiten.

24.1 Die Aufgabe in diesem Kapitel

Ich möchte Ihnen gleich zu Beginn einen Eindruck davon geben, wo die Reise hingehen wird. Der folgende Screenshot zeigt das Programm, das Sie erstellen werden, in Aktion. Das Prinzip ist sehr einfach: Sie geben einen mathematischen Ausdruck in das Eingabefeld ein. Er kann beliebig lang und beliebig geschachtelt sein; die Eingabe schließen Sie mit einem Semikolon ab. Verarbeitet werden Vorzeichen-Plus und Vorzeichen-Minus, das Pluszeichen, das Minuszeichen, das Mal- und das Geteilt-Zeichen. Darüber hinaus können Sie runde Klammern setzen, um Prioritäten festzulegen. Eckige Klammern zeigen an, dass das Ergebnis als absoluter Wert weiterverarbeitet wird. Sie können beliebig viele Leerzeichen einfügen. Wenn Sie auf **Abgeht's** klicken, wird die Eingabe gescannt, geparst und berechnet.

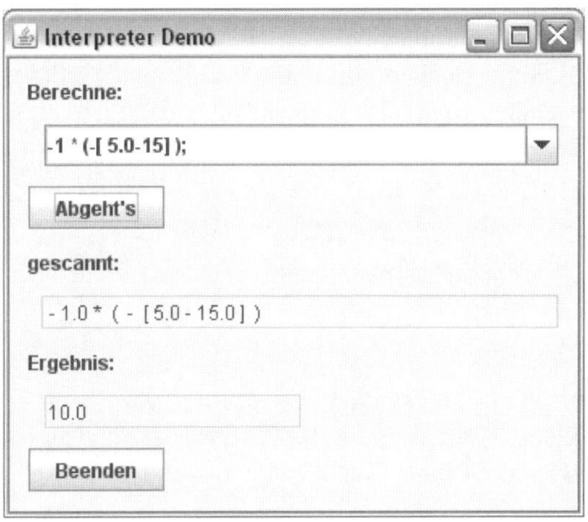

Bild 24.1
Der Taschenrechner in Aktion, Projekt „Interpreter“

Das Eingabefeld ist eine editierbare Combobox, in der bereits ein paar Ausdrücke hinterlegt sind. Der Aufbau der GUI soll hier nicht besprochen werden; der Code ist sehr einfach. Sie finden den Taschenrechner unter *www.patternsBuch.de* als Projekt „Interpreter“. Wenn Sie auf **Abgeht's** klicken, wird von der Combobox der eingegebene Wert abgefragt. Dieser Wert wird an einen Scanner übergeben, der eine Liste von Symbolen zurückgibt. Diese Liste schicken Sie an den Parser, der die Wurzel eines abstrakten Syntaxbaums erstellt. Auf dieser Wurzel rufen Sie die Methode `rechne()` auf und erhalten das berechnete Ergebnis.

```
final String EINGABE = (String) cmbAusdruck.getSelectedItem();
Scanner scanner = new Scanner(EINGABE);
edtScan.setText(scanner.toString());
final List<Symbol> SYMBOLE = scanner.getSymbols();
Parser parser = new Parser(SYMBOLE);
Expression result = parser.getRoot();
final double ERGEBNIS = result.rechne();
edtErgebnis.setText(Double.toString(ERGEBNIS));
```

Dieses Kapitel beschäftigt sich mit der Frage, wie Sie einen Ausdruck, den ein Anwender eingibt, so aufbereiten, dass ein Computer damit umgehen kann. Dabei werden die Werkzeuge des Interpreter Patterns, also der abstrakte Syntaxbaum, der Scanner und der Parser, besprochen.

Das Thema Compilerbau ist an der Uni Gegenstand eines eigenständigen Semesters. Fachbücher hierzu umfassen viele hundert Seiten. Die Implementierung, die ich Ihnen vorstellen werde, kann also nur ein Weg von vielen sein. Ich habe sie mit der Motivation entwickelt, einen verständlichen Einstieg anzubieten; Fragen nach der Effizienz habe ich außen vor gelassen.

24.2 Der Scanner

Der erste Verarbeitungsschritt wird vom *Scanner* durchgeführt. Er führt die lexikalische Analyse durch. Dabei wird die Eingabe in Sinneinheiten, die *Tokens*, oder auch *Symbole*, zerlegt. Symbole sind in diesem Beispiel Zahlen, Leerzeichen, Semikolon, die Klammern und die mathematischen Operatoren. Nehmen Sie beispielsweise an, Sie geben *5 + 14;* ein. Der Scanner erkennt folgende Symbole:

Zahl (5) Leerzeichen ( ) Pluszeichen(+) Leerzeichen ( ) Zahl(14) Semikolon(;)

Die Leerzeichen und das Semikolon möchte ich vom Scanner ausfiltern lassen. Der Scanner gibt also folgende Symbole zurück:

Zahl (5) Pluszeichen (+) Zahl (4)

Es ist wichtig zu sehen, dass der Scanner noch keine syntaktische Prüfung vornimmt; er kann nicht erkennen, ob eine geöffnete Klammer auch wieder geschlossen wurde. Lassen Sie uns im folgenden Absatz betrachten, wie der Scanner einen String in Symbole zerlegt.

24.2.1 Die definierten Symbole

Im Package `symbole` legen Sie zunächst die Oberklasse `Symbol` an. Von ihr werden Symbol-Klassen abgeleitet, die die mathematischen Operatoren, die Klammern und die Zahlen repräsentieren. Betrachten Sie das Symbol `Plus` – es muss nicht mehr machen, als über sich selbst zu sagen „Ich bin ein Pluszeichen“.

Listing 24.1 Das Plus-Symbol im Projekt „Interpreter“

```
public class Plus extends Symbol
{
    @Override
    public boolean isPlus()
    {
        return true;
    }
}
```

Eine Zahl wird durch das Numeral-Symbol repräsentiert. Es muss darüber Auskunft geben, dass es ein Numeral ist. Außerdem speichert es den Wert, den es repräsentiert.

Listing 24.2 Das Numeral-Symbol im Projekt „Interpreter“

```
public class Numeral extends Symbol
{
    final double VALUE;

    public Numeral(String zahl)
    {
        VALUE = Double.valueOf(zahl);
    }

    public Numeral(double zahl)
    {
        VALUE = zahl;
    }

    @Override
    public boolean isNumeral()
    {
        return true;
    }
}
```

Wenn die Grammatik die Eingabe von Strings erlauben würde, müssten Sie entsprechend dem Numeral-Symbol ein Literal-Symbol einführen. ■

Die Implementierung der toString-Methoden habe ich jeweils nicht mit abgedruckt. Sie erkennen, dass die Methoden `isNumeral()` und `isPlus()` jeweils eine Methode der Oberklasse `Symbol` überschreiben. In `Symbol` wird für alle abgeleiteten Symbole die is-Methode standardmäßig verneint.

Listing 24.3 Abstrakte Oberklasse „Symbol" im Projekt „Interpreter"

```
public abstract class Symbol
{
    public boolean isNumeral()
    {
        return false;
    }

    public boolean isPlus()
    {
        return false;
    }
    // gekürzt
}
```

Sie können also jedes Symbol fragen, ob es ein Pluszeichen ist, aber nur das Pluszeichen wird tatsächlich `true` returnieren. Im folgenden Absatz sehen Sie, wie der Scanner die Symbole erzeugt.

24.2.2 Der Scanner wandelt Strings in Symbole um

In der Klasse `Scanner` wird gemappt, welcher Character auf welches Symbol abgebildet wird. Außerdem wird eine Liste von Symbolen definiert, in der alle Symbole gespeichert werden; diese Liste wird vom Scanner später returniert.

Listing 24.4 Attribute des Scanners im Projekt „Interpreter" (gekürzt)

```
public class Scanner
{
    private final List<Symbol> SYMBOLE = new ArrayList<>();
    private final Map<Character, Symbol> OPERATOREN=
                                                new HashMap<>();

    private Scanner()
    {
        OPERATOREN.put('+', new Plus());
        OPERATOREN.put('-', new Minus());
        OPERATOREN.put('*', new Mal());
        OPERATOREN.put('/', new Durch());
        OPERATOREN.put('[', new AbsolutAnfang());
        OPERATOREN.put(']', new AbsolutEnde());
        OPERATOREN.put('(', new KlammerAuf());
        OPERATOREN.put(')', new KlammerZu());
        OPERATOREN.put('=', new Gleich());
    }
    // gekürzt
}
```

Der Konstruktor ist überladen. Sie übergeben ihm den eingegebenen String. Er entfernt die Leerzeichen und wirft eine Exception, wenn die Eingabe nicht mit einem Semikolon beendet wird. Außerdem prüft der Scanner, ob es mehr als ein Semikolon in der Eingabe gibt.

Anschließend geht er Zeichen für Zeichen durch den String und versucht, die Zeichen in Symbole umzusetzen.

Listing 24.5 Konstruktor der Klasse „Scanner" im Projekt „Interpreter" - gekürzt

```
public Scanner(String eingabe) throws IllegalArgumentException
{
    this();
    eingabe = eingabe.replaceAll(" ", "");
    int laenge = eingabe.length();
    int erstesSemikolon = eingabe.indexOf(';');
    if (erstesSemikolon != laenge - 1)
        throw new IllegalArgumentException(" ... ");
    char letztesZeichen = eingabe.charAt(laenge - 1);
    if (letztesZeichen != ';')
        throw new IllegalArgumentException(" ... ");
    else
        for (int i = 0; i < eingabe.length(); i++)
        {
            // ... gekürzt ...
        }
}
```

Betrachten Sie folgend die Arbeit innerhalb der for-Schleife. Das indizierte Zeichen wird aus dem String extrahiert. Da das Semikolon nicht berücksichtigt wird, muss der Scanner nur tätig werden, wenn das aktuelle Zeichen **kein** Semikolon ist. Der Scanner prüft zuerst, ob das aktuell indizierte Zeichen in der Liste der Operatoren enthalten ist. In diesem Fall wird das entsprechende Symbol-Objekt ausgelesen und in der Ergebnisliste gespeichert. Danach prüft der Scanner, ob das aktuelle Zeichen ein Buchstabe, ein Literal, ist. Einen Buchstaben werden Sie brauchen, wenn Sie das Projekt weiterentwickeln und Variablen einführen oder eine Zuweisung abbilden wollen: *a = 5 + 7*.

Sobald der Scanner feststellt, dass das aktuelle Zeichen eine Zahl ist, legt er einen Zwischenspeicher an. Er liest in einer while-Schleife so lange das jeweils nächste Zeichen in den Zwischenspeicher ein, bis das folgende Zeichen keine Zahl mehr ist. Sofern das nächste aktuelle Zeichen ein Punkt oder ein Komma ist, wird es ebenfalls in den Zwischenspeicher kopiert - es ist davon auszugehen, dass der Anwender eine Double-Zahl eingegeben hat. Sofern es Nachkommazahlen gibt, werden diese ebenfalls in einer while-Schleife abgefragt und an den Zwischenspeicher übergeben. Der Zwischenspeicher wird schließlich verwendet, um ein Numeral-Symbol zu erzeugen, das in der Ergebnisliste gespeichert wird. Jetzt beginnt die Arbeit wieder am Anfang der for-Schleife mit dem nächsten aktuellen Zeichen.

Listing 24.6 Konstruktor der Klasse „Scanner" - die for-Schleife

```
Character zeichen = eingabe.charAt(i);
if (!zeichen.equals(';'))
   if (OPERATOREN.containsKey(zeichen))
      SYMBOLE.add(OPERATOREN.get(zeichen));
   else
      if (Character.isLetter(zeichen))
         SYMBOLE.add(new Literal(zeichen));
      else
      {
         StringBuilder zahlenBuilder = new StringBuilder();
```

```
        while (Character.isDigit(zeichen))
        {
            zahlenBuilder.append(zeichen);
            zeichen = eingabe.charAt(++i);
        }
        if (zeichen == '.' || zeichen == ',')
        {
            zeichen = '.';
            zahlenBuilder.append(zeichen);
            i++;
            zeichen = eingabe.charAt(i);
            while (Character.isDigit(zeichen))
            {
                zahlenBuilder.append(zeichen);
                zeichen = eingabe.charAt(++i);
            }
        }
        SYMBOLE.add(new Numeral(zahlenBuilder.toString()));
        i--;
    }
```

Damit ist die Arbeit des Scanners erledigt. Er überschreibt die toString-Methode und definiert die Methode `getSymbols()`, die die Ergebnisliste returniert.

24.3 Der Parser

Wenn Sie den String *2 + (6 + 4) * 4;* eingeben, wird der Scanner Ihnen eine Reihe von Symbolen zurückgeben. Diese Symbole sind noch nicht daraufhin überprüft, ob sie syntaktisch korrekt sind, also ob beispielsweise alle Klammern geschlossen wurden. Den Symbolen wurde außerdem noch keine Bedeutung zugewiesen. Sowohl syntaktische als auch semantische Analyse sind Aufgabe des Parsers.

Die GoF setzt bei der Beschreibung des Interpreter Patterns voraus, dass der Ausdruck bereits geparst ist. Der Interpreter arbeitet auf dem geparsten abstrakten Syntaxbaum. Dennoch beschreibe ich in diesem Abschnitt den Parser, um Ihnen die Werkzeuge des Interpreters, die Expressions, vorzustellen.

24.3.1 Abstrakte Syntaxbäume

Scanner und Parser haben die Aufgabe, einen abstrakten Syntaxbaum zu erstellen. Was ist damit gemeint? Ein Syntaxbaum hat die Aufgabe, einen Satz in der definierten Grammatik als Baumstruktur darzustellen. Würden Sie alle Leerzeichen und das Semikolon in den Baum mit aufnehmen, hätten Sie einen *konkreten Syntaxbaum*. Ein konkreter Syntaxbaum ist nicht effizient zu verwalten. Daher gehen Sie, um einen abstrakten Syntaxbaum zu generieren, einen Schritt weiter und entfernen alle Symbole, die für die Ausführung nicht erforderlich sind.

Die Leerzeichen und das Semikolon werden bereits vom Scanner entfernt. Was ist mit Operatoren und Numeralen? Jeder Operator und jedes Numeral werden durch Objekte repräsentiert, die die Knoten des Syntaxbaums darstellen. Die Kanten des Baums beschreiben die Zusammensetzung der Knoten. Nehmen Sie das Beispiel von oben; der Anwender gibt ein: *5 + 4;*. Der Scanner entfernt die Leerzeichen und das Semikolon und returniert *Zahl (5) Pluszeichen (+) Zahl (4)*. Die folgende Grafik veranschaulicht, wie der Ausdruck in einen Syntaxbaum umgewandelt wird, dessen Knoten die Operatoren und Numerale sind.

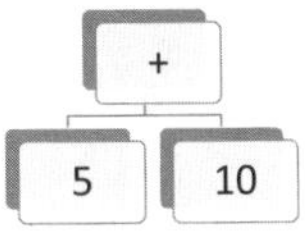

Bild 24.2
Abstrakter Syntaxbaum des Ausdrucks 5 + 10

Die Priorität der Punktrechnung vor der Strichrechnung lässt sich durch die Stellung im Syntaxbaum berücksichtigen. Die Eingabe *10 + 5 * 4;* würde folgenden Syntaxbaum produzieren.

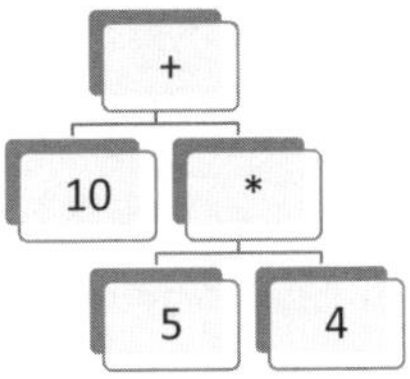

Bild 24.3
Abstrakter Syntaxbaum des Ausdrucks 10 + 5 * 4

Klammern können die Priorität ändern. Die geänderte Priorität wird im Syntaxbaum berücksichtigt, so dass die Klammern entfernt werden können. Der Benutzer gibt beispielsweise ein: *(10 + 5) * 4;*. Diese Eingabe lässt sich durch folgenden Syntaxbaum darstellen:

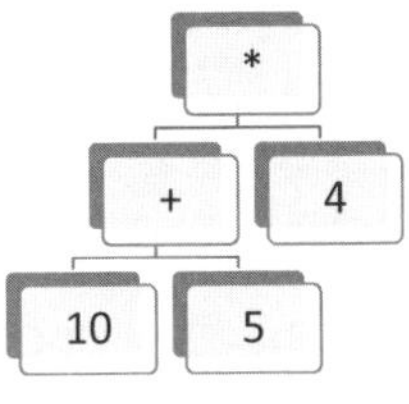

Bild 24.4
Abstrakter Syntaxbaum des Ausdrucks (10 + 5) * 4

Im folgenden Abschnitt wird gezeigt, wie Sie eine Folge von Symbolen in einen Syntaxbaum umwandeln.

24.3.2 Expressions für den Parser

Operatoren und Numerale sind Knoten des Syntaxbaums. Um sie gleich behandeln zu können, ist es erforderlich, dass beide vom gleichen Typ sind. Fassen Sie Numerale und Operatoren unter der Schnittstelle `Expression` zusammen, die die Methode `rechne()` vorschreibt.

Listing 24.7 Die Schnittstelle „Expression" im Projekt „Interpreter"

```
public interface Expression
{
    double rechne();
}
```

Ein Numeral referenziert keine weiteren Expressions. Es darf sich darauf beschränken, den Wert zu speichern und zurückzugeben, wenn `rechne()` aufgerufen wird.

Listing 24.8 Numeral in terminaler Expression speichern

```
public final class TerminalExpression implements Expression
{
    private final double VALUE;

    public TerminalExpression(double value)
    {
        this.VALUE = value;
    }

    @Override
    public double rechne()
    {
        return VALUE;
    }
}
```

Operatoren arbeiten auf zwei Expressions. Sie sind nichtterminal und werden unter der abstrakten Klasse `NichtTerminalExpression` zusammengefasst.

Listing 24.9 Die Oberklasse für nichtterminale Expressions

```
public abstract class NichtTerminalExpression implements Expression
{
    protected final Expression LINKS;
    protected final Expression RECHTS;

    protected NichtTerminalExpression(Expression links,
                                               Expression rechts)
    {
        this.LINKS = links;
        this.RECHTS = rechts;
    }
}
```

Um zwei Zahlen addieren zu können, leiten Sie von dieser Klasse die Klasse `PlusExpression` ab. Ihr übergeben Sie die beiden Expressions, die addiert werden sollen. Die Methode `rechne()` ist so implementiert, dass die `PlusExpression` die beiden Expressions auffordert, ihre Werte zurückzugeben. Diese Werte werden addiert und die Summe wird returniert.

Listing 24.10 Die Klasse „PlusExpression" im Projekt „Interpreter"

```
public class PlusExpression extends NichtTerminalExpression
{
    public PlusExpression(Expression links, Expression rechts)
    {
```

```
        super(links, rechts);
    }

    @Override
    public double rechne()
    {
        return LINKS.rechne() + RECHTS.rechne();
    }
}
```

Ihre Grammatik soll sich am Anfang darauf beschränken, dass zwei oder mehr Zahlen addiert werden können.

24.3.3 Strichrechnung parsen

Das Projekt „Interpreter_1“ ist eine abgespeckte Version des Projekts „Interpreter“. Der hier hinterlegte Parser beschränkt sich darauf, beliebig viele Zahlen zu addieren. Lassen Sie uns das Vorgehen ansehen. Dem Konstruktor übergeben Sie die vom Scanner generierte Liste von Symbolen. Der Parser lässt sich hiervon den Iterator geben. Die Methode `nextSymbol()` ermittelt aus dieser Liste das jeweils nächste Symbol, das im Attribut `currentSymbol` gespeichert wird. Wenn es keine weiteren Symbole gibt, wird an `currentSymbol` ein EndSymbol übergeben. Der Konstruktor übergibt an das Feld `ROOT` eine Expression, die von der Methode `parseExpression()` zurückgegeben wird. Der Client kann `ROOT` mit `getRoot()` abfragen.

Listing 24.11 Parser im Projekt „Interpreter_1“

```
public final class Parser
{
    private final Iterator<Symbol> ITERATOR;
    private final Expression ROOT;
    private Symbol currentSymbol;

    public Parser(List<Symbol> symbole)
    {
        ITERATOR = symbole.iterator();
        nextSymbol();
        ROOT = parseExpression();
    }

    private void nextSymbol()
    {
        currentSymbol = ITERATOR.hasNext() ? ITERATOR.next() :
                                                 new EndSymbol();
    }
....// gekürzt
}
```

Die Methode `parseExpression()` ist der Einstiegspunkt für den Parser. Sie ruft die Methode `parseAddition()` auf, die ein Objekt vom Typ `Expression` zurückgibt; dieses Objekt wird returniert.

```
private Expression parseExpression()
{
    return parseAddition();
}
```

Die Methode parseAddition() fragt im ersten Schritt den ersten Summanden ab und ruft dazu die Methode parseNumber() auf. Wenn parseNumber() feststellt, dass recentSymbol keine Zahl ist, wirft die Methode eine Exception, ansonsten wird der Wert von currentSymbol an eine TerminalExpression übergeben und returniert. Vorher wird currentSymbol auf das nächste Symbol in der Liste der Symbole aktualisiert. Die Variable expression in parseAddition() referenziert nun eine TerminalExpression. Die Methode parseAddition() prüft jetzt in einer Schleife, ob recentSymbol ein Plussymbol ist. Ist dies der Fall, wird das Symbol nicht mehr benötigt, an recentSymbol kann das nächste Symbol aus der Liste der Symbole übergeben werden. Von parseNumber() wird die nächste Zahl, eine TerminalExpression, abgefragt. Mit den beiden Expressions wird eine PlusExpression erzeugt und an expression übergeben. Die Variable expression wird schließlich returniert.

```
private Expression parseAddition()
{
    Expression expression = this.parseNumber();
    while (currentSymbol.isPlus())
    {
        nextSymbol();
        Expression rechts = this.parseNumber();
        expression = new PlusExpression(expression, rechts);
    }
    return expression;
}

private Expression parseNumber()
{
    if (!currentSymbol.isNumeral())
        throw new IllegalStateException("/* ... */");
    double value = Double.parseDouble(currentSymbol.toString());
    nextSymbol();
    return new TerminalExpression(value);
}
```

Unter *www.patternsBuch.de* finden Sie die Projektversion „Interpreter_2". Ich habe dort die Methode addAddition() in addStrichrechnung() umbenannt und die Subtraktion implementiert. Neu in dieser Version ist also auch die Klasse MinusExpression.

```
private Expression parseStrichrechnung()
{
    Expression expression = this.parseNumber();
    while (currentSymbol.isPlus() || currentSymbol.isMinus())
    {
        boolean addieren = currentSymbol.isPlus();
        nextSymbol();
        Expression rechts = this.parseNumber();
        expression = addieren
                ? new PlusExpression(expression, rechts)
                : new MinusExpression(expression, rechts);
    }
    return expression;
}
```

Probieren Sie's aus

Wenn Sie *5 + 7 – 2;* eingeben, erzeugt der Parser eine Reihe von Expressions, die teilweise geschachtelt sind. Versuchen Sie, mit einem Debugger oder einer geeigneten Konsolenausgabe, nachzuvollziehen, dass die Expressions wie folgt geschachtelt sind:

```
MinusExpression
(
  PlusExpression
  (
    Terminal ( 5.0 ) Terminal ( 7.0 )
  )
  Terminal ( 2.0 )
)
```

Und so sieht der abstrakte Syntaxbaum dieses Ausdrucks aus:

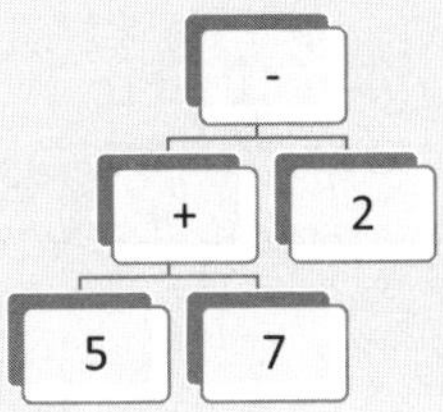

Im folgenden Abschnitt wird die Punktrechnung eingeführt und die muss vor der Strichrechnung berücksichtigt werden.

24.3.4 Punktrechnung parsen

Version „Interpreter_3" bezieht die Punktrechnung mit ein. Es kommen zwei Expressions hinzu: die MalExpression und die DurchExpression. Entsprechend kennt der Parser die Methoden: `parsePunktrechnung()`, die ähnlich aufgebaut ist wie `parseStrichrechnung()`. Die Punktrechnung hat Vorrang vor der Strichrechnung. Um diese Priorität herzustellen, muss die Methode `parseStrichrechnung()` erst `parsePunktrechnung()` aufrufen, bevor sie prüft, addiert oder subtrahiert werden soll.

```
private Expression parseStrichrechnung()
{
    Expression expression = this.parsePunktrechnung();
    while (currentSymbol.isPlus() || currentSymbol.isMinus())
    {
        boolean addieren = currentSymbol.isPlus();
        nextSymbol();
        Expression rechts = this.parsePunktrechnung();
        expression = addieren
                ? new PlusExpression(expression, rechts)
```

```
                : new MinusExpression(expression, rechts);
    }
    return expression;
}

private Expression parsePunktrechnung()
{
    Expression expression = this.parseNumber();
    while (currentSymbol.isMal() || currentSymbol.isDurch())
    {
        boolean multiplizieren = currentSymbol.isMal();
        nextSymbol();
        Expression rechts = this.parseNumber();
        expression = multiplizieren
                ? new MalExpression(expression, rechts)
                : new DurchExpression(expression, rechts);
    }
    return expression;
}
```

Probieren Sie's aus

Versuchen Sie, entweder mit einem Debugger oder mit einer Konsolenausgabe, nachzuvollziehen, dass *5 * 2 + 3;* in folgende Expression geparst wird:

```
PlusExpression
(
  MalExpression
   (
    Terminal ( 5.0 ) Terminal ( 2.0 )
   )
    Terminal ( 3.0 )
)
```

Die Eingabe *5 + 2 * 3;* wird in eine andere Expression geparst:

```
PlusExpression
(
  Terminal ( 5.0 )
  MalExpression
   (
    Terminal ( 2.0 ) Terminal ( 3.0 )
   )
)
```

Dieser Absatz bezieht sich auf die Projektversion "Interpreter_4". Hier werden Sie ein Vorzeichen-Minus und ein Vorzeichen-Plus berücksichtigen. Ist ein Vorzeichen-Plus sinnvoll? Keine Ahnung – auf jeden Fall aber soll unsere Grammatik das erlauben. In der Priorität steht das Vorzeichen noch vor der Punktrechnung. Sie müssen sie also vor Division und Multiplikation prüfen. Die Methode `parseDivision()` muss, wenn sie aufgerufen wird, den Aufruf zuerst an die neue Methode `parseVorzeichen()` weiterleiten. Wenn parseVorzeichen() erkennt, dass ein Vorzeichen-Minus gesetzt ist, wird die nächste TerminalExpression in eine UnaerExpression gewrappt. Der Code ist nicht viel komplizierter als die Vorgängerversionen des Projekts; ich möchte ihn daher nicht näher erläutern.

24.3.5 Klammern berücksichtigen

In diesem Abschnitt werden Klammern eingeführt. Runde Klammern legen die Priorität einer Rechnung fest; eckige Klammern bewirken, dass der geklammerte Ausdruck positiv ist. Die Klammern haben eine höhere Priorität als das Vorzeichen, also müssen sie vorher geparst werden. Die Methode parseAbsolut() parst einen Ausdruck, der in eckigen Klammern steht, die Methode parseKlammer() parst runde Klammern. Die erste Änderung finden Sie in der Methode parseVorzeichen(): Wenn um einen Ausdruck eine Klammer gesetzt wird, kann dieser Ausdruck eine NumeralExpression sein oder ein geschachtelter Ausdruck, der aus Addition, Subtraktion, Multiplikation und Division bestehen kann. Eine UnaerExpression darf also nur erstellt werden, wenn das folgende Symbol eine Zahl repräsentiert.

```
private Expression parseVorzeichen()
{
    Expression expression;
    boolean minus = currentSymbol.isMinus();
    if (currentSymbol.isMinus() || currentSymbol.isPlus())
        nextSymbol();
    if (currentSymbol.isNumeral())
        expression = this.parseNumber();
    else
        expression = parseAbsolut();
    if (minus)
        expression = new UnaerExpression(expression);
    return expression;
}
```

Die Methode parseAbsolut() legt eine Variable Expression expression an und prüft zuerst, ob currentSymbol eine öffnende eckige Klammer ist. In diesem Fall ist dieses Symbol „verbraucht" und muss nicht mehr beachtet werden. Jetzt ruft parseAbsolut() die Methode parseExpression() auf, die eine Expression zurückgibt. Diese Expression wird in eine AbsolutExpression gewrappt und returniert. Die AbsolutExpression hat die Aufgabe, den Betrag der referenzierten Expression zu ermitteln.

Ist in obiger Prüfung das currentSymbol keine öffnende eckige Klammer, fragt parse Absolut() die Methode parseKlammer() nach einem Expression-Objekt.

```
private Expression parseAbsolut()
{
    Expression expression;
    if (currentSymbol.isAbsolutAnfang())
    {
        nextSymbol();
        expression = this.parseExpression();
        expression = new AbsolutExpression(expression);
        if (!currentSymbol.isAbsolutEnde())
```

```
            throw new RuntimeException(" ... ");
        nextSymbol();
    }
    else
        expression = parseKlammer();
    return expression;
}
```

Wenn die Eingabe syntaktisch korrekt ist, **muss** `currentSymbol` beim Aufruf von `parseKlammer()` eine öffnende runde Klammer sein; ist `currentSymbol` ein anderes Zeichen, wirft die Methode eine Exception. Die Vorgehensweise von `parseKlammer()` entspricht der von `parseAbsolut()`: Die Methode `parseExpression()` wird rekursiv aufgerufen, um von dort eine Expression zu erhalten. Diese Expression wird returniert.

24.4 Diskussion des Interpreter Patterns

Ich habe eingangs geschrieben, dass die GoF bei der Beschreibung des Interpreter Patterns voraussetzt, dass der Ausdruck bereits als fertiger Parse-Baum vorliegt. Was also ist das grundlegende Prinzip des Interpreters?

Sie haben die gemeinsame Schnittstelle `Expression`. Von dieser Schnittstelle werden terminale und nichtterminale Klassen abgeleitet. Jede nichtterminale Klasse repräsentiert eine Regel in der Grammatik; die Operanden - im oberen Beispiel die Zahlen - werden in Instanzen von terminalen Klassen gespeichert. Die nichtterminalen Klassen referenzieren Unterausdrücke, die selbst entweder terminal oder nichtterminal sind. Daraus folgt, dass jeder zu interpretierende Ausdruck sich als abstrakter Syntaxbaum darstellen lassen muss. Der Syntaxbaum wird aus Instanzen der definierten terminalen und nichtterminalen Klassen zusammengesetzt.

Der Client ruft auf der Wurzel des Syntaxbaums die in der gemeinsamen Schnittstelle definierte Methode auf. Jede NichtTerminalExpression ruft die gleiche Methode auf den referenzierten Expressions auf, verarbeitet die Antwort der Expressions und returniert das Ergebnis. Kommt Ihnen dieses Vorgehen vom Composite Pattern bekannt vor? Die Ähnlichkeit ist verblüffend, nicht wahr? Die GoF beschreibt, dass Composite und Interpreter „viele gemeinsame Implementierungsaspekte" haben. Im Internet und in der Literatur werden Sie gelegentlich sogar die Meinung lesen, dass es sich beim Interpreter nur um einen Sonderfall von Composite handelt. Sie werden jedoch Unterschiede im Zweck und in der Implementierung feststellen. Eine Klassenhierarchie beim Interpreter repräsentiert einen Ausdruck einer speziellen Grammatik, während ein Composite allgemein eine Hierarchie abbildet. Die Symbole und die Nicht-Terminale können als Fliegengewichte dargestellt werden, was beim Composite nicht so leicht möglich und in der Regel auch nicht gewünscht ist.

24.5 Zusammenfassung

Gehen Sie das Kapitel noch mal stichwortartig durch!

- Sie haben eine einfache Grammatik.
- Ein Ausdruck in dieser Grammatik lässt sich als abstrakter Syntaxbaum darstellen.
- Die Syntaxbäume werden aus terminalen und nichtterminalen Ausdrücken zusammengesetzt.
- Jeder nichtterminale Ausdruck repräsentiert eine Regel in der Grammatik.
- Um einen abstrakten Syntaxbaum zu erstellen, muss die Eingabe gescannt und geparst werden.
- Der Scanner wandelt den Eingabestring in eine Folge von Tokens – Symbolen – um.
- Der Parser prüft die syntaktische Korrektheit der Eingabe und baut den Syntaxbaum.

Zweckbeschreibung:

Die Gang of Four beschreibt den Zweck des Patterns wie folgt:

Definiere für eine gegebene Sprache eine Repräsentation der Grammatik sowie einen Interpreter, der die Repräsentation nutzt, um Sätze in der Sprache zu interpretieren.

Index

A

B

C

D

E

F

G

I

J

K